知识生产的原创基地
BASE FOR ORIGINAL CREATIVE CONTENT

颉腾商业
JIE TENG BUSINESS

LIVE AND SHORT VIDEO
DEPTH OPERATIONS

直播与短视频深度运营

王 斌 曹三省 编著

中国广播影视出版社

图书在版编目（CIP）数据

直播与短视频深度运营 / 王斌，曹三省编著 . -- 北京：中国广播影视出版社，2021.2
ISBN 978-7-5043-8600-7

Ⅰ . ①直… Ⅱ . ①王… ②曹… Ⅲ . ①网络营销 Ⅳ . ① F713.365.2

中国版本图书馆CIP数据核字(2020)第268632号

直播与短视频深度运营
王斌　曹三省　编著

责任编辑　余潜飞　谭修齐
封面设计　更生

出版发行　中国广播影视出版社
电　　话　010-86093580　010-86093583
社　　址　北京市西城区真武庙二条 9 号
邮　　编　100045
网　　址　www.crtp.com.cn
电子信箱　crtp8@sina.com

经　　销　全国各地新华书店
印　　刷　北京市荣盛彩色印刷有限公司

开　　本　710 毫米 ×1000 毫米　1/16
字　　数　275（千）字
印　　张　18
版　　次　2021 年 2 月第 1 版　2021 年 2 月第 1 次印刷

书　　号　ISBN 978-7-5043-8600-7
定　　价　69.00 元

编 | 委 | 会

| 主编 |

王　斌　中关村数字媒体产业联盟执行主席

曹三省　中国传媒大学互联网信息研究院副院长

| 支持机构 |

中关村数字媒体产业联盟

中国传媒大学互联网信息研究院

中国电子商会直播与短视频专委会

| 编委（按姓氏拼音首字母排序）|

陈　娜　中央广播电视总台技术局工程师

崔亚娟　北京联合大学副教授

范丽志　一诗二画 MCN 机构创始人

郭宏岩　鸿鲲传媒创始人，中国县域融媒体联盟联络人

黄　艾　中国社会科学院新闻与传播研究所助理研究员

李新祥　浙江传媒学院互联网直播与网红研究中心主任

刘东明　中关村数字媒体产业联盟专家

刘嫱吟　北京市广播电影电视局传媒机构管理处干部

马　进　山东鹊华云网络科技有限公司总经理

马　铨　中国传媒大学中国网络视频研究中心秘书长

彭曙光　中关村数字媒体产业联盟智库专家

沈　浩　中国传媒大学大数据中心首席专家、互联网信息研究院博士生导师

孙　铁　中关村数字媒体产业联盟执行秘书长

孙喜庆　特美通传媒科技有限公司 CEO

唐百慧　中国传媒大学协同创新中心 AGC 全域智融创新团队联络人

唐　武　北京演艺专修学院副院长

王　伟　超级蜂巢直播基地总经理

温　健　济南广播电视台副台长

谢光辉　上海直喜电商 CEO

许　峰　中央新影集团影视剧部微电影工作室负责人

杨领军　中国传媒大学信息与通信工程学院副教授

郑晓佳　中国电视艺术家协会微视频（微电影）专业委员会副秘书长，
　　　　北京电视艺术家协会副秘书长

庄　帅　零售电商行业专家，百联咨询创始人

| 参与撰稿人员（按姓氏拼音首字母排序）|

北　方　龚明威　胡倩倩　李蔚桐　梁海凤

平伊婷　齐　洋　王洪靓　王嘉贤　宗诗涵

直播与短视频的红利风口

新媒体直播与短视频正在改变着人们的生活、工作、娱乐方式，对商业、企业、政务、生产、消费、传播等产生了深刻的变革。

直播与短视频已成最大的红利风口。从2020年4月始，企业家们纷纷开启直播，转变营销模式。罗永浩首场直播销售额为1.1亿元，雷军首次直播销售额为2.1亿元，董明珠五场直播总销售额为178.23亿元……据商务部7月30日发布的数据显示，2020年上半年，电商直播超1000万场。观看电商直播的人数超过500亿人次，上架商品超过2000万种，全国网络零售额达5.15万亿元，同比增长7.3%。

直播电商已成为城市竞争的新赛道，地方新经济发展的风口。截至目前，全国已有北京、上海、广州、杭州、重庆、济南、石家庄、青岛、厦门等近20个省市出台和发布了直播与短视频电商的支持政策、行动方案等，大力发展短视频与直播电商，重奖直播与短视频人才、吸引网红主播落户。

面对直播与短视频电商经济的爆发，政府应该如何规划与发展？企业应该如何升级营销模式，解决人才紧缺问题？从业人员应该如何深度运营，实现商业变现？

本书是新传媒产业联盟（以下简称“新媒联盟”）在新媒体行业专注发展十多年的基础上，重磅推出的“新媒体+”书系的新媒体系列教材之一，全面地解答了上述问题。编委会成员由联盟智库专家、新媒体领域知名人士、行业大咖、著名传媒院校专家学者、直播与短视频行业资深人士等组成。

本书系统地介绍了新媒体直播与短视频的发展历程与发展趋势；揭示了从文字、图像到短视频的商业逻辑，以及如何进行精准定位；介绍了团队构建、基础设施等运营基础；解析了用户画像、内容为王、爆品效应、渠道选择、流量共生、矩阵运营、媒体矩阵、变现之道、深度运营、数据分析等直播与短视频深度运营的方式和方法以及模式和技巧等；特别介绍了直播电商、科技赋能、网红经济等热点问题；同时，还揭秘了淘宝红人、抖音红人、企业家网红、行业网红等典型案例。

本书可作为新媒体、自媒体、传统媒体、MCN、网红、创作者等专业人员提升直播与短视频深度运营能力的工具书；还可作为政府、媒体、企业等相关领导及负责人了解和掌握直播与短视频发展趋势、运营基础、团队架构、商业模式等，开展直播与短视频相关工作的参考书；更可为创业者、大学生，以及希望开展直播与短视频业务的各领域人员提供学习的素材。本书是中关村数字媒体产业联盟短视频与直播人才培训指定教材。

未来已来，把握机遇。让我们一起站在直播与短视频的风口，创造新的辉煌！

编委会

CONTENTS | 目录

第一章　风口之上：直播与短视频的当下与未来

第二章　商业逻辑：从文字、图像到短视频

第五章　用户画像：洞察用户需求，精准化运营

第六章　内容为王：短视频运营的核心

第九章　流量共生：公域与私域

第十章　矩阵运营：直播与短视频的跨平台运营

第十五章　直播电商：数字经济新赛道

第十六章　科技赋能：人工智能、5G、超高清与直播短视频

第十七章 网红经济：备受关注的“网红 +”

第十八章 典型案例：直播网红、企业家网红及行业红人

第一章

风口之上：直播与短视频的当下与未来

作为全书的开篇，这里我们将要展现的是一幅宏大而充满生机活力的画卷。

互联网视频直播和网络短视频，作为两种紧密联系的、生动鲜活而备受欢迎的媒介形态，自从登上互联网新媒体舞台以来，便从未淡出过人们的视野。而随着近年来智能手机、社交媒体、4G 和 5G 网络、视频电商、超高清视频、虚拟现实（VR）技术等的先后兴起，直播与短视频被注入了持续的发展动能，几乎一直处于蓬勃发展、持续创新、广泛融合的风口之上。

究其原因，一是因为互联网视频直播与短视频高度符合并代表了当前互联网进一步宽带化、移动化、社交化的趋势，成为 4G、5G 移动互联网环境下真正意义上的杀手级应用；二是因为直播与短视频具有内容鲜活、短小精悍、亲和力强、形式多元性、创意大众化的内生特性，在极大程度上吻合并迎合了当前互联网新媒体用户在媒体内容层面的需求；三是因为直播与短视频并非单纯意义上的媒体内容，其与互联网电商、品牌传播、新闻舆论、文化旅游、全民教育、公共服务等领域的融合，使其总体发展进一步获得了诸多领域的加持，从而绽放出常开不败的繁盛之势。

当下已然如此，未来更为可期。在可预见的 5—10 年内，5G 网络的日益普及和 6G 新一代移动通信网络的研发与应用，后疫情时代公众对数字经济和数字媒体服务基础设施刚性需求的攀升，直播与短视频日益有效的监管所带来的长效可持续发展，新一代用户和创作者持续的灵感释放，都将为这一领域注入持续强劲的原动力。而直播与短视频所处的这一风口，是否会成为终年延续的浩荡长风，无疑值得我们这个时代中所有人共同期许和翘望。

1.1 直播与短视频的现状

近年来，随着互联网新媒体技术的持续发展与提升，尤其是移动互联网的发展以及智能手机、平板电脑等移动终端硬件设备的普及，信息的即时传播不再局限于图文，用户开始转向更为丰富的视频服务，尤其是近五年来，直播与短视频领域进入了快速发展阶段。

直播与短视频具有互动性强、贴近生活和内容多元等特点，拥有大规模用户，但也存在内容质量不高、隐私泄露、信息茧房等一系列不良影响。未来依托人工智能（AI）、5G 等技术的发展，直播与短视频内容将会垂直深耕，和传统媒体深度融合，迎来精品化发展的崭新时代；与此同时，直播与短视频所引发的海量视频内容增长，也会造成监管困难等问题，从而倒逼网络视听监管技术与机制实现深刻的创新与变革。

早在 2005 年，六间房、YY 等直播软件就初步形成了我国互联网直播行业的最初图景。直播在其发展初期，主要是由大量的用户生产内容（User Generated Content，UGC）支撑的。但由于当时硬件设备普及度有限，所以最初的互联网直播未能成为国民级的应用。2015 年，随着移动互联网的快速发展，大批资本涌入直播行业，开启了直播元年，迎来几年的爆发式发展。

短视频是指视频时间长度为 10 秒钟至 15 分钟，适于在用户移动情况下和碎片化时间观看的视频。美国最先涉足短视频领域，其社交 App 如 YouTube、Instagram 的用户广泛，中国也有微博、微信上的小视频，但未得到深入发展。到了 2016 年，短视频领域成了直播之后资本追逐的又一个风口。截至 2019 年 6 月，中国短视频行业用户规模已达 6.57 亿人。同时，用户的短视频使用时长占总上网时长的 11.4%，超过综合视频时长占比 8.3%，成为仅次于即时通信的第二大应用类型。

以上数据表明，直播与短视频的用户规模发展迅速，虽然在投资热度过后总体用户增速逐步放缓，但是整体规模庞大且用户黏度高、活跃度高。

另外，直播与短视频并不是独立发展的，而是两者相互借鉴与补充，一般短视频平台拥有直播功能，而直播平台上也有专门的短视频板块。当下，直播与短视频共性鲜明，拥有以下几个特点。

1.1.1 粉丝经济，互动性强

直播与短视频两者现今都处于商业阶段的成长期，平台通过引进优质的内容创作者来吸引用户，同时使用云计算、大数据技术对用户的行为偏好进行解读，以此来进行内容的推荐和分发，不断研发新的视频技术，使拍摄效果令用户更加满意。

网络直播具有即时性，主播可以根据用户评论和弹幕体现的需求迅速进行反馈，比如新用户进入直播间，主播会表示热烈欢迎；粉丝刷礼物，主播会立即表示感谢。短视频则是依靠评论、点赞、转发、关注等与用户进行互动。这种互动行为，也可以说是社交行为，直播与短视频都带有鲜明的社交性质，也带有强烈的商业属性。截至目前，直播的分成模式仍较为单一：一是视频的广告收入，二是粉丝打赏，三是会费收入、自营收入等。因此有专门的经纪公司对主播进行培训，以流水线生产的方式来迎合网民审美的内容，但是在情感基础上付费的盈利模式毕竟不够持久稳定，且易出现诱导打赏行为。

虽然出现过罗辑思维、李笑来等知识类型的网红，让知识付费一度成为 2017 年的热点，且近年来知乎 Live 致力于知识付费价值的挖掘，哔哩哔哩（即 bilibili，简称“B 站”）也不乏科技类科普的短视频，但总体而言，不论是直播还是短视频，内容创作者还是希望有更多的人关注自己，除了心理层面渴望获得认同感之外，还有潜在的盈利目的，过度的商业性和功利性让其传播的文化内涵大打折扣。

1.1.2 亲民性，贴近生活

现在直播与短视频的创作需要的硬件条件不高，使用一部电脑，甚至由于智能手机的快速普及，使用一部手机就能完成直播和剪辑。在人员方面，成为直播与短视频平台上的创作者既不需要高学历，也不需要技能证明，而且直播网络文化经营许可证的获得方式也并不困难。此外，短视频更是为用户提供了各种酷炫的创作模板和操作简单的剪辑方式，在这种成本投入少、时间成本低的创作条件下，任何人都可以成为创作者。因此，平台上生产了大量的 UGC 视频。

直播与短视频都是基于场景的服务，其内容制作的场景不再是以往传统正式的演播厅和秀场，而是职场办公室、家中客厅、大学宿舍、街头巷尾等人们熟悉的场地。丰富多样的场景，为受众带来生活的气息，带来强烈的代入感。即使是专业生产内容（Professional Generated Content，PGC）模式的内容，如 papi 酱也会在选题策划上偏向社会热点话题，使用“网生代”语言，贴合受众的价值观。

不论是题材的选择、拍摄场景、出镜人物还是拍摄手法，直播与短视频都贴近日常生活的状态，大都没有太多的包装，极具人情味，非常接地气。

1.1.3 内容多元，受众差异化

过去泛娱乐的内容充斥着直播平台，其中包含游戏、真人秀娱乐、体育直播，根据平台的定位不同，内容有显著差异。例如，虎牙直播、斗鱼直播专注于游戏领域，花椒直播以秀场为主。近年来，直播的内容开始走向多样化。2019 年，以商品销售为主的电商直播发展迅猛，迎来了电商直播元年。2020 年，电商直播行业红利不减，新冠肺炎疫情期间央视主持人朱广权和“口红一哥”李佳琦直播合作为武汉带货，300 多位明星出现在淘宝直播间。新冠疫情的暴发也催发企业通过视频直播完成对外的触达和转化，直播不只是 to C，也促进了 to B 的发展。在线教育也因为疫情期间“停课不停学”的政策方针快速发展，疫情期间我国在线教育用户达 4 亿以上，日活跃用户数量（Daily Active User，DAU）达到了千万级别。

短视频的内容主要以娱乐为主并涉及生活各个方向，衍生出了一系列垂直类应用。短视频平台用户主要集中为 20—35 岁的年轻群体，但其圈层化较为明显。在用户方面，快手面向下沉市场，集中在三、四线及以下城镇；小红书和 B 站以新一线、二线城市为主；在内容方面，抖音以潮流音乐为主题、两性情感类领跑；梨视频采取“专业采编 + 全民播报”的专业用户生产内容（Professional User Generated Content，PUGC）模式提供新闻资讯；小红书以美妆穿搭为主，展现年轻女性的生活。

1.1.4 直播和短视频与传统媒体创新融合

从 2014 年开始，媒体融合成为的国家重点发展战略，全国各地积极响应，

2019 年县级融媒体中心建设成为年度媒体融合的重点对象，国家有关部门出台多项政策文件并加以财政扶持。

直播与短视频传播速度快，但其部分内容可信度有待考证，相较之下，传统媒体具有更高的权威性。传统媒体在帮助直播与短视频平台提高可信度的同时也有利于其扩大自身影响力和传播力。例如，央视新闻联合各大视频平台如爱奇艺、B 站，运用 5G 和 4K 全景直播打造国庆 70 周年阅兵式盛典，效果良好。央视主持人康辉以 Vlog 的形式呈现给大众的中央广播电视总台不再有距离感，亲民的视频内容让 Vlog 的播放量高达 4000 多万。

传统媒体拥有更专业的人士和更强的内容生产力，在选题策划上拥有更深入的价值挖掘，在执行流程上具有更高的效率水平，在制作上具有更先进的设备，如无人机、VR 等，且相应人才拥有更加熟练的操作。UGC 充满草根气息、反映真实的生活小事，而传统媒体 PGC 更具高水准，内容更加完善，二者相互补充，呈现出优质的创新效果。

1.1.5 直播与短视频平台乱象仍存

尽管 2018 年以来国家政策和法律对直播与短视频平台乱象采取了相应的治理措施，但是由于直播与短视频的平台落实执行不足，过度追求用户流量和依赖算法推荐机制，所以目前直播与短视频内容仍呈现出以下几种不良现象。

（1）虽然随着法律的逐步完善，过去的秀场直播中色情诱导尺度大幅度下降，表演方式以唱歌和聊天为主，但为了博眼球，仍有“打擦边球”的现象。例如 2020 年一对夫妻假冒滴滴司机和乘客，进行涉黄直播，严重违反了法律法规。

（2）虚假信息泛滥，谣言不断。视频平台的审核机制不严格，奖励明显，惩罚规则却不明确。用户未经过实名认证，所以即使造谣，也可以通过删除短视频逃避责任。

（3）用户隐私泄露问题较为严重。由于创作者的视频内容贴近真实生活，居住地、姓名、家庭成员有意无意地展现在视频中，透露出的身份信息容易招致账号被非法分子盗用，增加了网络欺诈和网络暴力的可能性。另外，部分平台收集用户的个人信息并将这些信息公开售卖，甚至用户与亲朋好友的谈话也成为营销者推送的材料。

（4）内容泛娱乐化、非理性化。直播与短视频平台的部分用户容易言论过激，情绪化传播导向。部分创作者对社会现象通过宣泄式“喊麦”进行解读，对其理解只停留在表层，缺乏深度思考。

（5）缺乏创新，版权意识薄弱。短视频平台的内容同质化、模式化现象严重，频繁出现对版权明确的影视、音乐作品越权使用，以及未征求当事人同意授权，擅自剪辑他人视频合集等侵权行为。

（6）过度依赖算法机制，造成用户信息茧房。舆论意见领袖化，增加了群体之间的沟通隔阂，不善的引导可能会导致劣币驱逐良币的现象。

直播与短视频的不良影响在青少年人群得到了集中体现。直播与短视频作为新媒体，最先吸引的就是接受度高、充满好奇心的年轻用户群体。由传统传播模式的一对多的线性传播模式，发展到现今多对多的网状传播方式，文化权威被解构，新青年追求个性和自我，在新媒体迅猛发展的今天，这一点得到了更大规模、更深层次的体现。准入门槛低使得任何人都能实现当演员、当导演的梦想。一方面，一批批素人的走红，加上粉丝的疯狂追捧，让年轻人产生了强烈的表演欲，渴望获得他人的点赞和关注；另一方面，由于直播与短视频充满了真实感和代入感，所以容易让心智尚未成熟、价值观还未稳定的未成年人自我沉浸失控。

对此，国家积极进行管控，2019 年年底，我国主流的直播与短视频平台纷纷推出青少年模式的网络防沉迷系统。但遗憾的是，收效甚微，因为这种模式需要用户主动选择才能起到防沉迷的作用。所以，自律能力不足的青少年还需要多方加强管控，平台方也应该积极改善系统模式，承担一定的社会责任。

1.2　未来直播与短视频面临的机遇与挑战

1.2.1　直播与短视频内容精品化

近年来，直播与短视频的 MCN（即 Multi-Channel Network，多频道网络）机构不断增加，它们可以提供前期内容生产制作、后期运营推广以及变现等完整生态链服务，行业发展更加高效和专业。直播与短视频行业从最初的泛娱乐为主，逐渐向各个垂直领域深耕，这一现象和趋势尤为突出：通过整合线上和线下资源，直播与短视频领域逐渐实现了与体育、教育、医疗等行业的深入融合。一方面，传统行业价值将得到进一步深挖，其行业发展的瓶颈将得到突破，而和电竞、电商等新兴行业的融合则使其得到宣传和普及；另一方面，直播与短视频内容同质化现象将得到改善，原创内容的专业质量得到极大的提升。同时，短视频将通过探索付费订阅、会员制度、单片购买等变现模式，积极创新多元盈利方式，既可以让行业获得持久稳定的发展，也可以提升内容生产的丰富性。

有关部门相继发布了《网络短视频内容审核标准细则》《网络信息内容生态治理规定》等直播与短视频管理规范的相关政策，对视频内容做出了详细的规范要求，网络视频的直播与传统影视政策走向统一。国家政策不断加强网络秩序，积极构建主流意识形态，让行业发展更加健康，这将持续推动直播与短视频内容规范化、精品化。

1.2.2 技术推动直播与短视频发展

在移动通信领域，既有的 4G 网络存在稳定性较差、有遮挡物和硬件移动的情况下会出现直播的时候信号不稳定、延迟等问题，因此在直播过程中，不论是内容创作者还是受众，一般都离不开固定场所的 Wi-Fi。

5G 网络在近年来获得了迅速的发展。以北京为例，2019 年，全市已经建设了上万个 5G 基站，通过相关政策的持续支持推进，2020 年 5G 提速降费应用落地的进程进一步加快，北京实现 5G 网络的大规模商用已经具备了越来越成熟的技术条件支撑。5G 网络具备大容量、超高速、低时延等特点，可以保障用户在演唱会、体育场、交通工具等人群密集、有遮挡物以及高速移动的情况下使用 4K 甚至是 8K 超高清的直播服务，这将帮助创作者丰富内容创作的场景，降低制作成本，实现创作者与用户的双向视频互动，帮助受众提升用户体验，推进“直播 + 体育”“直播 + 新闻”等方向的全面发展，丰富完善直播生态。

直播场景的突破也将带来使用群体的大幅度增长，创作者之间的竞争将越发激烈，数量、质量将迎来大幅度提升，而用户增多、黏性增强又会引起创作内容的进一步改进。

此外，VR、AI、机器学习、增强现实（AR）等技术发展飞速，未来直播与短视频可能通过与多元技术融合，进一步增强用户代入感，实现更加沉浸式的传播。如近两年研发出的AI合成主播，开创了新的内容生产模式。未来，这些新兴技术配合穿戴式设备的研发生产，直播与短视频用户的互动模式将变得更加丰富，拥有更深层次的参与感，将会形成整个人类信息交互和生活方式的改变。

1.2.3 直播和短视频与传统媒体深度融合

据2019年的“两会”报道显示，我国的媒体领域已经扎实推进了深度媒体融合的一系列工作，传统媒体与新兴媒体的融合发展取得了实质性的效果与影响力。而实现全国县级融媒体的覆盖是2020年融媒体最后一公里的关键指标，县级融媒体中心将会深度融合直播与短视频领域，其中县级融媒体和快手短视频共同打造关于农村电商发展的《我给两会带个言》等栏目，不再成为个例。未来，直播与短视频将真正发挥媒体的价值引导作用，成为真正为民众发声、讲述老百姓故事的媒体平台，而不是只流于泛娱乐和商业。

1.2.4 内容监管难度升级

现阶段，直播与短视频大环境仍存在着乱象，而5G、AI等技术给直播与短视频带来的不仅有机遇，也有挑战——未来视频节目的增多会导致媒体内容监管的难度升级。随着技术突破和愈发精细化，视频合成与智能化语音能够达到以假乱真的地步，致使大众鉴别信息真假更加困难，因此用户实名认证，为自己在网络上的言行负责显得愈加重要。

面对未来海量的视频节目，不仅需要建立完善的内容监管机制，提升审查人员的素质，改善监管手段，而且应该积极推进完善视频内容的制作、传播等的法律法规，明确平台行为及创作者的法律责任，加大对违规处罚的执法力度，尽早帮助大众增强法律意识，创新完善未成年保护机制，树立更加健康的直播与短视频的行业风气。

第二章

商业逻辑：从文字、图像到短视频

短视频已成为当前新媒体最大的流量入口与热点。近年来，随着新媒体技术的快速发展，新媒体新形态不断涌现，特别是短视频与各行各业融合的爆发，深刻地改变着我们的生存环境和生活场景。无论是工作、生活，还是出行、娱乐、商务等，直播与短视频已经成为“新媒体 +”赋能实体产业与经济的重要基础。

可以说，从图文、图像到短视频就是新媒体的发展历程。那什么是新媒体呢？

从概念上讲，新媒体是以数字信息技术为基础，以互动传播为特点，具有创新形态的媒体。

从数字新媒体来讲，新媒体是相对于传统媒体，不断发展变化的媒体形态，是网络基础上的延伸，是一个不断变化的概念。

互联网的普及与发展，为新媒体的蓬勃发展奠定了基础。

1986 年 8 月 25 日，北京时间 11:11（瑞士日内瓦时间 4:11），中国科学院高能物理研究所 ALEPH 组①组长吴为民，从北京发给 ALEPH 组的领导——位于瑞士日内瓦欧洲核子研究中心的诺贝尔奖物理学奖获得者斯坦伯格（Jack Steinberger）的电子邮件（E-mail）是中国第一封国际电子邮件。

1989 年 8 月，中国科学院承担了国家计委立项的“中关村教育与科研示范网络”（NCFC）——中国科技网（CSTNET）前身的建设。1994 年 4 月，NCFC 率先与美国 NSFNET 直接互联，实现了中国与互联网全功能网络连接，标志着我国最早的国际互联网络的诞生。中国科技网成为中国最早的国际互联网络。

1995 年 5 月，中国第一家互联网服务公司——瀛海威成立，其前身为北京科

① ALEPH 组是在欧洲核子研究中心高能电子对撞机 LEP 上进行高能物理实验的一个国际合作组，我国科学家参加了 ALEPH 组，高能物理研究所是该国际合作组的成员单位。

技有限责任公司。1995 年 9 月 30 日，瀛海威时空正式运营。当时，瀛海威在中关村南大门零公里处竖起了一块硕大的广告牌：中国人离信息高速公路有多远——向北 1500 米。

由此，开启了中国互联网与新媒体的发展历程。

2.1　新媒体发展的三个主要阶段

2.1.1　网络新媒体阶段（1996—2008年）

从 1996 年开始，《人民日报》、新华社、中央电视台等中央新闻媒体的人民网、新华网、央视网上线开通；网易、搜狐、腾讯、新浪四大门户成立；天涯、猫扑、西祠等 BBS 论坛网站的上线；阿里巴巴电子商务让天下没有难做的生意；百度开创搜索引擎的天下。

这一时期，形成了以三大中央新闻网站（人民网、新华网、央视网），四大门户网站（新浪、网易、搜狐、腾讯）为代表的网络新媒体；以六间房、优酷、土豆、酷 6 网、爆米花等视频网站，以及搜狐视频频道、新浪视频频道为代表的视频新媒体。

地方新闻媒体网站、行业门户网站等纷纷建立，中国新媒体进入了蓬勃发展时期。

2.1.2　移动社交新媒体阶段（2009—2018年）

2009 年 8 月，新浪微博上线。2011 年 1 月，腾讯微信上线。2012 年 3 月，张一鸣创建今日头条，2012 年 8 月今日头条发布第一个版本。这一时期，形成了微博、微信、新闻客户端（App）的移动新媒体形态，新媒体的发展进入移动社交新媒体阶段。可以说 2009—2011 年这三年，是这个阶段的发展机遇期，涌现出众多知名微博大 V 及知名自媒体。

随着 2012 年 YY 直播（欢聚时代）在纳斯达克成功上市，掀起了一轮娱乐与游戏直播的热潮，涌现出 YY、虎牙、斗鱼、映客、花椒、熊猫等众多娱乐与游戏直播平台。

2013 年 7 月，“GIF 快手”从纯粹的工具应用转型为短视频社区并改名为“快手”；2016 年 5 月，西瓜视频的前身，头条视频正式上线；2016 年 3 月，淘宝直播电商立项启动；2016 年 9 月 20 日，抖音短视频上线。随后，短视频与直播电商进入了快速发展阶段。

2.1.3 智能数字新媒体阶段（2019年至今）

2019 年，新媒体发展进入智能数字新媒体阶段，将与 5G、AI、AR/VR、区块链、大数据等信息技术相融合，构建出智能数字新媒体，并成为数字基础设施。

直播与短视频，将成为这个时代的入口，建立新的生态体系。智能数字新媒体生态体系如图 2–1。

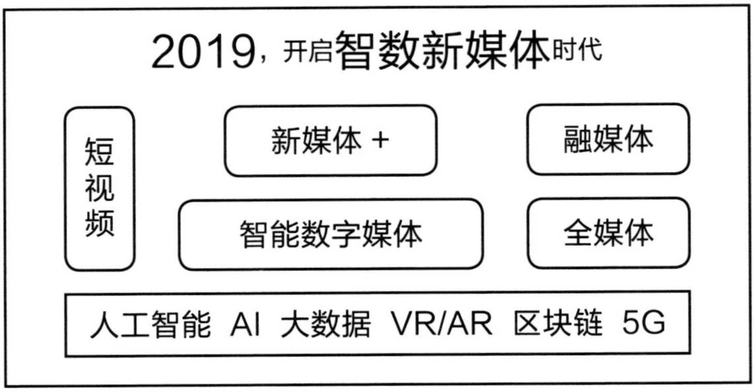

图 2–1 智能新媒体生态体系
资料来源：新媒联盟、ZDMIA

同时，智能数字新媒体时代，从人人都是新媒体，发展到以“新媒体 +”连接的万物皆媒体时代。

2019 年 1 月，中关村数字媒体产业联盟、新媒联盟推出了“新媒体 +”创新体系，以互联网、区块链、AI、大数据、金融科技等核心技术为基础，构建新媒体 + 产业、+ 人、+ 物、+ 企业、+ 政府、+ 智库、+ 技术等七大维度（见图 2–2），促进新媒体服务实体产业与实体经济，赋能数字经济。

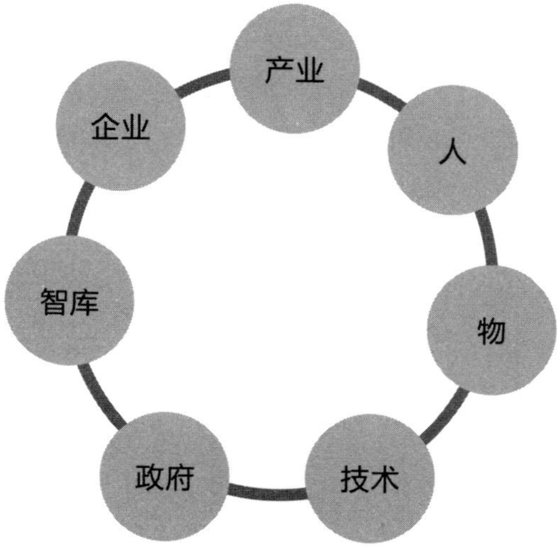

图 2-2　“新媒体 +”创新体系
资料来源：新媒联盟、ZDMIA

2.2　网络新媒体发展历程

2.2.1　人民网、新华网、央视网三大中央新闻网站建立

1996 年 12 月，央视网（cctv.com）建立并试运行。央视网是由中央电视台创建，中国最早发布中文信息的新闻网站之一，目前为中央广播电视总台主办的中央重点新闻网站。

1997 年 1 月 1 日，人民网创办。人民网是世界十大报纸之一《人民日报》创建的以新闻为主的大型网上信息交互平台，是国际互联网上最大的综合性网络媒体之一。人民网前身为人民日报网络版。2000 年 7 月，人民日报网络版编辑部更名为网络中心；2000 年 10 月，正式启用人民网新域名，何加正担任总裁。

2012 年 4 月 27 日，人民网在上海证券交易所上市交易。它的成功上市创造了中国资本市场的两个第一：第一家在国内 A 股上市的新闻网站新媒体，第一家在国内 A 股整体上市的媒体企业。

1997 年 11 月 7 日，新华社网站建立。2000 年 7 月，新华网络有限公司成立，新华网启用“xinhuanet.com”新域名。新华网是新华社主办的综合新闻信息服务门户网站，是中国最具影响力的网络媒体和具有全球影响力的中文网站。

2.2.2 新浪、网易、搜狐、腾讯四大门户网站成立

1. 王志东创立新浪

1997 年 10 月 31 日，中国队在世界杯亚洲区预选赛主场 2:3 负于卡塔尔，失去出线机会。11 月 2 日凌晨，一名叫老榕的网民，在四通利方（新浪前身）体育沙龙论坛里发了一篇《大连金州不相信眼泪》，文章在一夜之间传遍网络。两周后文章被《南方周末》全文刊登，同时，国内主流体育媒体及大众媒体纷纷转载和报道。《大连金州不相信眼泪》被称为中国第一足球博文，老榕一夜成名震惊网络界，新浪网总编辑陈彤在他撰写的《新浪之道》中回忆说，此事使人们第一次感到论坛的力量和影响。

1998 年 12 月，新浪网成立，其前身是 1993 年 12 月由王志东创立的四通利方。

2000 年 4 月，新浪在纳斯达克成功上市，股票代码为“SINA”，在招股说明书里，新浪反复强调自己是“在线媒体网站”。

2005 年 9 月，新浪成为中国第一家发布博客服务的门户网站；2009 年 8 月，新浪上线微博平台。

2. 丁磊创立网易

1997 年 06 月，网易成立于广州，同年 11 月，网易推出中国第一家免费邮箱系统；并陆续在两年内推出了中国第一家全中文搜索引擎、第一家免费个人主页、第一家免费电子贺卡站、第一个网上虚拟社区和第一家网上拍卖平台。

1998 年 5 月，网易开始向门户网站模式转型。

2016 年 4 月，网易严选正式上线，这是网易旗下的自营电商品牌。网易还推出了网上商城——网易商城（网易严选、考拉海购），第三方支付平台——网易宝，优惠券服务——网易优惠券，网上导购平台——惠惠网。

3. 张朝阳创立搜狐

1995 年，搜狐创始人张朝阳从美国麻省理工学院毕业后回到中国，次年 8 月

拿到天使投资并创办“爱特信信息技术有限公司”网站，其中一部分内容是分类搜索，改名为“搜乎”。1997 年 11 月，“搜乎”更为“搜狐”。1998 年 2 月，正式更名为搜狐公司，搜狐正式诞生。搜狐影响了中国的网民，成为主流资讯媒体和沟通互动的平台。

4. 马化腾创立腾讯

1998 年 11 月 11 日，马化腾和同学张志东在广东省深圳市正式注册成立“深圳市腾讯计算机系统有限公司”。当时公司的业务是拓展无线网络寻呼系统，为寻呼台建立网上寻呼系统，这种针对企业或单位的软件开发工程是当时中小型网络服务公司的最佳选择。

1999 年 2 月，腾讯公司即时通信服务（OICQ）开通，主打即时在线聊天，与无线寻呼、GSM 短消息、IP 电话网互联。2000 年 11 月腾讯推出 QQ2000 版本，OICQ 正式更名为 QQ。

2003 年 11 月 21 日，腾讯网推出，定位于集新闻信息、互动社区、娱乐产品和基础服务为一体的大型综合门户网站。

2.2.3 电子商务领导者阿里巴巴成立

1999 年 9 月 9 日，马云带领 18 位创始人在杭州的公寓中正式成立了阿里巴巴，并推出阿里巴巴国际交易市场网站和专注于国内批发贸易的中国交易市场（现称“1688”）。

2000 年 9 月，阿里巴巴集团举办首届西湖论剑，汇聚互联网界的商业和意见领袖讨论业界重要议题。

2003 年 5 月，购物网站淘宝网于马云公寓内创立。

2004 年 6 月，阿里巴巴集团首次举办网商大会，其间举行首届十大网商颁奖典礼。

2004 年 12 月，阿里巴巴集团关联公司的第三方网上支付平台支付宝推出。

2005 年 10 月，阿里巴巴集团接管中国雅虎。

2007 年 11 月，阿里巴巴网络有限公司在中国香港联交所主板挂牌上市。同月，阿里巴巴集团成立网络广告平台阿里妈妈。

2008 年 4 月，淘宝网推出专注于服务第三方品牌及零售商的淘宝商城。

2012 年 1 月 11 日，淘宝商城正式更名为“天猫”。

2009 年 11 月 11 日，淘宝商城举办“双十一网购狂欢节”促销活动，27 家品牌参与活动，销售额为 0.52 亿元。尽管当时参与的商家数量和促销力度均有限，但营业额远超预想的效果。此后，每年的 11 月 11 日成为天猫举办大规模促销活动的固定日期。“双十一”已成为中国电子商务行业的年度盛事，并且逐渐影响到国际电子商务行业。2019 天猫“双十一”全天成交额为 2684 亿元人民币，开场 14 秒，破 10 亿元；1 分钟，超 65 亿元；1 分 36 秒，超 100 亿元；5 分 25 秒，超 300 亿元。

2.2.4 百度创立搜索引擎网站

1999 年年底，身在美国硅谷的李彦宏看到了中国互联网及中文搜索引擎服务的巨大发展潜力，抱着技术改变世界的梦想，他毅然辞掉硅谷的高薪工作，携搜索引擎专利技术，于 2000 年 1 月 1 日，创建了百度公司，推出独立搜索门户 baidu.com。

2004 年，推出百度 WAP 搜索，手机上也能使用百度。

2005 年，百度在纳斯达克成功上市，创造了中国概念股的美国神话，首日股价涨幅达 354%。

2.2.5 网络新媒体蓬勃发展

这一阶段，行业门户网站、地方新闻网站及视频网站等如雨后春笋般纷纷涌现，网络新媒体迅速发展。

由中国互联网络信息中心（CNNIC）提供的全国网民数量变化情况，可以发现，从 1998 年到 2001 年，全国网民的数量几乎每年都保持着 100% 以上的增长率，这一时期成为中国互联网发展史上用户基数增长最快的一段时间。

这也是新媒体发展的第一个机遇期，尤其是在 1999—2001 年，可以说是发展的窗口期。这一时期成就了一批新媒体领军代表。新媒体形态也从门户网站以图文为主的形态，拓展到视频网站以图像为主的形态。门户网站纷纷建立视频频道，优酷、土豆、酷6网等独立视频网站成立。视频已成为新媒体重要的形态。

2.3 视频网站发展历程

2004年11月，乐视网正式上线。随后，2005年上半年，土豆网、56网、激动网、PPTV、PPS等相继上线，构成了我国视频网站群体发展初期的主要成员。乐视以影视剧发行为主，而土豆网、56网、激动网则是采用用户视频分享的模式，即现在所说的UGC模式。

2004年年底，搜狐视频成立，前身为搜狐宽频。2006年，门户网站视频分享平台——搜狐播客成立。2009年2月，搜狐“高清影视剧”频道上线，独家首播千余部影视剧。

2004年年底，伴随网络视频刚刚在世界范围内兴起，宽带时代和流媒体技术发展的必然，新浪视频的前身新浪宽频成立。2006年12月，作为门户网站视频分享平台——新浪播客成立了；2009年3月，经过两年多的发展和壮大，新浪播客与新浪宽频合并，成立了门户网站中最早的视频频道——新浪视频。

2005年12月，时长20分钟的网络短片《一个馒头引发的血案》爆红，下载量击败当时的电影大片《无极》，被认为是微电影的雏形。

此后，筷子兄弟的《老男孩》等微电影涌现，不少知名导演、演员以及大量草根拍客也加入微电影大军，无数网友也拿起DV、手机开始拍摄、制作。从此，作为对短视频发展具有重要作用的微电影（网络短片）开始出现并逐步火热。

2005年2月15日，美国YouTube成立，定位视频分享服务，其提出“Broadcast Yourself”（表现你自己）的口号，吸引了美国网民的热捧，逐渐发展成为一家影响力甚大的视频网站，其发展模式也被大部分中国视频网站模仿和借鉴。尤其是2006年10月，YouTube被Google以16.5亿美元的天价收购。这个上线之初仅有三人的网站在一年多的时间里被上传了超过4000万条视频，最终以16.5亿美元的梦幻价格卖出，一时间成了创业界的传说。中国互联网创业者们看到了其背后潜藏的巨大商机，纷纷涌入视频行业。

2006年5月15日，六间房正式上线。这是创始人刘岩的第二次视频网站创业。作为一个典型的Web2.0，六间房产品设计上以用户为核心，其页面的设计充满了实用主义色彩。对很多视频网站来说都十分有用的功能，比如视频缓存，就是六间房首创。6月6日，网络第一红人胡戈在六间房首发其网络电影《鸟笼山剿匪记》，该片是继《一个馒头引发的血案》之后，胡戈的又一力作，一经推出立刻引发轰动，一周内播放次数就到达了200多万次。

2006年12月21日，优酷网正式上线，在行业内首次提出“拍客无处不在”，倡导“谁都可以做拍客”，其视频网站逐渐发展成为互联网拍客聚集营。优酷网凭借“快者为王”的产品理念，“快速播放，快速发布，快速搜索”的产品特性，充分满足了用户日益增长的互动需求及多元化视频体验。

同样是2006年上线的酷6网，虽专注于UGC模式的发展，但仍努力向用户提供多样化的选择，从专业影视节目到自拍网播剧，都有所涵盖。

据不完全统计，中国视频网站的数量在高峰期有上千家，包括六间房、优酷、土豆、酷6网、爆米花、暴风影音、PPlive、PPS等独立的视频网站，搜狐、新浪、网易等门户网站不甘落后，也开始涉足视频领域，提供视频服务。

2007年12月29日，国家广播电影电视总局和信息产业部联合发布了《互联网视听节目服务管理规定》，确立了视频网站经营的牌照制度。随后，在2008年3月20日下午，国家广播电影电视总局公布了互联网视听节目服务抽查情况，土豆网等32家视频网站因内容违规遭到警告处罚，迅雷中国、猫扑视频等25家网站被责令停止视频节目服务。这是中国视频网站行业的第一次“洗牌”。

2008年，席卷全球的金融危机对视频网站也造成了巨大的冲击。据媒体报道，当年11月，约有400多家视频网站出现了融资困难，为渡过难关，土豆、六间房、爆米花、酷6网、优酷等不少视频网站采取了裁员、缩小带宽等一系列措施，缩减开支，这又加速了中国视频网站行业的第二次“洗牌”。

2009年年底，在原央视网的基础上，中国网络电视台（CNTV）隆重上线，随后，各传媒集团纷纷成立网络电视台，视频网站群体中的国家队力量不断夯实。

2010年3月，百度旗下奇艺网成立，开始全面进军正版、高清、长视频网络视频领域。

2011年4月，腾讯视频上线。腾讯视频定位于在线视频平台，拥有流行内容和专业的媒体运营能力，是聚合热播影视、综艺娱乐、体育赛事、新闻资讯等为一体的综合视频内容平台，并通过 PC 端、移动端及客厅产品等多种形态为用户提供高清流畅的视频娱乐体验。截至 2019 年 12 月 31 日，腾讯视频付费会员数达 1.06 亿。

2011 年，我国的网络视频行业已基本形成国有媒体网络电视台、门户网站及商业视频网站分据市场的竞争版图。

2.4　娱乐与游戏直播发展历程

2005 年，9158 成立，首次将“秀场”模式引进到聊天室之中，PC 端秀场直播模式开启。

1. 六间房转型为直播平台

2008 年，面对金融危机的巨大冲击，刘岩终于在坚持理想与现实生存之间做出了选择，他把视频网站六间房转型为直播平台，做起了他曾经不屑的直播秀场，并在直播这条道路上越走越远，用他的话说，这是一场灵魂深处的革命。

2. YY 直播

2008 年，YY 语音推出，其定位为一款游戏沟通的即时语音通信软件。游戏玩家除了在这个语音通信工具上进行聊天，还可以做唱歌等内容的表演，这种形式促成了 YY 成为直播内容平台。YY 是国内网络视频直播行业的奠基者之一。

2009 年年初，YY 直播用户已经形成了可以和游戏用户抗衡的用户群。YY 直播也推出电子签约系统，对当时已经有 10 万人的 YY 直播用户进行管理。2010 年，YY 直播将平台上的直播表演商业化，当年营收达到了 3600 万元左右。2011 年，YY 直播的平台营收超过 5000 万元。

2012 年，总公司欢聚时代（现已更名为“欢聚集团”）在纳斯达克成功上市。从招股说明书中可以看到，2012 年上半年 YY 直播的营收达到 9272 万元，占总收入的 30%，远超过外界熟知在线广告业务的营收。

目前，YY 直播已成为包含音乐、科技、户外、体育、游戏等内容的全民娱乐直播平台，注册用户达到 10 亿人，月活跃用户达到 1.22 亿人。

2020 年 11 月 17 日，百度正式宣布收购 YY 直播。百度与欢聚集团签署最终约束性协议，百度全资收购欢聚集团国内直播业务（即“YY 直播”），总交易金额约为 36 亿美元，交易预期将于 2021 年上半年完成交割。

3. 虎牙直播

2014 年 11 月 21 日，虎牙直播（弹幕互动视频直播平台，其前身为 YY 游戏直播）上线。虎牙直播是中国领先的游戏直播平台之一，覆盖超过 3300 款游戏，并已逐步涵盖娱乐、综艺、教育、户外、体育等多元化的弹幕式互动直播内容。2018 年 5 月，虎牙直播在美国纽约证券交易所上市，股票代码为“HUYA”，成为中国第一家在美国上市的游戏直播公司。

4. 斗鱼直播

斗鱼直播是一家弹幕式直播分享网站，为用户提供视频直播和赛事直播服务。斗鱼直播的前身为 AcFUN 生放送直播，于 2014 年 1 月 1 日起更名为“斗鱼”。斗鱼直播以游戏直播为主，涵盖了娱乐、综艺、体育、户外等多种直播内容。

2016 年 3 月 15 日，斗鱼直播宣布获得腾讯领投的 B 轮超 1 亿美元融资。同时，A 轮投资人红杉资本及南山资本仍将继续投资。8 月 15 日，斗鱼直播完成 C 轮 15 亿元人民币融资，由凤凰资本与腾讯公司领投。2016 年，斗鱼累计融资金额超过 20 亿元人民币。2017 年，斗鱼成为国内第一家率先进入 D 轮融资的网络直播平台。

2018 年 1 月，斗鱼直播获得 2017 科技风云榜“年度最具潜力创业企业奖”。2018 年 3 月，斗鱼直播获得新一轮 6.3 亿美元融资，腾讯独家投资。2018 年 7 月，中国网络直播平台斗鱼计划赴美进行 IPO，筹资 6 亿—7 亿美元。2018 年 8 月 8 日，斗鱼直播获金运奖“运营新势力”奖。

2019 年 4 月 22 日，斗鱼直播向美国证券交易委员会正式递交招股说明书，启动赴美上市。美国东部时间 7 月 17 日早晨（北京时间 17 日晚间），斗鱼直播正式在纳斯达克上市，股票代码为“DOYU”。

2020 年 10 月 12 日，斗鱼和虎牙联合宣布签订“合并协议与计划”，虎牙通过以股换股合并收购斗鱼所有已发行股份，斗鱼将成为虎牙私有全资子公司，并从纳斯达克退市。

11月10日，市场监管总局发布《关于平台经济领域的反垄断指南（征求意见稿）》（下称“《征求意见稿》”），直指互联网企业的垄断问题，尤其是涉及VIE架构的企业。对此，著名互联网学者、中关村数字媒体产业联盟副主席刘兴亮接受媒体采访时表示，如果没有《征求意见稿》，斗鱼和虎牙的合并是板上钉钉的事。但在《征求意见稿》发布之后，二者的合并出现了一定风险，或许存在变数。

5. AcFun弹幕视频网

2007年6月，AcFun弹幕视频网成立，简称“A站”。AcFun是中国大陆地区第一家弹幕视频网站，以视频为载体，逐步发展出基于原生内容二次创作的完整生态，拥有高质量互动弹幕，是中国弹幕文化的发源地；拥有大量超黏性的用户群体，产生输出了金坷垃、鬼畜全明星、我的滑板鞋、小苹果等大量网络流行文化，也是中国二次元文化的发源地。

2017年6月22日，国家新闻出版广电总局官方网站发布的通知公示显示，针对“新浪微博”“AcFun”“凤凰网”等网站在不具备《信息网络传播视听节目许可证》的情况下开展视听节目服务，并且大量播放不符合国家规定的时政类视听节目和宣扬负面言论的社会评论性节目，国家新闻出版广电总局发函责成属地管理部门，按照《互联网视听节目服务管理规定》的有关规定，采取有效措施关停上述网站上的视听节目服务，进行全面整改。

2017年9月，北京市文化市场行政执法总队依法对北京某弹幕网络公司经营的网站“AcFUN”以未经批准擅自从事视听节目服务、提供非法有害违反社会公共道德视听节目内容等违法违规行为做出4起行政处罚，共计罚款12万元，同时责令该网站对视频节目内容进行整改。

2018年6月5日，快手全资收购AcFun。

2018年6月13日凌晨，AcFun弹幕视频网在其官网发布《关于AcFun受黑客攻击致用户数据外泄的公告》，称AcFun受黑客攻击，近千万条用户数据外泄，包含用户ID、用户昵称、加密存储的密码等信息。

2019年5月29日，AcFun发布公告称，因技术升级，从当日起至6月6日，暂停弹幕功能。

6. 龙珠直播

2015 年 2 月 1 日，龙珠直播（综合游戏直播平台）正式上线。龙珠直播与韩国职业电子竞技协会（KeSPA）达成独家合作，签约了全球最受欢迎的电竞明星 Faker 及七支顶级韩国豪门战队的所有职业选手的国内独家直播权，其后又赞助了世界顶级战队 SKT T1。

7. 熊猫直播

2015 年 9 月 21 日，熊猫直播内测，10 月 20 日公测上线。

熊猫直播是由上海熊猫互娱文化有限公司创办的一家弹幕式视频直播网站，创始人为王思聪。注册资本为 2000 万元，法定代表人为龙飞。2016 年 11 月，熊猫直播荣登 2016 中国泛娱乐指数盛典“中国文娱创新企业榜 TOP30”。

2016 年 4 月 14 日，文化部公布熊猫 TV 网络直播平台因涉嫌提供含宣扬淫秽、暴力、教唆犯罪等内容的互联网文化产品，被列入查处名单。文化部已部署相关执法机构查处涉案企业，会及时公布处罚结果。

2017 年 2 月，上海市网信办公布消息称，上海市网信办会同市文广局、市网安总队、市文化执法总队，就直播中的低俗色情问题依法联合约谈熊猫直播，要求其进行全面整改。

2018 年 8 月，熊猫直播平台有主播在直播过程中组织网络赌博，用户可通过一种类似老虎机、名为“拉爆机”的道具下注，后获返可以作为打赏主播的道具并提现。8 月 3 日，熊猫直播平台回应称，已接到相关投诉，“拉爆机”功能已经下线，同时负责内容审核的工作人员正在和主播协商沟通。

2019 年 3 月 7 日，熊猫直播 App 已在 App Store、Google Play 下架。3 月 8 日，熊猫直播开始关闭服务器。3 月 30 日，熊猫直播官网发布公告，宣布熊猫直播正式关站。

8. 映客

2015 年 5 月，映客 App 正式上线。其定位于为用户提供娱乐、时尚及生动的实时互动平台。平台可让用户以多种方式互动，例如赠送虚拟物品、实时聊天、即时信息或私信沟通及同玩社交游戏。映客已推出秒开、实时美颜及直播对战等多个创新功能。

2018 年 7 月 12 日，映客正式在香港交易所挂牌交易，成为港股的娱乐直播第一股。

9. 花椒直播

2015 年 6 月，花椒直播正式上线。花椒直播致力于以强硬的技术实力和优质的内容，打造一个具有强明星属性的直播平台，吸引了大量优质用户。

截至 2016 年 6 月，花椒的日活跃用户超过 500 万，月活跃用户超 1000 万。据易观 6 月 12 日数据显示，2016 年 5 月 TOP 500 App 榜单中视频直播井喷式增长，其中花椒直播表现得最为出色，其环比增长率达到了 191%，远超同类产品 50% 增长，增长率在泛娱乐直播平台排名绝对第一位。

2016 年 6 月 2 日，花椒 VR 专区上线，成为全球首个 VR 直播平台，开启移动直播 VR 时代；独创萌颜和变脸功能，丰富用户交互体验。

2016 年 6 月 15 日，花椒发布“融”平台，打破媒体与媒体间的界限，同企业用户打造更多优质的内容。

2018 年 1 月 14 日，北京市网信办就“百万赢家”活动将中国香港地区和中国台湾地区作为国家列入答题问题依法约谈花椒直播相关负责人，责令其全面整改。

2018 年 6 月 27 日，宋城演艺发布相关公告称，旗下全资子公司北京六间房科技有限公司将与北京密境和风科技有限公司（花椒直播运营主体）进行重组。

10. 易直播

2014 年 9 月，陈建文回国创立易直播。这是一款基于移动视频直播的社交平台，用户通过手机 App 进行视频直播分享内容。

易直播以“事件”“生活”“兴趣”为基础，通过直播分享交互为用户打造一个又一个圈子。通过它，用户随时随地发现与自己有相同兴趣爱好的人。加入共同的话题和频道，共同的关注，有效的互动让用户可以拥有更多朋友。手机实时直播，实时分享，支持一键分享至微信、QQ、微博。

2.5 微博、微信开启移动社交新媒体

2.5.1 微博开启移动社交新媒体

1. 新浪、腾讯、搜狐、网易微博大战

2006 年 7 月，美国社交网络及微博客服务网站 Twitter 正式上线，可以让用户在发布不超过 140 个字符的消息。到 2007 年美国的 Twitter 已经较为成熟，受到网民的喜爱，且获得了许多奖项。Twitter 的成功让国内互联网创业者看到了新的空间。2007 年 5 月，互联网连续创业者王兴（现美团创始人）创建了中国第一家类似 Twitter 的饭否网。2009 年上半年，饭否的用户数已经突破百万。然而因为内容监管及政策原因，2009 年 6 月，网站暂停服务，9 月被关闭。

2009 年 8 月 14 日，可发 140 个字的新浪微博开始内测，9 月 25 日，正式添加了@、私信、评论、转发等社交互动功能。新浪微博采用了以前新浪博客的成功推广策略，即邀请明星和名人入驻，并进行实名认证，认证之后会在用户名后加上字母“V”，彰显身份，以名人效应拉动早期用户的增长。果然，上线后新浪微博就一直保持着爆发式增长，新浪微博获得成功。这个成功源于社交网络的兴起。

Twitter 的社交网络模式和新浪微博的火爆，促使几大互联网门户网站纷纷入局。2010 年 1 月 20 日，网易微博开始内测；2010 年 4 月 7 日，搜狐微博上线正式公测；2010 年 5 月，腾讯微博正式上线。微博大战的序幕缓缓拉开。

2011 年的春节期间，四大门户网站的微博大战的硝烟弥漫。新浪微博推出“带着围脖　回家过年”活动，最时尚的发送新春祝福的方式，非新浪微博莫属。同时，网友只要邀请好友开通新浪微博，就可以在自己的微博昵称后面戴上微博兔，获得抽取大奖的机会。由此，“微博拜年”“让红包飞”成为最火爆的网络热词。搜狐微博除了微博拜年，还推出了微博相亲。腾讯微博分别和央视、北京电视台合作，借春晚发力。网易微博推出微博编书，邀请用户用微博总结 2010 年，将选择收录在书中。

在随后的几年中，随着新浪微博的强势崛起，以及腾讯、网易、搜狐的布局调整，腾讯微博、网易微博、搜狐微博等陆续关闭或内部合并。

2013 年 4 月，新浪微博与阿里巴巴签署战略合作协议，阿里巴巴以 5.86 亿美元投资获新浪微博约 18% 股份。双方在用户账户互通、数据交换、在线支付、网络营销等领域进行了深度合作。

2014 年 3 月 27 日，新浪微博正式宣布改名为“微博”，并推出了新的 logo 标识。

2014 年 6 月 12 日，微博启动自媒体商业化计划，通过广告分成、付费订阅和粉丝打赏等多种变现手段，来鼓励和扶持自媒体。

2. 微博发力直播与短视频

2016 年 9 月，微博启动 MCN 管理系统内测，为 MCN 机构提供成员管理、资源投放、商业变现、数据分析等四大功能。微博副总裁曹增辉表示，微博将从产品、资源和商业化等方面，持续加大对视频 MCN 机构的扶持力度，形成完整的视频 MCN 机构成长解决方案。

产品功能方面，也是为短视频让路，微博分别在移动端“发现”页上线视频标签，PC 端上线“视频”频道，成为固定的短视频观看入口。此外，视频 MCN 主页上也增加视频标签和热门视频推荐等板块。微博客户端首页设立入口，用户点击即可拍摄并发布 15 秒以内的视频。这使得用户发布视频更加直接，可以做到随时随地发布短视频。

内容方面，微博除了扶持 papi 酱这样的网红外，还全面推进 PGC 和 UGC 的短视频创作等，普通用户利用微博可随时随地发短视频。新浪董事长曹国伟曾经表示，微博会加强在视频上的投入，丰富内容的多样性，以及提升内容质量，这会吸引新用户。

直播方面，微博投资布局从早期的秒拍、小咖秀到后来的一直播。

2.5.2 微信开创社交新媒体商业模式

微信是腾讯公司于 2011 年 1 月 21 日推出的一个为智能移动终端提供即时通信服务的免费应用程序。微信支持跨通信运营商、跨操作系统平台，通过网络快速发送免费语音短信、视频、图片和文字，同时，也可以使用通过共享流媒体内容的资料和基于位置的社交插件“摇一摇”“漂流瓶”“朋友圈””“公众平台”“语音记事本”等服务插件。

2010年，苹果发布了具有划时代意义的iPhone 4，移动时代悄然来临。这一年，美国出现了一款基于手机通信录的社交软件kik。这个App可基于本地通信录直接建立与联系人的连接，并在此基础上实现免费短信聊天、来电大头贴、个人状态同步等功能。kik用了一个月的时间获取了100万名用户，其用户增长速度算是当时移动互联网的一个奇迹。

据说，当时腾讯科技广州研发中心QQ邮箱团队正在着手开发QQ邮箱的移动版（“手中邮”App）。邮箱开发团队的负责人张小龙看到kik这个“奇迹”之后，马上发邮件给马化腾，希望开发类似的App，马化腾回复邮件同意了，把它命名为“微信”。张小龙带领的腾讯科技广州研发中心产品团队，经过两个多月的研发，于2011年1月21日，发布了针对iPhone用户的微信1.0测试版。该版本支持通过QQ号来导入现有的联系人资料，但仅有即时通信、分享照片和更换头像等简单功能。

在随后推出的1.1、1.2和1.3三个测试版中，微信逐渐增加了对手机通信录的读取、与腾讯微博私信的互通以及多人会话功能的支持，截至2011年4月底，腾讯微信获得了四五百万名注册用户。5月10日，微信发布了2.0版本，新增了语音对讲功能，使得微信的用户群第一次有了显著增长。8月，微信添加了陌生人交友功能“查看附近的人”，用户达到1500万名。到2011年年底，微信用户已超过5000万名。

2012年3月，微信用户数突破1亿大关。4月19日，微信发布4.0版本。这一版本增加了相册功能，并且可以把相册分享到朋友圈。7月19日，微信4.2版本增加了视频聊天插件，并发布网页版微信界面。9月17日，腾讯微信团队发布消息称，微信注册用户数已突破2亿。

2012年8月23日，微信公众平台正式上线。微信公众平台主要面向名人、政府、媒体、企业等机构推出合作推广业务。当时，曾命名为“官号平台”和“媒体平台”，最终定位为“公众平台”。微信公众平台的主要功能包括实时交流、消息发送和素材管理。用户可以对公众账户的粉丝分组管理、实时交流，同时也可以使用高级功能——编辑模式和开发模式对用户信息进行自动回复。2013年10月29日，微信发布了新版公众平台，新平台支持服务号进行新的微信认证。

2014 年 3 月，开放微信支付功能。8 月 28 日，微信支付正式公布“微信智慧生活”全行业解决方案。具体体现在以微信公众号 + 微信支付为基础，帮助传统行业将原有商业模式“移植”到微信平台。

微信提供的闭环式移动互联网商业解决方案中，涉及的服务能力包括：移动电商入口、用户识别、数据分析、支付结算、客户关系维护、售后服务和维权、社交推广等。这也预示着微信再次加大商业化开放步伐，为合作伙伴提供连接能力，助推企业用户商业模式的移动互联网化转型。

通过为合作伙伴提供“连接一切”的能力，微信形成了一个全新的“智慧型”生活方式，渗透进入相关行业，为医疗、酒店、零售、百货、餐饮、票务、快递、高校、电商、民生等数十个行业提供了标准解决方案。

2017 年 1 月 9 日时，万众瞩目的微信第一批小程序正式低调上线，用户可以体验到各种各样小程序提供的各项服务。2018 年 2 月，微信全球月活跃用户数量首次突破 10 亿大关。

2020 年 5 月 13 日，腾讯发布 2020 年第一季度业绩报告，微信及 WeChat 合并月活跃用户数量再创新高，达到 12.03 亿，同比增长 8.2%；小程序用户增长迅速，日活跃账户数超过 4 亿。腾讯视频订购账户数增至 1.12 亿，同比增长 26%。腾讯营收为 1080.65 亿元，同比增长 26%；净利润为 270.79 亿元，同比增长 29%，高于市场预期。

2.6 从图文、视频到短视频的商业巨变

2.6.1 从今日头条到抖音——字节跳动的布局

1. 张一鸣创立今日头条

2012 年 3 月，张一鸣开始了第五次“创业”，创立了北京字节跳动科技有限公司（以下简称“字节跳动”）。

此前，2005 年，22 岁刚毕业的张一鸣，开始了第一次“创业”，但和师兄协

同创办的办公软件，以失败收尾。2006 年，他加入旅游搜索网站酷讯旅游，他是公司的第一个工程师，用了一年多的时间，研发出国内第一个全旅游搜索引擎，奠定了酷讯旅游在生活搜索领域的领军地位。在酷讯旅游，张一鸣最终走到技术委员会主席这一级，做了管理后，他不满足小公司的天地。于是在 2008 年离开酷讯旅游，加入微软。但他只在微软干了半年，在他眼中，当时微软那种四小时就能干完一天活儿的工作，显然不适合他。同年，应老乡王兴的邀请，以技术合伙人的身份加入模仿 Twitter 的饭否网。2009 年，饭否被关停；同年，张一鸣开始独立创业，创办了房产搜索引擎九九房，他爱做信息搜集的特质，开始体现在产品上。他还开始做移动开发，推出了掌上租房、掌上买房等 5 款移动应用，并把九九房做到了当时房产类应用的第一名。2011 年年底，张一鸣辞去九九房的 CEO 职位。

2011 年，互联网行业已纷纷开始布局移动互联网。张一鸣也观察到这一变化："2011 年，我观察到一个现象，地铁上读报的人、卖报的人越来越少，年初还有，年底几乎没有了，同时，2011 年智能手机出货量达到高峰，是 2008 年、2009 年、2010 年三年智能手机出货量的总和。"

张一鸣清醒地意识到，手机很可能会取代纸媒，成为信息传播的最主要载体，又因为人和手机的对应关系即手机随身携带，所以个性化推荐的需求一定会增加。

2012 年 8 月，字节跳动旗舰产品今日头条 1.0 版本上线。今日头条是字节跳动推出的第一款移动资讯客户端产品，基于个性化推荐引擎技术，根据每个用户的阅读习惯、兴趣、位置等多个维度，向用户推荐个性化信息。用张一鸣的话说，Facebook 用网络连接了任何人，Uber 用网络连接了人和车，今日头条则是让信息更精准地连接人。

2014 年 10 月，今日头条推出公共信息发布平台"头条号"。这是一个针对媒体、国家机构、企业以及自媒体的专业信息发布平台，通过今日头条先进的信息分发技术，可以让党政机关的声音有效传播到目标受众，为社会公众提供更为及时、准确的信息服务；帮助内容生产者在移动互联网上高效率地获得更多的曝光和关注。截至 2016 年 11 月底，已有超过 39 万个个人、组织开设头条号。其中有自媒体头条号约 30 万个，以及政府、媒体、公司等其他类型的头条号约 9 万个。

2016 年，今日头条已经成为当时国内最大的媒体渠道，每月有 1.5 亿名用户使用头条系产品，每天有 7000 多万人，花费 76 分钟在今日头条上看新闻和视频。

2. 开启短视频新时代

正是在2016年今日头条的鼎盛之时，张一鸣已开始了短视频的布局，孵化出抖音、西瓜视频、火山小视频等，希望通过不同调性的短视频产品，捕获拥有不同喜好的人群。

（1）西瓜视频

2016年5月，西瓜视频的前身，头条视频正式上线。西瓜视频可通过AI帮助每个人发现自己喜欢的视频，并帮助视频创作者轻松地向全世界分享自己的视频作品。9月20日，今日头条宣布投入10亿元扶持短视频创作者。

2017年11月底，西瓜视频举行了首届“西瓜PLAY视频嘉年华”。在现场的开幕式演讲中，张一鸣明确表示，短视频正在进入全民变现时代，未来西瓜视频将拿出20亿元帮助平台创作者变现。西瓜视频负责人张楠也现场宣布推出“3+X”视频变现计划。包括平台分成、边开边买、直播功能、西瓜出品等多项内容。

2018年2月，西瓜视频累计用户人数超过3亿，日均使用时长超过70分钟，日均播放量超过40亿次。

（2）抖音引爆短视频

2016年9月20日，抖音短视频上线。抖音是由今日头条孵化的一款音乐创意短视频社交软件，是一个面向全年龄用户的音乐短视频社区平台。用户可以通过这款软件选择歌曲，拍摄音乐短视频，形成自己的作品；而软件会根据用户的爱好，来推送用户喜爱的视频。

经过半年的打磨，一直到2017年春节后，今日头条开始发力。2017年3月13日，岳云鹏在微博转发了一条他的模仿者的短视频，这个视频下方带有“抖音”logo，第二天，抖音的百度指数蹿升至2000多。

抖音以“冷启动”的方式，通过引入明星、关键意见领袖（Key Opinion Leader，KOL）资源，开始收割流量。抖音通过制造热门话题、提供大量素材，打造年轻的酷文化；依托算法推荐，以强运营带动用户观看和参与；通过音乐+15秒短视频的模式，迅速俘获一大批一、二线城市用户。

这种PGC+UGC模式的强运营模式，让抖音在中心化与去中心化之间达到完美的平衡，塑造了流量的持续性。抖音很快成为头条战略级产品。抖音还与微信、微博并称为“两微一抖”，其15秒时长，重新定义了移动短视频的模式。

在抖音上线初期，曾被外界认为模仿北美短视频社交平台musical.ly。两者在界面、功能方面相似，都是短视频社交软件，都定位年轻人群体。2017年11月10日，今日头条以近10亿美元收购北美音乐短视频社交平台musical.ly。

2018年6月，国资委新闻中心携中央企业媒体联盟与抖音签署战略合作，首批25家央企集体入驻抖音，包括中国核电、航天科工、航空工业等，昔日人们印象中高冷的央企，正在借助新媒体传播形式寻求改变。此前，全国七大博物馆、北京市公安局反恐怖和特警总队与共青团中央等机构也入驻了抖音等短视频平台。除了娱乐、搞笑、秀“颜值”、秀舞技，不少传播社会主义核心价值观的内容开始在短视频平台上流行起来。

2018年7月，抖音上线官方推广任务接单平台星图平台。星图平台与微博微任务接单功能类似，主打功能都是为品牌和达人提供广告任务撮合服务，并从中收取分成或附加费用。

2020年1月，火山小视频和抖音正式宣布品牌整合升级，火山小视频更名为抖音火山版，并启用全新图标。

2.6.2 快手的蜕变

短视频平台争夺流量之际，内容生产已悄然从头部向多元化延伸。经过几年的不温不火后，短视频在2017年彻底爆发。说到火爆的短视频，不得不提快手。

快手是北京快手科技有限公司旗下的产品。快手的前身叫“GIF快手”，诞生于2011年3月，最初是一款用来制作、分享GIF图片的手机应用。

2013年7月，“GIF快手”从纯粹的工具应用转型为短视频社区，用于用户记录和分享生产、生活的平台。由于产品转型，App名称中也去掉了“GIF”，改名为“快手”。

技术专家出身的创始人宿华引入了个性化推荐算法，针对每个用户的不同喜好来推荐内容，强调用户社区的运营，以“农村包围城市”的打法，悄然向三四线城镇及农村下沉，收获流量。

2015年6月，快手用户量达1亿。快手通过短视频+直播，并注重强运营，和大量农村用户 KOL 的“特技”吸引关注。2017 年 11 月，快手 App 的日活跃用户数已经超过 1 亿，进入“日活亿级俱乐部”，总注册用户数量已经超过 7 亿，每天产生超过 1000 万条新视频内容。

2018 年 6 月 5 日，快手全资收购 AcFun（A 站）。

2018 年 9 月 14 日，快手宣布启动幸福乡村“5 亿流量”计划，在未来三年投入价值 5 亿元的流量资源，助力 500 多个国家级贫困县优质特产推广和销售，帮助当地农户脱贫。9 月 21 日，快手举办首期“幸福乡村说”，借由农村短视频网红的特产销售经历，宣传“土味营销学”。

2019 年 12 月 25 日，中央广播电视总台与快手在北京举办联合发布会，正式宣布快手成为 2020 年春节联欢晚会独家互动合作伙伴。

2020 年 5 月 26 日，快手与京东商城就电商直播业务达成战略合作，通过快手直播购买京东自营商品将不需要跳转。

2.6.3　短视频新媒体百花齐放

当前，互联网企业纷纷入局直播赛道，直播功能成为社交、电商等移动应用标配。抖音、快手、视频号、微视、B 站、西瓜视频、美拍、秒拍、火山、一直播、优酷、腾讯视频、爱奇艺、搜狐视频、新浪视频等百花齐放。

人民网、新华网、央视频、北京时间、新京报、看看新闻、澎湃新闻、腾讯新闻、学习强国，以及地方广播电视台、传媒集团等新闻媒体强力推进直播与短视频。

据中国互联网络信息中心（CNNIC）发布的第 46 次《中国互联网络发展状况统计报告》显示，截至 2020 年 6 月，我国网民规模达 9.40 亿，手机网民规模达 9.32 亿。我国网络直播用户规模达 5.62 亿，较 2020 年 3 月增长 248 万，占网民整体的 59.8%。其中，游戏直播的用户规模为 2.69 亿，较 2020 年 3 月增长 923 万，占网民整体的 28.6%；真人秀直播的用户规模为 1.86 亿，较 2020 年 3 月减少 2115 万，占网民整体的 19.8%；演唱会直播的用户规模为 1.21 亿，较 2020 年 3 月减少 2947 万，占网民整体的 12.8%；体育直播的用户规模为 1.93 亿，较 2020 年 3 月减少 1927 万，占网民整体的 20.6%。而在 2019 年兴起并实现快速发展的电商直播用户规模为 3.09 亿，较 2020 年 3 月增长 4430 万，占网民整体的

32.9%。报告认为，网络直播行业在2019年延续了创新发展态势，行业变化主要体现在三个方面：在内容品类方面，电商直播蓬勃发展；电商已经成为拉动内需增长的重要力，直播更是为电商发展提供了新动能；在市场发展方面，网络直播回归理性发展轨道；在行业监管方面，相关管理机制进一步完善。图2-3为中国短视频产业链示意图。

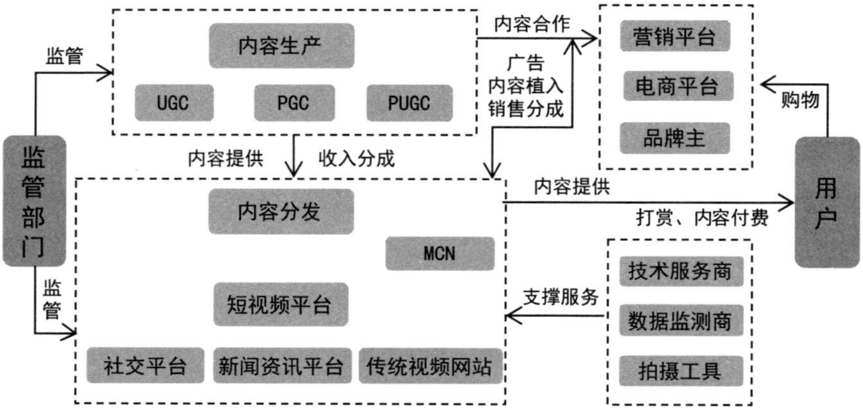

图2-3 中国短视频产业链
资料来源：新媒联盟

《2020上半年新媒体发展研究》对短视频上半年特点进行了总结：全民化参与、产业化管理的“新风口”——直播带货影响力跃升。

在短视频的内容方面，2020年新冠肺炎疫情早期是展现各地“硬核”广播、标语；随后是反映人们宅在家中苦中作乐或自制美食的日常生活场景；湖北抗疫高潮时期是一线医务人员工作状态、武汉方舱医院内的生活；而钟南山、张文宏等的“金句”则贯穿始终。与微信、微博中的各种撕裂相比，短视频平台的传播模式，使得冲突与碰撞被掩藏；与气氛相对凝重的微信、微博相比，短视频平台让人更多感受到的是感动、乐观，甚至有时还会弥漫着娱乐化的氛围。

在短视频平台上也出现了大量的电商带货，电商带货的影响力跃升了一个等级。新冠肺炎疫情暴发之前，电商带货是非主流的，官员和明星鲜少参与，尽管其影响力很大，但对公众而言，缺少观看的吸引力。疫情逐渐稳定之后，短视频平台借头部主播发酵关注，官方与明星的参与引爆流量。“直播带货”这一形式体现了新媒体与产业经济的完美融合。

第三章

精准定位：直播与短视频的商业模式

直播与短视频的快速发展，为各行各业带来了新的发展模式与机遇。直播与短视频即可直接变现，又可与现有业务有机融合，创造新的商业模式，带来巨大的市场空间和利益。

3.1 短视频的变现模式

3.1.1 短视频+电商模式

短视频最直接的变现模式就是“短视频＋电商”模式。短视频内容中直接加上卖货链接或购物车按钮等，用户点击后便出现商品推荐信息，可直接下单购买。

传统电商是以图文的形式对产品进行展示和介绍，而视频形式对产品的展示更加直观，还能对产品直接进行使用场景的演示，更能激发粉丝的下单欲望。

3.1.2 广告模式

短视频的快速发展，使其在传播力、表现力、传递信息完整度上满足了广告主在碎片化、移动化时代更迭的新媒体营销需求，短视频广告受到越来越多广告主的追捧。

短视频广告可分为贴片广告和内容植入广告两种形式。

1. 贴片广告

贴片广告主要是指在视频片头、片尾或者中间插播的广告，还包括视频背景的广告。这种广告覆盖范围广，曝光度高，但是用户体验较差。特别是一般短视频最多不会超过 5 分钟，且用户经常在碎片时间使用手机流量观看，因此会很难容忍在短视频前放置贴片广告的行为。

2. 内容植入广告

短视频的内容植入广告可采取两种形式。一是内容本身就是专为广告主定制的，是根据广告主的品牌、产品等特点和需求，以内容创意为核心，内容中展现广告主的品牌、文化或产品等。

二是选择适合的短视频内容进行植入，将品牌、产品等植入短视频内容中，包括台词植入等。这需要把握好植入品牌、产品与短视频内容、受众群体等的切合度，不可因植入引起粉丝的反感。

3.1.3 打赏模式

打赏模式也是目前比较常见的直播及短视频盈利模式。这种模式主要通过“粉丝”对主播或短视频创作者进行打赏获得收益。通常打赏收益平台还要与内容创作者分成。“粉丝”数量和质量对打赏收益的多少将产生直接影响，想要获得高收益，就必须注重“粉丝”数量的积累和质量的维护。

除了拥有粉丝数量和质量基础之外，直播与短视频的内容也是获得打赏收益的重要基础。这就需要不断地创作出粉丝喜爱的短视频内容，并把握好短视频更新频率。对于才艺、知识等类型的主播，以及直播达人，打赏是其一项重要的收益。同时也给平台带来了巨大的收益和流量。例如，抖音、快手等短视频平台都开通了直播，直播收益已占据其总收益的很大一部分，甚至一半以上。

3.1.4 平台补贴模式

直播与短视频行业的火爆，吸引着互联网巨头的不断进入，平台之间的竞争愈发激烈。各大平台为吸引优秀创作者、网红、达人等，纷纷发起补贴大战，推出一系列补贴激励措施，扶持优秀创作者、达人、MCN 机构等。

还有一些平台，对优质创作者进行独家签约。短视频平台为了吸引和聚集优质创作者，往往会采用高酬金的方式，进行独家签约。签约独播是短视频变现方式中要求较高的，平台通常只与一些头部网红、知名人士等进行签约，一般的创作者需要有一定的短视频创作积累或专业领域影响力。

创作者在选择合作平台时，要充分考虑自己的发展计划、内容定位与平台的情况，平台“独播”模式是否有利于自己的发展，内容与平台用户是否切合，能否达到平台的创作要求等。

如果自己是直播与短视频新人，还要注意平台的发展空间，了解平台在政策、资源匹配上，对新人的支持力度。一些平台除了与知名创作者进行独播签约，还会对有发展潜力的新人进行支持和培养。这也是平台的策略，通过平台培养出来的主播与创作者对平台有较深的感情，不会轻易跳槽带走用户。

3.1.5 知识付费模式

知识付费是目前常见的变现模式，也是较容易变现的方式之一。

对优质的短视频内容，尤其是 IP 形成后，粉丝想要持续地获得更多精选内容，就需要付费购买。内容可以是专业知识、线上课程等，形式可以是短视频、音频、直播等。

常见的付费内容，有以下几类模式。

（1）内容模式。这需要创作者具有优质创意的内容，并且其内容具有价值，或已形成 IP，粉丝愿意付费获得其内容。包括知识内容、创意内容、微影视内容等。

（2）课程模式。通常是在某一领域具备较为专业知识的内容创作者，通过直播或短视频讲解知识或授课。这需要创作内容形成一个完整的知识体系，粉丝才会购买课程。也有一些将线上课程与线下课程结合的模式。

（3）问答模式。这是利用直播与短视频进行知识解答的一种方式。直播与短视频问答模式，可使提问者和答主之间的互动性更强、更具场景感，可多维度地展现和解答问题。

3.1.6 平台分成模式

平台分成模式是指平台与创作者根据视频内容收益进行分成的模式。通常是以短视频内容在平台上的播放量、广告投放等情况获得分成收益，播放量越高，收益也越高。不同平台，有不同的评估方法和分成模式，具体要仔细了解平台的规则。

3.1.7 内容合作模式

内容合作模式，主要是指专业内容制作团队为平台提供内容制作服务。平台在选择内容合作者时会重点考虑其专业性及制作能力和内容质量。

这类合作者，通常是新闻媒体、制作公司、MCN 机构等。他们具有资源、设备、人才等基础和优势；能很好地进行内容选题、把控、制作等，创作出高水平的内容。

除了媒体、专业制作机构的合作内容外，一些大型品牌活动与赛事，也是各平台争夺的内容合作目标，这将为平台和用户带来丰富的内容，甚至是稀缺的优质内容，以满足平台粉丝的对偶像的“偏爱”。

3.1.8 IP孵化与衍生模式

创作者通过不断创作优质的短视频内容，并将其打造成 IP 后，可获得 IP 品牌收益以及衍生品收益。当短视频内容成为 IP 之后，其在粉丝中具备更强的影响力，会被粉丝传递给更多的用户，获得更大的收益。

（1）版权收益：可采取版权授权、交易等方式获得收益。

（2）内容方面：可升级为网剧、网络电影，甚至院线电影。

（3）IP 及内容：可延伸至动画、漫画、游戏等创作。

（4）融资变现：短视频已成为投资风口，优秀 IP 更是投资追逐的目标，创作者可以其进行融资变现。

（5）衍生品：以 IP 为核心，为粉丝打造专属的文创产品，甚至文化衫、包、饰品、纪念品等衍生产品。

（6）线下活动：举办粉丝见面会、才艺演出、答谢会、旅游、分享课程、沙龙等，可以采用门票、商演、礼品、消费等形式变现。

3.2 直播带货的商业模式

直播与短视频的崛起，使越来越多的人开始尝试直播带货，无论是直播达人、企业家、政府官员，还是影视明星、行业知名人士，纷纷加入直播带货大军。

短视频平台也开始创建自己的电商系统。2018 年上半年，在抖音平台，用户点击商品橱窗中的商品链接可以直接跳转到淘宝平台，也能通过抖音自有店铺购买；在快手，很多达人都拥有了自己的“小店”。

除短视频平台外，其他类型的平台也开始尝试带货。2018 年 11 月，在阿里巴巴投资小红书之后，小红书在手机淘宝进行了一轮内测，将部分商品与小红书的内容建立链接。2019 年第一季度，B 站开始与阿里巴巴合作尝试达人带货。

平台的大力推动和直播新人的加入，使直播达人带货的产品品类大幅拓展，原本达人带货只销售衣服、化妆品等，现在达人带货还能销售日用品、农产品，甚至珠宝、汽车等高价值产品。同时，达人也开始进一步细分，比如数码科技达人、美食达人、美妆达人、服装搭配达人等。

与此同时，很多自带流量的影视明星也加入了直播带货的队伍。比如，柳岩直播 3 小时销售额达到了 1500 万元；郭富城 5 秒售出 16 万瓶洗发水。当然，也有明星直播带货不理想的情况，这就需要明星对带货直播有一定的了解和基础，同时带货的产品与明星的粉丝群体相吻合。

对于直播达人来说，最重要的素养不是颜值，而是亲和力与耐心。在直播带货的过程中，主播不仅要全面了解每一款产品，而且要不厌其烦地讲解，实时照顾好观众的情绪。很多时候，在一场带货直播中，这些达人要身兼数职，不仅是主播，还是促销员、试穿员、试用员、售前客服，等等。

但不是所有带货主播的付出与收获都能成正比，如果主播不是头部达人，新客留客率就会非常低。一直以来，达人直播的习惯都是通过流量沉淀粉丝，粉丝只关注主播，品牌意识较低。即便一个不知名的品牌，经过这类主播推荐，也能获得很好的销量。

据了解，2019 年 5 月，淘宝直播的日活跃用户数量达到了 900 万，其中，薇娅的观众有 300 多万，李佳琦有 200 多万，剩下的 400 多万流量被 6 万多个直播间瓜分。其实，在这个阶段，无论是 MCN 还是电商平台，头部达人出现的概率都在不断下降。对电商平台来说，要想实现更好地增长，必须让八成以上非头部达人突围，获取更多流量。

要想直播带货获得成功，了解和掌握直播带货的模式是非常重要的。下面我们来看看直播带货的几种主要模式。

3.2.1 店铺直播

店铺直播是店铺开通直播权限，以直播的方式向用户介绍产品、推荐产品的过程。以淘宝平台为例，淘宝店铺申请开通直播权限，就能通过直播以更加直观的方式向顾客展示产品，来增强顾客的体验感，提高转化率。据了解，有些淘宝店铺通过直播使转化率达到了20%—30%，有些店铺的转化率甚至达到了50%。

店铺直播的核心是店铺。直播能在很短的时间内给店铺带来海量流量，产生巨大销量。再辅之以店铺运营，店铺所能获得的流量不止翻倍。有些擅长运营的店铺，会通过直播带来的高流量打造爆款，然后通过运营稳定流量，使直播所带来流量的转化率达到最大。所以，淘宝店铺开通直播对店铺的运营能力要求较高，对主播反而没有太高的要求。

目前，在淘宝、天猫平台，天猫店、企业店、C店都可以开通直播，只有少数不符合条件的店铺无法开通直播。在店铺直播方面表现最好的是服装类店铺、美妆类店铺和玉石珠宝类店铺。

店铺直播的方式非常灵活，店铺老板、客服、模特，甚至仓储人员都可以进行直播，主播不需要固定某个人。店铺直播强调的是店铺的品牌，倡导用品牌价值驱动购买，达成交易。但店铺直播存在一个问题，就是货品更新速度比较慢。如果店铺每天都能上新，粉丝就会每天到直播间“打卡”。而且在直播的过程中，即便粉丝因事退出直播间，也会再次回来观看，这样一来，无论是点击量还是其他直播数据都会有不错的表现。

那么，对店铺来说，直播究竟有什么好处呢？

首先，店铺直播的成本比较低。目前，淘宝直播的流量入口尚未实现商业化，所以只要店铺能做好直播，就能抢夺更多公域流量。

淘宝官方对店铺直播的定位是“维护私域流量的最好渠道”。因为通过直播，店铺可以进行实景展现，更好地维护私域流量，获取用户信任，让用户对自己产生黏性，提高回购率。对淘宝店铺直播进行观察可以发现，店铺直播的时间比达人直播的时间短，导致这一现象产生的主要原因在于：店铺的商品比较单一，更新速度较慢，而且相较于达人来说，店铺直播的主播能力相对逊色，很难坚持6—8小时直播不间断。

另外，目前，淘宝店铺申请开通直播权限比较容易，三钻以上的店铺均可以申请开通直播。相较于达人直播来说，店铺直播获取流量的渠道更多，无论是直播频道的流量，还是行业流量，店铺都能为自己所用，再加上店铺自有的流量，整个流量数值非常可观，这是达人直播无法比拟的。

3.2.2 产地直播

产地指的就是某种物品的生产地或制造地。产地直播就是主播走进产品的产地，通过自己的镜头与讲解让消费者近距离地体验产品的生产过程，从而认可产品质量，完成交易转化的一种直播模式。近两年，在淘宝美食直播领域，出海捕捞、深山采蜜、农家土特产现做现发、水果蔬菜现摘现卖、养殖基地在线挑选等产地直播深受消费者追捧，已成为一种最热门的直播模式。

以农产品产地直播为例，在直播过程中，除主播外，农户也可以亲自向观众介绍自己的产品，用自己的专业、专注、认真、诚朴打动消费者，获得消费者的信任。另外，相较于主播，农户更了解自己的产品，可以现场回答消费者的任何问题，比如“如何保证产品质量”“收到货之后如何保存”“产品保质期有多长”“运费多少”等。很多消费者喜欢看产地直播，就是因为他们提出的所有问题都能得到最专业、最详细的回答。

作为最朴实、最接近产地与产品的新农人，他们每天通过镜头向消费者展示自己的日常生活，种植、采摘、分拣、打包、装车，甚至是茶余饭后的闲聊都会在直播中发生。这种真实的场景更能打动消费者，获得消费者的信任。

要想做好产地直播，主播必须掌握一些直播技巧。比如土鸡蛋产地直播，主播要让观看者更加直观地看到土鸡蛋的新鲜度，因为这是消费者最关心的因素。

同时，主播在直播的过程中要实时与粉丝互动，认真回答粉丝的问题，通过这种实时互动答疑消除粉丝的顾虑。

首先，在介绍土鸡蛋时，主播可以通过镜头让粉丝观看鸡舍、母鸡以及鸡蛋分拣包装的实况；为了让粉丝了解鸡蛋的新鲜度，主播可以现场打开一个鸡蛋，让粉丝观看蛋黄的颜色，还可以现场煮几个鸡蛋，剥开后让粉丝察看蛋黄的状态。

其次，在直播过程中，主播要与粉丝积极互动，向粉丝征求改进意见，询问大家想观看什么内容，是否还有问题需要解答。通过这种问答互动拉近与粉丝的距离，提升粉丝的信任度，优化粉丝的观看体验。

3.2.3　砍价直播

砍价模式指的是主播站在消费者的立场上，利用自己的专业知识与技能，帮消费者用他们理想中的价格获得目标商品的一种模式。作为一种新兴服务，主播砍价能给消费者带来很多好处，比如可以让消费者投入最少的时间与精力，用最少的钱买到最称心如意的商品。

砍价模式在一定程度上推动了传统行业转型升级。以玉石行业为例，翡翠市场销量从 2013 年开始不断下滑，与此同时，进口原料的价格不断上涨，翡翠市场的参与者不断增多，导致整个翡翠市场一时间出现了有价无市的情况。

广东省四会市是我国最大的翡翠加工基地，这里聚集了很多玉石商人，流传着无数致富故事。从 2016 年 7 月开始，四会市的两个玉器市场——天光墟和万兴隆翡翠城开始通过网络直播销售玉器。开始，这种形式并没有引起太多注意，但当某些商家用均价几十元的玉器直播清货时，直播卖货才开始进入商家的视野。

小利是湖北人，初中毕业就跟随亲戚来到广东省四会市学习玉雕。几年之后，小利在四会市的玉器批发市场租了一个摊位，卖翡翠小件，价格从几百元到几千元不等。2016 年，随着翡翠市场销量整体下滑，小利开始另寻出路。看到直播卖货这种新形式，小利尝试做起了直播。小利有四个合伙人，他们每人每天直播 6 小时。三个月之后，小利正式转行，成为一名主播，专门销售价值几千元至几万元的翡翠 A 货。

虽然小利销售的产品单价很高，但每场直播都能吸引上万人观看，购买的人更是络绎不绝。看到小利的直播做得风生水起，附近的商场孵化出了直播公司，周围的商家也兴致勃勃地购买设备，加入了直播卖货的行列。

中午 11 点，小利与刚结束直播的伙伴在万兴隆翡翠城门口进行交接。小利从小伙伴手中接过两部手机，一部用来淘宝直播，一部用来 YY 直播。将手机放到自拍杆上，手机就成了直播工具。小利用一句话开始了直播：“大家好，小利带您逛市场，有什么需要就跟小利说。”

翡翠直播与所有的直播一样，主播都要先出镜，让屏幕前的观众看到自己的脸，对自己产生信任。介绍完自己之后，小利会拿着手机在市场扫一圈，让观众看到市场内的环境。在逛市场的过程中，小利会综合观众的意见选择商品，与货主“砍价”。这个“砍价”有一定的技巧，既要满足消费者的心理预期，又要保证摊主有利可得。成交后，小利会从顾客手中收取 1% 到 10% 不等的佣金。

翡翠直播对主播的长相没有太高的要求，这是与服装直播、化妆品直播的不同之处。翡翠直播考验的是主播挑货的能力与砍价的水平，简言之，就是主播必须“懂货”。在一个摊位前，小利看中了一个紫罗兰观音，试了下手感之后，右手熟练地拉起直播架将屏幕的光线调到最亮，左手拿着观音，凑近台灯看，边看边与摊主还价，摊主要价 5 万元，小利给出 1.8 万元，最终两人各让一步，以 20 000 元的价格成交。这个过程叫作“拉价”。

一般情况下，货主喊价会比货价高出 1—2 倍，比如一个翡翠价值 5000 元，货主可能要价 1 万元。刚接触翡翠的人可能会直接给出 6000 元或者 8000 元的价格，但作为混迹这个行当多年的熟手，小利会一点一点地加价，加到 5600 元或者 5800 元，货主有钱可赚就可以了。

对这个紫罗兰观音，小利给出 1.8 万元的价格就是综合了产品本身的价值与货主可获得的利润。如果屏幕前的观众喜欢这个物件，并且认可这个价格，交易达成，小利就能获得 10% 的佣金，也就是 1800 元。

在直播卖货的浪潮下，越来越多像小利这样的创业者开始通过直播转型。现在，四会市各个翡翠交易市场都呈现出这样的景象：白天，数百位主播拿着手机在各个摊位间穿梭进行直播；晚上，货主排队到直播间销售自己的产品。

与在市场中间来回穿梭的主播不同，四会市还有一个直播城，与万兴隆翡翠城仅一路之隔，已经有 20 多家直播公司进驻，主播在直播间内直播，想要通过直播销售产品的货主可以带着自己的产品上门。每个直播间除了主播外，还有助理与货主，货主通过预约排号的方式进场。在 0.5—2 小时的时间里，由主播向粉丝介绍产品，把控质量，在满足货主与消费者双方需求的基础上达成交易。在这个过程中，砍价依然是主播最大的挑战。因为在玉石市场，粉丝对主播的信任主要来源于主播能否精准地把控价格，如果看价准，自然就能获得粉丝的信任，吸引粉丝重复购买。

植入互联网基因之后，传统的玉石交易市场正在发生巨大变革。因为各位主播的砍价，大部分货主的利润空间从原来的 50% 降到了 10%，但货主们并没有因此排斥直播、排斥主播，反而对这种模式产生了极大的认同。

3.2.4　秒杀直播

秒杀就是商家在某个时间发布一些超低价格的商品，并设定好一个秒杀时间段，让所有想要购买这款产品的消费者在这个时间段内抢购商品的一种销售模式。简单来说，秒杀就是商家为了促销组织的限时抢购活动。因为价格低，所以很多商品往往一上架就会被抢购一空。从 2011 年开始，在淘宝、天猫、京东、苏宁等大型电商平台上，秒杀活动疯狂发展，吸引了大量流量。

常见的几种秒杀形式如下。

（1）常规秒杀。常规秒杀与正常的购物流程一样，秒杀开始，用户抢购，填写收货信息，提交支付，完成支付表示秒杀成功。

（2）答题秒杀。秒杀开始之前，要先回答问题，回答正确之后才能填写收货信息，提交支付，完成支付表示秒杀成功。

（3）验证码秒杀。秒杀开始之前，必须先填写网站显示出来的验证码，填写正确才能填写收货信息，提交支付，完成支付表示秒杀成功。

在直播卖货的过程中，如果要进行秒杀，店铺或主播团队必须先设置一个优惠价格，然后设定秒杀时间段，给观众造成一种紧迫感与稀缺感，刺激其产生购物冲动、积极抢购，从而提高产品的成交率。

第四章

运营基础：团队构建、运营架构与数字基础设施

4.1 短视频团队架构

4.1.1 短视频创作流程

在探讨短视频团队架构前，我们先来看看短视频创作的流程。短视频的创作流程如表 4-1 所示。

表 4-1 短视频创作的基本流程

阶段	环节	内容
1	剧本	剧本创作 优化、审核 定稿
2	拍摄	拍摄 素材审定 优化至素材确定
3	后期	剪辑、配音、效果、字幕等 审核 优化至定稿
4	发布	主平台上线发布 各平台同步分发
5	运营	跟踪播放情况 粉丝互动、评论回复 数据监测
6	复盘	全流程复盘

资料来源：新媒联盟

4.1.2 构建短视频团队

要完成上面的工作，尤其是持续创作出好的短视频，就需要有专业人员组成的团队协作。一般而言，一个初级的短视频团队，需要由内容运营（编导、演员）、制作（摄影、剪辑）等方面的人员组成。

当然，更专业的短视频团队，需要由更多的专业人员组成，包括：导演、编剧、演员、运营、道具、策划、化妆师、摄影师、配音师、剪辑、设计、美工等。短视频团队人员配置情况见表4-2。

表4-2 短视频团队人员配置情况

<table>
<tr><th colspan="2">专业配置</th><th>初级配置</th><th>一个人的团队</th></tr>
<tr><td rowspan="3">编导组</td><td>导演</td><td rowspan="5">内容</td><td rowspan="13">策划、剧本、拍摄、演员、后期制作、上线发布等由一个人完成</td></tr>
<tr><td>策划</td></tr>
<tr><td>编剧</td></tr>
<tr><td rowspan="2">运营</td><td>运营</td></tr>
<tr><td>数据</td></tr>
<tr><td rowspan="3">演员</td><td>演员</td><td rowspan="3">演员</td></tr>
<tr><td>化妆</td></tr>
<tr><td>配音</td></tr>
<tr><td rowspan="5">摄制组</td><td>摄影</td><td rowspan="5">制作</td></tr>
<tr><td>剪辑</td></tr>
<tr><td>道具</td></tr>
<tr><td>美工</td></tr>
<tr><td>灯光</td></tr>
</table>

资料来源：新媒联盟

4.1.3 团队人员职责

团队各部门（人员）的相关职责如下。

1. 编导组

负责视频内容选题（主题）的确定、策划，剧本创作、拍摄统筹等工作。编导是团队中非常重要的角色，在后期制作、运营等方面也起到重要的作用。

编导组人员可包括导演、策划、编剧等人员。初期的团队也可能由一名编导身兼数职，担任导演、策划、编剧的职责，甚至还负责运营相关工作。

2. 演员组

对于短视频内容IP的打造来说，演员起到重要的作用。一个好的演员不仅要出镜表演，在生动的表演外，还要用心打造角色，形成短视频内容IP，即赋予内容以鲜活的“生命”，又吸引大量粉丝的关注、增加粉丝的黏性。

演员团队除了出镜演员外，还包括化妆师、配音师等专业人员，这些专业人员对创作优秀的短视频内容也起到非常重要的作用。

目前，也有一些视频创作团队以数字人、虚拟主播等数字虚拟人物作为演员，来进行短视频创作，这也为短视频内容创作开辟了一个新的模式和空间。

3. 摄制组

摄制组人员通常包括摄影、道具、灯光、美工、剪辑等，负责短视频内容的拍摄和后期制作等工作。也有一些初期的团队还负责策划工作。

拍摄时，摄影师需把控整个拍摄过程、设计分镜头、分组拍摄等；同时，协调拍摄场景、灯光布置等。

后期制作，剪辑师将拍摄素材按要求进行剪辑、配音、配乐、加字幕、加特效等制作、包装等工作。

4. 运营人员

运营人员负责短视频的上线发布、数据监测、粉丝互动、流量变现等工作。

运营人员需熟知各短视频平台的风格、特色、推荐机制、平台流量、粉丝结构与兴趣、变现模式等，并精准把握短视频作品与平台的切合度。

完成短视频作品的制作后，运营人员需制订推广计划，设计短视频推广图、标题、分类、文案等。并按计划将作品上线发布到主平台，同时在适合的各短视频平台进行分发，打造多平台矩阵，实现跨平台引流。

接下来，还需对作品进行实时的数据监测、数据分析，与粉丝进行互动、回复评论，并根据平台反馈与平台进行沟通。当然，许多人更关注的是如何引流与商业变现，这也是专业运营团队的重要价值。

4.2 直播团队架构

4.2.1 直播活动流程

一场直播活动的基本流程通常分为以下几步。

第一步，策划。设计直播的主题与内容，规划自有资源与平台资源配置等，带货直播还涉及产品选定及盈利模式等。

第二步，筹备。根据主题和内容确定开播时间段、流量和流量的来源、直播推广、实施计划等，包括开播前直播封面图设计、拍摄、流量引流、推广、产品样品及物流准备、内外协调等。

第三步，开播。主播按计划时间开播，调动粉丝情绪、积极进行互动。场控进行现场把控，协调直播人员，直播互动、抽奖、上架产品等；协调并解决直播期间出现的问题等。

第四步，复盘。在完成直播后，进行直播活动的流程梳理、数据分析、人员评测，并针对前期制订的方案和目标进行分析与复盘，形成直播活动的总结和完善建议。

4.2.2 直播团队架构与人员职责

一个直播团队要做好直播，建立一个高效的团队是非常必要的。团队架构、人员配置等因业务需求不同而有所不同。一般而言，一个初级的直播团队，需要有主播及主播助理、运营、场控这几个职位的人员，电商直播还需要有客服、商务等。直播团队的基本架构如图 4-1 所示。

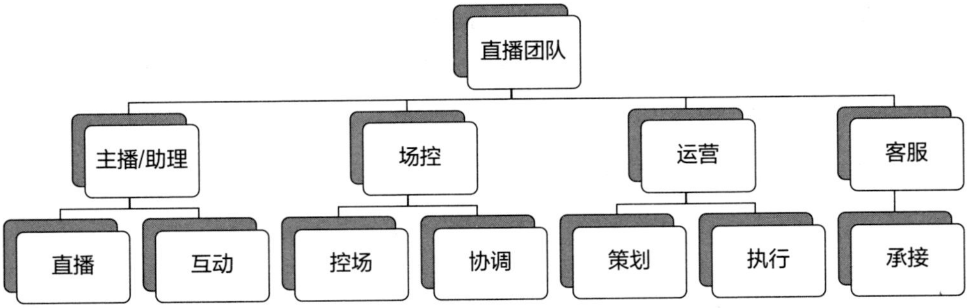

图 4-1 直播团队的基本架构
资料来源：新媒联盟

1. 主播

主播是直播的直接执行人，是直播活动中的核心。主播的主要职责如下。

（1）前期准备

主播在开播前要对整场直播的脚本内容、节奏、产品特性、利益点等环节和细节做到了然于心，同时要了解该场直播的要点信息、直接及间接粉丝福利等。

（2）中期互动

在直播过程中，主播要积极活跃直播间的气氛，做好粉丝的答疑和粉丝之间的互动，去引导新粉的关注，维护好粉丝与铁杆粉丝，时刻注意自己在镜头前的表现。主播要做好产品的介绍、展示及销售工作。

（3）后期维护

下播后，主播需及时进行直播复盘。同时，主播在其他渠道的透出也很重要，比如直播海报、粉丝群、视频号等，定期给粉丝发放一些专享福利，如小礼品、优惠券等。主播需要不断提升曝光度，打造主播个人品牌，增加粉丝的黏性。

除了上述职责外，电商主播还需更加注重对产品的宣传、销售、展示、信息反馈，以及对粉丝（消费者）服务等职责。具体包括：了解粉丝的需求、喜好；介绍产品特点、说明产品能给粉丝带来的利益、回答粉丝与产品相关的问题、帮助粉丝做出选择、促成交易等。

通常，稍大一些的主播团队还配有主播助理、副播，他们负责协助主播开展直播活动。副播协助主播进行直播、与主播进行配合、对直播间规则进行说明等。主播助理负责配合直播间所有现场工作、产品摆放等。主播助理的工作强调辅助，工作内容有协助主播开展直播，参与策划直播的内容，在各大平台发布直播预告，需要时，在直播间充当副主播的角色进行互动和引导。

2. 场控

场控的主要职责是负责直播现场的把控、执行直播方案，在运营和主播之间进行协调。场控的主要职责如下：

- 直播设备调试，包括电脑、手机、摄像头、灯光、角度等。
- 直播软件测试，包括音频、背景音乐、摄像头分辨率、贴片等。
- 直播中台控制，包括直播推送、公告、产品上架下架、修改价格、抽奖、录制讲解、直播间的节奏掌控等。
- 数据监测，包括实时在线人数峰值、商品点击率等。出现异常时，还要及时反馈给直播运营。
- 信息传达，包括直播通知、直播福利，以及直播中运营人员要传达的信息等。

3. 运营

运营主要负责直播的策划方案和执行工作，其工作职责如下：

- 制订直播的策划方案。
- 按直播策划方案执行直播活动。
- 协调直播团队和其他部门的工作。

有些电商直播团队的运营还担负着产品招商的工作。

电商直播的运营在策划和执行中，还要注意以下三个方面：

（1）直播目的

- 通过直播吸引消费者，为店铺引流，进行店铺推广。
- 推荐产品，强化产品优势，塑造品牌形象，扩大品牌影响力。
- 讲述品牌故事与品牌宗旨，向受众传递品牌理念。

（2）直播计划

包括直播形式、直播场次、直播时间、直播主题等

（3）直播实施

- 预热，吸引到一定数量的观众后进入下一阶段。
- 导流，吸引更多观众进店咨询并下单购买。

4. 客服

在电商直播中，客服起到承接的作用，需耐心细致解答粉丝的问题。其岗位职责如下。

- 对产品信息较为熟悉，能够洞悉买家需求，掌握一定的沟通策略，能够向买家准确解释并能形象描述商品的卖点与优势。
- 热情、耐心、高效、准确地答复买家针对产品提出的各类问题，不能向买家抱怨，不能拒绝回答买家的问题。在买家心中建立一个专业贴心、服务周到、值得信赖的高水平的团队形象，让买家体会到宾至如归的感觉。
- 如果遇到恶意买家以至于无法有效交流时，可以向同事或者平台方求助。
- 在进行产品备注时，要及时准确。反复确认好后第一时间向打单人员反映，以防出现发错货或者没发货的情况。

4.3 企业（商家）及机构直播团队的架构

目前，直播电商已成为企业和商家建立新模式、新渠道、新生态的重要方式。

许多企业和商家纷纷尝试直播带货。明明自己的产品很好，但往往直播销售效果并不理想，这与没有一个专业化的团队有很大关系。所以建立一个专业的电商团队非常重要。下面，我们探讨一下企业和商家直播团队的架构与建立。

4.3.1 企业（商家）直播团队架构

1. 主播团队

主播：负责企业（商家）的日常直播、品牌宣传、IP 打造等，直播时进行产品讲解、展示产品、模特展示、与粉丝互动、销售产品等。

主播助理：负责协助主播的工作，配合直播间所有现场工作。

副播：协助主播工作，进行开场预热、中场播报、产品展示等。

场控：负责配合直播中控台、红包发放、产品上架下架、活动报名、直播场控等。

执行策划：负责按直播方案对主播进行培训，脚本设计策划等。

2. 合作主播

合作主播分为个人主播、机构主播，是企业（商家）根据直播需求，进行外部合作的主播团队。

个人主播：负责一些企业（商家）的活动直播、品牌塑造性直播等。个人主播进行带货直播时，需先对企业（商家）产品进行充分的熟悉和了解。

机构主播：MCN、直播机构拥有更多的直播资源，可根据企业（商家）的需求和产品特点，选择网红、达人、明星等主播。

3. 直播客服

直播客服负责直播间粉丝的互动答疑、配合主播进行产品销售、售后服务等。

4. 运营团队

运营团队负责企业（商家）直播电商店铺运营工作；负责企业直播数据运营，数据监测、分析并优化运营方案等；负责直播内容运营，直播前后的内容宣传、推广、运营等。

5. 直播主管

直播主管负责直播团队的日常管理工作，包括人员招聘、培训、辅导，制订直播与销售计划，执行完成计划指标等。

4.3.2　直播机构（MCN）团队架构

1. 经纪部

经纪部的主要职责是主播的招募及管理工作。通常是由直播经纪人负责主播的招聘、考核、培训、管理等工作。

2. 直播部

主播: 按计划进行直播、熟悉产品信息、介绍展示产品、与粉丝互动、介绍活动、复盘直播内容、品控等。

主播助理：负责协助主播的工作，配合直播间所有现场工作。

副播：协助主播工作，进行开场预热、中场播报、产品展示等。同时，这也是孵化新主播的好方式。

场控：负责配合直播中控台、红包发放、产品上架下架、活动报名、直播现场控制等。

策划：负责直播方案策划、脚本设计、按计划对主播进行培训等。

3. 运营团队

运营团队负责直播业务的全面运营工作；负责直播数据运营，包括直播数据监测、数据收集分析、优化直播方案等；负责直播内容运营，包括直播前后的内容宣传、推广、运营等。

4. 招商部

招商部负责产品招商与管理工作，包括商家合作、招商宣传、产品招商，以及样品管理、商品更新、商品管理等工作。

5. 供应链部

供应链部负责直播基地、直播工厂、直播商场、直播品牌的创建、运营、管理等工作。

6. 内容部

内容部负责开展直播节目、互动娱乐直播、短视频内容等工作。

7. 代运营部

代运营部负责为商家提供主播、直播间、直播策划等服务，以及企业的直播代运营服务。

4.3.3 供应链与直播基地架构

直播电商的发展，促进了直播基地和供应链的发展，同时，直播基地和供应链又是直播电商发展的重要基础。

1. 直播基地

直播基地包括供货商、机构主播、个人主播、货品管理、基地运营等方面。

具有行业特色和专业特色的直播基地将是未来发展的方向。

例如，以设计师为核心的设计师直播基地，其签约设计师进行产品设计、基地合作的生产厂家负责生产、基地主播团队负责直播与销售，从而形成特色化、精准化、细分化的直播电商模式。

2. 直播产业带

直播产业带是指以产业聚集地建立直播架构的模式。通常这个产业聚集地具有大量的生产货源厂家，打造“工厂＋直播团队”的直播电商模式，我们可以称之为直播电商的“一级供应链”模式。

3. 线下市场

线下市场可包括传统的专业批发市场、大型商场等，可建立“线下市场＋直播团队”的模式，我们可以称之为直播电商的“二级供应链”模式。

4.4 数字基础设施

对于个人直播，一台手机即可。但对于专业直播，尤其是直播电商，要想保证直播的影像、声音、画面等的质量和效果，就需要有配套的数字基础设施，也就是直播所需的设备、设施。

下面我们就分别介绍这些直播所需的数字基础设施。

4.4.1 直播必备的硬件设备

1. 手机、电脑

目前，很多个人直播团队直播的主流设备是手机，在手机上安装直播软件，通过手机摄像头即可进行直播。电脑、手机则是专业团队必备。

目前，一般中高配置的电脑都能满足直播的要求。对电脑设备的 CPU、显卡、硬盘等，可根据自身的需求和情况，进行配置和选择。

选用手机进行直播时，最好准备至少两台手机，并且在两台手机上同时登录直播账号，其中一台作为备用。

通过手机进行移动直播，手机电池的续航能力是需要考虑的问题。在进行正式直播前可通过直播进行测试，衡量本场直播所耗费的电量。通常，在直播的手机电量剩余 50% 左右时，就必须开始对手机充电，以保障直播不因电量原因而中断。

在室外移动直播时，充电宝是必备电源。固定机位进行直播时，可以连接电源插线板，直接对直播手机进行充电。

2. 灯光

一般情况下，直播间应装有 LED 顶灯。直播前要检查光源亮度与色温。色温的测试方法非常简单，打开灯，主播站在灯下，将手掌伸到光源侧面看手掌的颜色，如果手掌的颜色红润，说明色温合适；如果手掌呈蓝色或者紫色，说明色温过高。光源亮度测试可以通过摄像头看主播，如果主播看起来非常亮，就说明曝光过度，光源亮度太高；反之，就说明曝光不足，光源亮度太低。

直播场地灯光效果不够理想时，可用补光灯对主播进行补光。建议使用支持冷光和暖光两用类型的灯补光，同时打开冷光和暖光，避免因冷光造成的皮肤过白或因暖光造成的皮肤过黄的现象。

直播用补光灯一般非常小巧，方便携带使用；而自带电源的补光灯免手机电源驱动，使用更加便捷；有些环形补光灯还设计了通用的底座，可以用来固定手机、化妆镜、单反相机等，非常实用。但通常这些直播补光灯并非专业设备，补光效果仅限 1 米左右，在进行大型活动直播补光时，还需使用更专业的补光灯。

3. 麦克风及配套设备

为提升直播的音效质量，麦克风也是直播必备的设备之一。目前，麦克风主要有两类：一种是动圈类的麦克风，一种是电容类的麦克风。通常，室内直播多选用灵敏度高的电容麦克风，室外直播多采用抗噪声能力强的动圈麦克风。不同品牌、型号的麦克风价格差异也很大，主播可根据自身需求进行配置。

配备了麦克风，还需要配备独立声卡。手机直播可以选用手机声卡，也可以使用电脑的独立声卡，通过转换器，在手机上使用。

此外，还需配备麦克风支架，有桌面三角支架、悬臂支架、落地支架等可供主播选择。

4. 摄像头

直播画面是否高清细腻，摄像头起到关键作用。尤其电商直播，它关系着主播能否将产品清晰、细腻地展示给观众。

摄像头有数字摄像头、模拟摄像头两类。数字摄像头可以将采集到的模拟视频信号转换为数字信号，在电脑中存储下来。数字摄像头可以直接捕捉影像，通过数据线（USB 或串口、并口）将这些影像直接传输到电脑中。模拟摄像头捕捉到的视频信号必须经过特定的视频捕捉卡将模拟信号转换成数字模式，并加以压缩后才可以转换到计算机上运用。

目前，市场上的摄像头多为数字摄像头，并且大多数字摄像头，采用 USB 数据传输接口，所以建议选用这一类数字摄像头。

5. 收音设备（耳机）

收音设备分为两种：第一种是蓝牙耳机无线收音，随着越来越多的直播支持蓝牙耳机功能，可以使用蓝牙耳机进行辅助收音；第二种是外接线缆收音，适合对多人进行采访时使用。

6. 支架

直播支架包含固定机位直播支架和移动机位防抖直播支架两种。

固定机位直播支架又包含单台手机及多台手机固定机位支架。单台手机直播时，可以使用如三脚架、懒人手机支架；多台手机直播时，可以使用多平台直播支架，可支持5台以上手机同时直播。

进行移动直播时，抖动会对观看效果造成影响，可以使用手持手机稳定器，或手机防抖云台等防抖。

7. 网络

稳定的网络和速度是直播质量和观看体验的保障。

在室内直播时，可以使用有线网络或无线网络进行直播。使用无线网络时，要确保Wi-Fi的速度和稳定，在直播前，要对直播所用手机、电脑等进行测试，确保直播时网络没有问题。

在室外直播时，可直接使用手机“流量卡”或移动Wi-Fi设备进行直播。据测试，目前一场持续1小时的直播约需要500MB流量。

当前，5G网络覆盖已经越来越完善了，并且具有高速、稳定的优点。采用5G网络进行直播，是非常好的选择。

8. 提词器

一场直播内容较多，主播要讲的内容也非常多，直播又是实时进行，没有提词器的配合，难免会在直播中遗漏关键信息。

提词器包括主播手卡和白板。手卡中需提前填写直播中需要主播说出的信息，提词信息内容可包括产品名字、构成成分、使用人群、优惠活动、抽奖规则、后续活动信息等。白板为手写板，尺寸不宜过大。白板不会出现在直播中，在直播过程中，当需要对主播进行场外沟通而又不方便出现在直播镜头中时，可以将沟通内容通过白板向主播传达。

9. 相机

推荐选用单反相机。相机主要用于拍摄直播活动宣传的高清图片，以及录制直播现场视频。这些高清图片及直播现场视频可用于直播活动的宣传与推广。若需全程录制直播现场视频，并进行后期剪辑、制作，建议用两台单反相机，一台固定机位全程录制，另一台移动机位随机录制以及拍照。

4.4.2 直播平台设置与软件

硬件调试的同时，直播团队需要对直播平台、直播软件等进行初步设置及反复测试，以免由于操作不熟练或软件自身问题而在直播现场出现失误。

1. 直播平台设置

在直播前，需要对直播间封面、直播第一幕画面进行设置，以满足直播需求。

（1）直播封面信息

直播封面是观众进入直播间前了解直播内容的窗口，尤其是直播活动与直播平台方有推广合作时，直播开始前直播封面就出现在直播平台显眼位置，为直播活动做预告，拉升直播活动关注度。直播封面中信息包括直播主题、直播时间、直播产品名、主播等，具体可以根据直播平台规则及活动需求进行设置，以达到能够让观众准确地抓住直播核心信息的目的。

（2）直播第一幕画面

直播第一幕画面尤为重要，应保持直播封面与直播第一幕画面的相关性，防止观众看到封面进入直播间后发现内容与封面无关而产生心理落差。不专业的直播在前几分钟总是显示与内容无关或不和谐的杂乱场面，对于观看回放的观众而言，缺少有吸引力的直播镜头，往往会令其直接离开直播间。

保持直播封面与直播第一幕画面的相关性，其中包含主播妆容与穿衣风格保持一致，封面图色调与直播场地装修保持一致。

2. 直播软件的测试

在直播开始之前，直播团队需要对直播软件进行反复测试，确保熟练操作、不发生操作失误。直播软件的测试主要由两部分组成。

第一是主播视角，熟悉直播开始按钮、镜头切换方法、声音调整方法等操作。主播视角涉及相关操作，需要反复操作，做到熟练为止。

第二是观众视角，直播团队人员需要以个人身份注册直播账号，进入直播间观看，从普通观众的角度观察直播界面；如果发现问题需要及时优化。观众视角测试比较简单，进入直播间后看画面、听声音、发弹幕，都没有问题，就可以结束。

第五章

用户画像：洞察用户需求，精准化运营

近年来,随着移动智能设备和Wi-Fi的普及,移动互联网进入可视化传播阶段。人们的感知能力和关注度在不断地被碎片化、娱乐化、“短”“微”化的东西吸引，直播与短视频行业借助浪潮应运而生并快速发展，其用户数量的急剧增加使用户行为数据呈指数级增长。同时，伴随着直播与短视频市场的逐步成熟，内容生产的专业度与垂直度加深，同质化内容已无法立足，优质内容成为各平台的核心竞争力。在这样的行业竞争背景下，各直播与短视频平台仍需深入了解其用户在多个细分维度下的差异,从而实现更精准的市场定位和制定更合理的发展战略。如何从海量的用户数据中挖掘出有价值的信息并深入了解用户，为用户提供精准的个性化服务，成为直播与短视频行业发展的当务之急，也是本章所要探讨的主要问题。

5.1 大数据时代下的数据可视化探索

近十年来，用户由过去的信息匮乏时代进入了信息、数据高速生产的“信息超载”时代。个人的一切碎片化数据，包括网页浏览习惯、关键字搜索记录、视频观看记录、时间戳和时间跨度、视频评论与转载、终端设备信息等都会被放到一个巨大的数据池中。尤其是近五六年来，直播与短视频行业发展势头强劲，成为很多用户青睐的生活和娱乐方式。从某种程度上说，直播与短视频的用户是重合的，即都是用这些来打发时间和倾向于看视频的内容消费者。而视频作为一种媒体内容表现方式，其数据形式是一种非结构化的，视频呈现内容的不透明和数据存储量大等特点，使我们对海量视频大数据的维护和分析都相当困难。如何在庞大的数据量中提炼出有价值的信息以读懂用户的偏好和喜怒哀乐，对提高短视频平台流量和直播传播效果显得越来越重要。

大数据时代背景下，随着我国对数据信息可视化技术的深入研究，各种数据可视化方面的新理念与新技术也逐渐被应用到直播与短视频行业，帮助人们进行数据分析，获取信息和知识。数据可视化，其实是以用户为中心，以用户体验为导向，输出可视化图表，为业务赋能。人们在表达数据信息的过程中，通过图形、图像方面的技术与方法，将视频大数据中隐藏的信息以交互方式形象生动地展示出来，让复杂的数据信息变得简单易懂。数据可视化大多是制作数据图表，具体可以分为四个步骤：第一步，明确目的，即明确数据可视化的目标，通过数据可视化我们要解决什么样的问题，需要探索什么内容或陈述什么事实，并选择合适的图表。第二步，选择图表，就是围绕目标找到能提供信息的指标或者数据，选择合适的图形去展示需要可视化的数据。第三步，视觉设计，是以可视化的手段将数据转化成有趣的设计语言。第四步，突出信息，根据可视化展示目标，通过将重要信息添加辅助线或更改颜色等手段，把信息凸显出来，并将用户的注意力引向关键信息，帮助用户理解数据意义，进而发现其中所蕴含的规律，预测和挖掘出潜在用户的基础信息和行为偏好，洞察用户的真实需求，并制订出合理的运营策略方案以满足用户的核心需求与不断变化的新需求，为其提供更精准、更匹配的个性化服务，最终实现消费者价值的最大化。

5.2　直播与短视频：利用AI技术构建用户画像，洞察用户需求

为了能更加高效地发挥用户在各类视频平台中产生的大数据资产，基于大数据构建用户画像在直播与短视频领域中的应用越来越广泛。所谓用户画像，是通过收集与分析消费者的社会属性、行为习惯、用户偏好等主要信息后，抽取用户信息并进行标签化和结构化处理，形成不同的特征用户群，间接地发现用户的结构变动和信息需求变动，进而勾勒出一个用户群体的整体特征与轮廓的过程。用户画像能够立体地、多维度地抽象出一个丰满的有血有肉的视频用户的虚拟形象，

通过人工智能和数据挖掘技术抓取用户行为数据信息，提炼用户的视频点播习惯和观看偏好，进而根据用户的喜好习惯，向他推荐个性化、精准化的视频，进而提高短视频平台浏览量以及直播收视率。也就是说，用户画像提取过程，是个性化推荐的关键步骤。用户画像的构建与分析如图 5-1 所示。

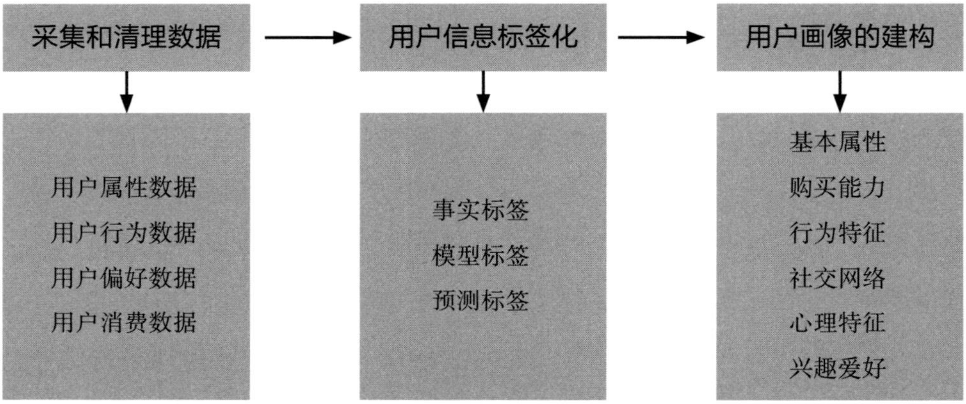

图 5-1　用户画像的构建与分析

从技术管理角度来看，基于大数据平台的视频用户画像的构建与分析大致分为三步：第一步是采集和清理数据；第二步是对采集到的用户数据信息进行分析和标签化分类；第三步是用户画像的构建。

5.2.1　预测未知：采集和清理数据

用户画像的建立离不开大量数据的支撑，包括用户属性数据、用户行为数据、用户偏好数据、用户消费数据等，对用户数据的积累是进行用户画像的基础。在直播与短视频领域，用户属性数据主要包括用户的人口属性（性别、年龄、地域等）、社会属性（学历、职业、收入等）、生活属性（生活习惯、娱乐偏好、社交方式等）、心理特征属性（个性特征、价值观、信仰等）；用户行为数据主要包括访问设备、访问页面、访问次数、访问时段与频次、页面停留时间、浏览路径等；用户偏好数据主要包括登录方式、浏览 / 收藏内容、评论 / 互动内容、用户生活形态偏好与品牌偏好等；用户消费数据主要包括用户规模数据（消费金额、消费次数、单次消费客户数量等）、用户黏性数据（用户购买周期、复购率、回购率等）。通过收集这些指标性的基础数据信息，用已知的数据分布去推测未知的数据，方便对用户进行有针对性、有效性的运营。

5.2.2 聚类分析：用户信息标签化

为用户制定标签是用户画像最核心的部分。所谓“标签化”，就是从用户信息中抽取出浓缩精练、能概括用户某种特征或属性的一系列词语，是基于原始数据进行统计、分析和预测，并利用文本挖掘、自然语言处理、机器学习、聚类算法等大数据技术，将具有一定属性和特征的用户归为一类，对用户资料进行分类、归纳、比较，多维度地构建针对用户的描述性标签属性，方便直播与短视频平台进行数据信息的权重分析。通常，从数据提取维度来看，标签可分为事实标签、模型标签和预测标签。事实标签主要是指直接从原始数据中提取，例如性别、年龄、住址、职业等。模型标签是对用户属性及行为等属性的抽象和聚类，通过剖析用户的基础数据，为用户贴上相应的总结概括性标签及指数，标签代表用户的兴趣、偏好、需求等，指数代表用户的兴趣程度、需求程度、购买概率等。预测标签是根据已有的事实数据和模型数据对用户未来行为或喜好进行预测，挖掘用户潜在需求，这是设计千人千面和运营策略的关键。

5.2.3 制定策略：用户画像的构建

当收集到用户行为标签之后，就可以对该用户画像进行模型构建，把具有共同行为特点、同一消费层次的用户划分为同一类别，形成不同的特征用户群，分辨出核心用户、忠实用户、普通用户、潜在用户等，准确地对用户进行分级管理，从而为用户提供有针对性的服务。用户画像并不代表某个真实的人，而是通过收集多个独立个体的真实数据构成的一个角色。一般用户画像包括基本属性、购买能力、行为特征、社交网络、心理特征、兴趣爱好等六个维度。掌握不同用户的特征、偏好和需求，间接地发现用户的结构变动和信息需求变动，便于构建智能推荐系统，进行个性化推荐，帮助实现精准服务。例如，某位短视频用户的标签是女性、20 岁、大学生、北京、iPhone、星座、宠物、雅思、恐怖电影、喜欢网购和观看李佳琦直播等。由此我们得到的一个用户画像，这是一个在北京上学的 20 岁女大学生，消费能力一般，她平时的爱好是养宠物、研究星座、看恐怖电影、喜欢购物、爱看彩妆类直播，目前有可能正在准备雅思考试。在得到这样一个用户的整体特征之后，我们就可以对其进行精准的营销和广告投送，在她刷视频或者看直播的过程中为其推荐有关星座类、宠物类的短视频，以及接近其消费标准的雅思辅导课程、彩妆商品，等等。

5.3 基于“用户画像”和智能推荐系统的精准化运营

构建用户画像根本目的是寻找目标客户、优化产品设计、指导运营策略、分析业务场景及完善业务形态。因此，在应用用户画像知识图谱过程中，通过洞察直播与短视频用户的真实需求，并结合算法实现智能推荐，可以制定各种运营策略去提高拉新、促活、留存、转化（营收）等这些用户数据指标，最终达到一定经济效益。但随着内容产品的不断发展更迭，不同阶段用户运营的侧重点会有所不同，要根据实际情况，及时调整运营策略，有力促进网络直播与短视频行业最终实现营收，以健康持续发展。用户运营的核心步骤如图 5-2 所示。

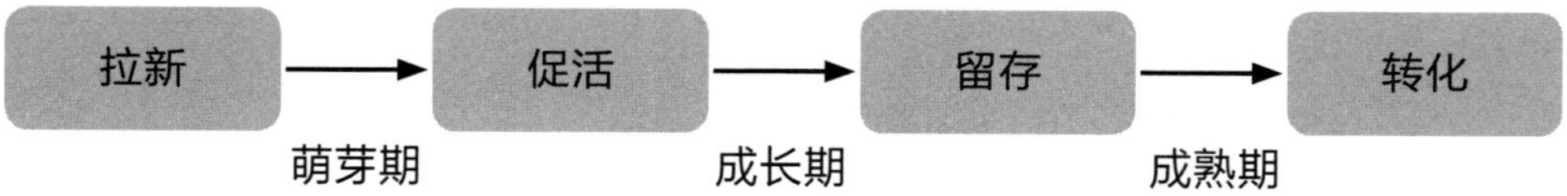

图 5-2 用户运营的核心步骤

5.3.1 拉新策略：积累种子用户，扩大用户规模

拉新是用户运营的基础。所谓“拉新”，顾名思义，就是通过一系列推广手段，把用户吸引过来使用自己的产品。只有保持一定用户量的增加，App 平台才有持续发展的动力。在内容产品萌芽期，运营工作的首要目标就是拉新，培养第一批核心用户。对直播与短视频的用户运营来说，具体的拉新步骤主要有以下几步：

第一步，定位精准，包括品牌形象、品牌调性、品牌内容等。例如，抖音是围绕内容建立的，是舞台和秀场，重在展现美好生活，主打的是精致，其生产门槛高，是一款将“中心化 + 重传播”发挥到极致的产品，更倾向于把头部内容放大，强调精选；而快手是围绕人建立的，重在记录生活，记录用户，主打的是生活，其记录门槛低，不刻意追求爆款、不贴标签，定位更倾向于把流量打散，强调普惠。第二步，找到目标人群。在产品定位清晰之后，下一步就是寻找目标用户的具体位置并做好与之对应的内容推送策略。比如，抖音的用户目标集中在一、二线城市，以年轻群体和白领为主；而快手多为二、三、四线城市乃至乡镇农村的长尾用户，多属小镇青年。确定好用户目标之后可以通过线上广告投送（SEM 推广、信息流广告、可投放广告媒介）、社群营销（以老带新、KOL 合作、社交平台）、媒体推广（新媒体运营、发帖推广、视频贴片）、蹭热点等拉新手段将产品信息传递给用户，让用户了解到产品应有的价值。第三步，吸引用户关注，成功完成下载注册，这样就积累到最原始的一批种子用户，通过提高用户精准度，并逐渐建立口碑，不断扩大用户规模。种子用户的重要性不言而喻，有了种子用户，拉新会轻松不少。所以前期一定要注意积累种子用户，不管是通过体验还是推广的方式吸纳的第一批产品使用用户，都是运营重点维护对象。

5.3.2 促活策略：促进用户活跃，提升用户活跃度

在内容产品的成长期，将用户吸引至平台以后，不仅要保证直播与短视频内容的质量和持续优质的生产力，更要解决增长模式和用户活跃度的问题。具体可以分为加强内容质量把控、拓宽用户增长渠道、创建活动话题三部分工作。

第一，需要加强内容质量把控，保证持续优质内容的产出，这是用户活跃的基础。但在短视频内容井喷的情况下，重复性内容过多，用户对优质内容的诉求逐渐提高，而用户的创作难度也逐渐增加，与用户的碎片化时间脱节。用户的诉求其实很明确，如何低门槛地创作出优秀的作品，以此换取情感上的满足。如果你每期内容都能做到让用户尖叫，那长此以往，用户就会对你的内容充满期待，内容上线时，用户一定会第一时间关注。2016 年，最热网红 papi 酱凭借 40 多条原创短视频，在几个月内刷爆朋友圈，多次登上新浪微博热搜榜，在各家视频平

台的总播放量累计过亿次，微博粉丝数不断增长。如今，火遍直播与短视频平台的“口红一哥”李佳琦，凭借着专业技能背景、独特个人定位和创意内容输出，坐拥千万粉丝，截至 2020 年 8 月，其抖音粉丝量达 4365 万，粉丝观看其直播活跃度极高，从而也提高了平台用户的数量和活跃度。

第二，需要拓宽用户增长渠道。一是增加内容分发渠道，从而覆盖更多潜在用户，提升影响力；二是打造内容矩阵，发挥各个账号之间的辐射作用，建立科学的用户增长机制，用户之间能够有更多的交互，如关注、添加好友、交流等，逐渐沉淀下来一定的社交关系，会让用户持续使用，难以割舍平台。

第三，需要在平台上创建有效的活动话题，加强内容与用户的交流互动。例如，可以根据重要节假日、社会热点、明星八卦等进行活动策划，吸引用户纷纷加入话题的讨论与互动，也加深用户对平台话题和视频内容的印象，甚至主动生产与话题相关的视频内容，而且话题互动本身也构成了内容的一部分，可以有效提升用户互动和活跃度。2020 年 5 月，演员刘敏涛因为唱歌的表情过于丰富，受到网民的调侃，一夜之间再度翻红。在抖音平台，全网掀起了“刘敏涛唱红色高跟鞋”的模仿热潮，关于 # 刘敏涛表情管理 ## 刘敏涛我真的没醉 ## 刘敏涛老师对不起 # 等话题都达到上亿的播放量，吸引大量用户参与到话题的讨论、互动、转载和生产，带来超高的裂变传播效果。

5.3.3 留存策略：将用户变成粉丝，防止用户流失

通过拉新而获得的用户，并不是静止不动的，而是需要通过促活，使得更多用户留存下来，并对其进行粉丝化，将其转换成具有实质性忠实度的粉丝，从而防止用户向其他平台流失。具体可以从以下几个方面入手。

第一，要进行精细化运营。每个用户有不同的喜好，用户属性也是不同的，因此应该针对用户属性标签进行精准化、个性化内容推送。同时每个直播与短视频平台的用户都是有生命周期的，处在不同阶段的用户，运营的侧重点有所区别。对刚刚注册的新用户来说，运营的关键是提高用户活跃度和留存率。对老用户来说，运营的关键就是保持用户活跃、形成用户忠诚度以及以老带新。

第二，要能够增强产品的用户体验。想要提高用户留存率，App 功能必须简

单，给用户更方便的入口，用户打开产品的成本越低，使用就会更频繁。同时，平台维护方面要注意经常进行优化产品交互，关注用户反馈，解决用户闪退、交互复杂等问题。例如，抖音的界面十分充足，基本所有的内容都可以在首页找到，用户首页、快捷关注、赞、评论、分享、旋转音乐光盘等按钮垂直排列在视频播放主页右侧。按钮较大，占据位置明显，播放超过两次则视频分享按钮变为朋友圈图标，关注者视频播放下方出现用户评论字样，鼓励用户进行社交操作。同时播放主页的交互方式也彰显方便快捷的特点，如下拉切换下一条视频，双击点赞，单击继续 / 暂停播放，左滑查看用户首页，由于用户需求本来就是在碎片时间使用，所以交互方式不能耽误用户时间，浪费用户学习精力，否则很容易让用户放弃。

第三，要通过 KOL 给予运营关怀。很多直播与短视频平台上，如果能让 KOL 入驻，会吸引大量的粉丝的关注和留存，所以要想让用户不流失，就要让 KOL 保持活跃，以带动粉丝流量。这就需要专门投入人力、物力在 KOL 的关怀上，给其特别的关心，特别的荣誉。

5.3.4　转化策略：用户向消费者转变，化流量为营收

转化是视频用户运营的最后一个阶段，就是把粉丝转化为最终的消费者，把流量转化为收益。在没有取得用户信任的前提下，频繁的商业化行为，或无趣的硬广会让用户产生较强的排斥心理,用户和内容之间刚刚建立的信任感会被摧毁。所以这个过程通常会在内容产品的成熟期开展，在用户与平台之间，已经建立了深度的联系与信任，当然部分以电商盈利的内容产品也会在成长期就开始踏入商业化进程。尤其是随着直播与短视频慢慢出现融合的趋势，其内容变现的方式也变得多种多样，主要可以分为以下几种：第一，通过广告变现实现用户转化。直播与短视频平台的用户数量大，用户活跃度较高，可以通过广告投放、广告植入等方式转化平台的内容和流量价值，进行商业变现，主要分为纯流量广告和营销（原创植入）。秒拍在 2017 年 2 月在短视频播放前加入 6 秒视频贴片广告，是短视频业内首次试水。广告变现是短视频变现形式中最为常见的一种，也是最为核心、主流的方式。经营收益以流量为基础，产品的流量越大，广告的收益也越高。第二，通过电商合作实现用户转化，即包括短视频电商、直播带货等形式进

行商业的变现。视频生产者通过短视频链接或采用直接口播的形式引流到自己的店铺，用户通过视频动态感受商品的优质属性，被激发出购买欲望后，用户直接点击链接购买，实现变现过程。边看边买是“短视频 + 电商”的升级，美拍率先试水，推出了“边看边买”的功能，用户可以在看短视频时直接跳转淘宝、完成支付而不会离开美拍，抖音、快手也沿用了此种方式进行商业变现。第三，延伸线上场景实现用户转化。进行线上引流，线下到店，例如新零售模式。或者是开设自有品牌实体店，例如美食短视频自媒体中的头部大 V “野食小哥”目前全网坐拥 2000 多万粉丝。他 2019 年 10 月在温州开设了一家炸串店，是他在商业变现上的一次探索和尝试。通过线上的知名度，带动线下实体店的客流量，同时线下的客户也能够扩大线上的影响力。王子瑜 _Prince 在 2018 年创立“Hello 烤肉君”韩式烤肉餐饮品牌店，也曾尝试粉丝经济与线下餐饮店相结合，取得了阶段性成果。他与大胃王 mini，将共同创立酸奶品牌连锁店，两人均为美食类的 KOL，全网粉丝量超过 6000 万，他们都是量级非常大的美食短视频自媒体，所创立的品牌餐饮店能够进一步提高品牌的感染力，以线上知名度为基础，能够为实体连锁店的前期用户积累贡献力量。

移动营销时代，得用户者得天下。目前，用户注意力越来越稀缺，直播与短视频行业竞争也愈加激烈，在这样的行业环境中，缺乏用户思维的“好”内容，也很容易在市场竞争中被淘汰。只有对用户需求和用户价值进行洞察，在内容产品的不同发展阶段，根据实际情况不断调整运营侧重点，直播与短视频行业才能够实现升级发展。想要获得精准的用户人群，就要通过大数据技术和 AI 推荐系统对直播与短视频行业的用户进行整体画像的建构，从精准识别移动用户、动态追踪移动用户的具体行为轨迹、根据静态数据评估移动用户价值、定义移动用户的具体标签等环节做好大数据技术的应用，提高移动用户画像构建的准确性和可靠性，充分发挥移动用户画像的最大价值。并在此基础上针对不同时期的用户属性，对用户进行拉新、促活、存留，最终达到营收的目的，才能使直播与短视频行业持续健康发展。

第六章

内容为王：短视频运营的核心

2017年，互联网经济还处于“流量时代”。互联网流量快速增长，流量红利蒸蒸日上，似乎只要搭上了流量红利的快车，就能够获得超值收益。但随着时间的沉淀，互联网流量增长逐渐趋缓，流量红利几乎消失殆尽。于是，“后流量时代”这个概念从2018年开始流行于网络。在“后流量时代”背景下，人们对各类精神文化的品质需求逐步提升，这种现象在内容领域尤为显著。人们不再满足于简单的模仿和粗制滥造的低质内容，内容精细、节奏紧凑、制作精良的爆款内容更受人们追捧。时间的碎片化使越来越多的人倾向于短视频，因此涌现出大量网红及专业领域创作者来满足不同人群的需求。这也让所有创作者都在思考短视频内容的价值到底是什么，什么样的短视频内容才能真正打动用户并实现转化。

6.1 “后流量时代”下短视频内容的特点

短视频出现的初期，大量的UGC野蛮生长，快速扩充了短视频的内容存量。随着技术的发展和人们审美水平的提高，不断更新换代的拍摄设备和后期制作软件支持了大量PGC的产出，提高了短视频内容的质量，同时也加速了短视频行业的分化。各种短视频拍摄机构利用自己的技术优势，在自身领域中不断深耕发展，推动着短视频内容的发展。那在“后流量时代”背景下，短视频内容的生产有了以下几个新的特点。

6.1.1 PGC和UGC相结合

物质生活水平不断提高的同时，人们对精神层面的内容则有了更高的追求，这使得短视频的优质内容需求在不断扩大。大多数平台通过 PGC 保质 +UGC 扩容的形式来满足用户的需求，比如西瓜视频和 B 站经常推出内容激励计划，同时又保持和优质内容创作者的联系，这种内容专业性和娱乐化的结合提高了平台现有短视频的质量，由此衍生出诸如“短视频 + 文化”“短视频 + 教育”“短视频 + 旅游”等优质内容的出现，通过不同领域的扩张来适应不同需求人群，同时又加强了短视频平台自身在行业的竞争力。

6.1.2 垂直领域更加细分

在“后流量时代”中，用户对垂直细分的优质内容有着更大的需求，平台通过用户的使用习惯和一些互动行为来刻画用户画像，并根据画像进行内容推送，垂直内容的细分性不断深入。与此同时，获得垂直领域的用户也会更加精准，使得具有相同消费需求的人群聚在一起，从而降低了平台获客成本，也让短视频作者们在精准营销方面更具有商业价值。在这种细分环境下，不仅用户可以得到自己感兴趣的内容，同时商家会获得更加精准的客户群体。

6.1.3 短视频付费成为常态

短视频付费也是知识付费的一种。短视频付费主要有视频付费打赏、在线视频课、视频电商链接购物等模式，在多样的需求下，这样的模式未来将会更加丰富。随着用户版权意识的增强和满足自身需求的多样性，将会有越来越多的人选择短视频付费，而这种方式也会逐渐被用户接受，并成为一种常态。

6.2 为什么说短视频领域“内容为王”

互联网本质上是一种“渠道”，在互联网和移动互联网产生的初期，传播内容的渠道基本上是各大门户网站，需要通过网站编辑来筛选内容以呈现给用户。由于互联网改变了传统的信息传播方式，所以很容易被认为建立起了信息传播与消费的

“渠道为王”新规则。有人更是相信，只要把信息内容传播的渠道铺得足够宽广，做得足够便捷、通畅，受众的规模就能越来越大，获得的价值就能越来越多。

移动蜂窝网络技术的飞速发展，让人们原来只能够从支持传播声音、文字和图片的 2G、3G 网络时代，逐步迈向可以快速浏览视频及更为复杂的展现形式的 4G、5G 网络时代。同时，各类传播渠道和服务不断完善发展，人们可以通过不同的移动终端 App 来接受和传播各类信息内容，越来越多的同类型 App 导致了传播渠道的过剩，而优质的内容相对稀缺，这种稀缺性又提高了优质内容的商业价值。

在这个科技高速发展的时代背景下，人们的时间被各种事务占据，仅存留一些碎片化的时间。短视频相对于长视频来讲，在更短的时间内提供更加丰富的内容，这种特性刚好可以用来填补快节奏生活所带来的碎片化时间。目前主流的抖音、快手等短视频平台，通过系统的智能推荐算法，将视频内容和用户的喜好进行分类标签化，从而进行匹配，保证各种类型的短视频都拥有一定的受众数量（初始流量池）。通过对视频的点赞、评论、转发等用户互动行为数据来决定是否推向更大用户流量的流量池。当然，这种算法的流量分发并不是把所有决策权都交给机器，因为这样很容易让用户受困于“信息茧房”，用户接触到的内容只有同类型、同质化的信息，对自己感兴趣领域之外的信息缺乏了解。这时，人工编辑会精选一些热度较高的优质内容进行推荐，也会定期推出一些有意义、高质量的话题视频引导用户观看和模仿。这样，优质内容会被不断地传播，不断地发酵，进而火爆，而那些低质量内容或不能引起人们情感共鸣的内容便不会被广泛传播。那我们如何进一步理解短视频运营的核心是“内容为王”呢？

6.2.1 后流量时代中，每个人都可以成为内容的生产者

在过去，“内容为王”要求的是有深度、有思想的内容，注重原创，做精品。这也要求内容生产者要具备较高的专业水平和创作能力。而随着技术的发展，智能手机功能变得更加强大，一些视频制作软件越来越简单易用且功能强大，比如 B 站推出了在线剪辑的功能，可以让视频创作者在线编辑视频素材并实时上传，这使得每一个人都可以利用身边的这些工具来轻松地生产短视频内容。各种传播

渠道，如抖音、快手、B 站、微博视频、西瓜视频等都可供视频创作者使用，每个人都可以通过这些平台分享自己的生活，分享自己的知识，分享所见所闻，分享独到见解。如果你是一个“有料”的人，说不定马上就能成为网红。在这个时代，“内容为王”不再只是强调内容本身的质量，而是更加注重内容的吸引力。

6.2.2 内容为王表现在内容独创性

用内容去赢得用户时间，用价值认同获得用户黏性。在短视频平台中我们常常可以看到一些爆款短视频，比如短视频发展初期就火爆的“papi 酱”，用鲜明的个人标签和奇妙的加速变声音效让人们记忆深刻，并且每一期主题明确，针对社会热点来策划节目，通过一人扮演多个角色这种夸张的人格分裂式的表演方式增加了视频的趣味性和观赏性。但在短视频飞速发展的这几年里，有不少人去模仿“papi 酱”，却没能再出现这样一个“集美貌与才华于一身的女子”。即便是“papi 酱”自己成立的“papitube”旗下艺人也没能够再次创造一个短视频奇迹。又如“嘟嘟姐”“giao 哥”“韩美娟”等一些网红，没有持续性的个性化原创内容，仅凭一两个言语行为夸张的表演视频，终究是昙花一现。再如美食类短视频博主李子柒，用干净唯美的画面和独特质朴的声效展现了浓浓的中国乡村风情，不仅吸引了大批观众驻足观看，同时还走出了国门，成为“中国文化输出”的代表。这种内容独创性的特征在于内在核心的一致性和外在形式的多样性。也就是说，信息内容的核心价值相对稳定可以引起受众较为一致的心理反应，这为内容的兼容和改编提供了前提；而外在的表现形式则根据平台需要和调性的不同进行灵活调整。

6.2.3 内容为王重点在价值信息传播

在新媒体时代，信息爆炸带来的信息过载，让受众阅读某一个媒体的时间、精力急剧收缩，但这并不意味着受众阅读质量的下降。相反，受众更希望把有限的时间花费到对自己有用的信息中去，对阅读内容质量和容量都有了更高的要求。只有坚持做价值的传播者，才能立足并获得更好的发展。短视频作为一种高度凝练的信息载体，随着一些内容变现的方式推出，让这种高质量的信息形式更具有商业价值。因此，创作出具有高水准、精品化内容的短视频更能够在商业变现过程中获得青睐。

6.3 互联网直播与短视频的内容形态

短视频的创作者不仅需要具备内容创作能力，同时也需要具备一些短视频运营的相关技能。直播与短视频在商业变现的道路上可谓是相辅相成，商家通过短视频吸引流量，引导到直播间进行流量转化。同样地，一些主播也需要通过短视频来吸引粉丝，引导到直播间进行互动并获得打赏。作为短视频的创作者和运营者，我们需要对互联网直播与短视频内容形态的发展有一个整体的了解，才能让我们更好地把握未来的发展方向。

6.3.1 直播的内容形态

随着互联网技术的发展，直播对普罗大众来说，已经是生活中不可或缺的一部分。我们常常可以在各种地方见到直播，现在更是人人都可当主播。回首过去，展望未来，直播内容形态的发展历程大概如下。

1. 直播 1.0 时代——春节联欢晚会

每年的除夕夜，我们都不会错过一项重要的活动——全家一起看春晚，这就是最早的直播了。这时候的直播，用的技术主要是专业的广播技术（以声音传播为主）、电视技术（以视频为主）等。

这个时期的直播是一种由中心往边缘传播的直播模式，处于中心的是少数的、专业直播内容提供者，比如各大电视台、广播电台等；而处于边缘的是我们广大普通人，我们只是观众，是内容的接受者，接受直播渠道推送给我们的信息。

2. 直播 2.0 时代——YY 直播

YY 直播，最初是 YY 语音，主要为玩网络游戏的玩家群体提供即时语音沟通交流的工具，后来在原本的业务基础上，转型做秀场直播，这就是互联网直播的最早开端了。

在直播 2.0 时代，虽然直播的中心尚存，但是已不限于主流的广电媒体，而是分散到众多的当红主播。这些主播，只要有一定的“专业技能”，能产生吸引人的内容，都可以受到关注。直播的形式已经发生了很大的变化，不再是直播方传播内容观众方接受的单向方式，而是主播可以和观众进行互动，这是一种双向的交流方式。

3. 直播 3.0 时代——手机直播

直播 3.0 时代，也就是移动直播时代，这样的平台代表有映客、花椒直播等。手机直播得益于移动技术用于直播，可以让主播只需要一台手机，安装直播 App，就可以随时随地进行直播。

直播的极大便利，让很多新内容的产生具备了可能，再加上时下碎片化社会格局，直播的内容从原来的美女秀场、游戏直播称霸天下，开始转向生活的方方面面，吃饭、睡觉、逛街、技艺展示……什么都可以直播，而且似乎什么内容都会有人观看——只要你的内容够独特，有吸引人的地方。

直播 3.0 时代的直播，已经是去中心化的状态。没有什么特定的人是专业的中心人物，每个人都可以是中心人物，每个人都可以直播，每个人都能创造出属于自己的独特内容，每个人都可以是网红——某一个领域内的网红、专业的网红。

4. 直播 4.0 时代——“直播 +”

在直播 3.0 技术的基础上，直播技术的应用逐渐加深，渐渐有了一种基础性的功能或服务的趋势，有越来越多的专业内容纳入直播当中，各种垂直的行业领域或专业的领域，都会提供指导性强、专业度高的优质内容，这就是目前要进入的“直播 +”时代的状态。

（1）直播 + 社交

同秀场一对多相对应的是以私密交友为代表的一对一直播形式，前有 Tiki，后有闪爱、V 聊等一众独立 App，其中多数秀场产品也加入了一对一的模块，但产品形态的私密特性，不可避免地会出现一些低俗内容，随着监管的逐步趋紧，多数的公司渐渐沉寂。少数的公司还在继续，但终究难于做大。多对多的 Party

形式 / 多人交友玩法也开始初露锋芒，一些公司开始有所尝试。

（2）直播 + 电商

以淘宝直播为代表的电商直播，本质上也是对线下逛商场的一次线上化运作。每进一个直播间相当于路过商场的一家门店，那里有导购宣讲，有促销活动，偶尔也有明星降临，当然更多地变成了由网红坐镇。直播电商近些年的热度一直居高不下，2019 年我国在线观看直播用户数量超过 5 亿，2020 年更是直播电商的井喷之年，尤其是新冠肺炎疫情的发生，让很多人足不出户看直播，在全国掀起了一场直播带货的热潮。

（3）直播 + 影视

目前以微光为代表的在线观影平台，可以同三两好友或是陌生人一起观看影视剧，发言互动。2020 年以来取得了不错的增长，受限于版权问题，片子集中在经典老片、小众的美剧和日剧等。或许在不久的将来，电影院也能实现“线上直播”，大家坐在家里就能够欣赏到最新的院线电影。

5. 直播 5.0 时代——VR、全息直播

近年来，5G 移动通信技术迅速发展，5G 网络实现大规模商用的步伐逐渐加快。在 5G 网络的加持下，包括虚拟现实（VR）、增强现实（AR）、混合现实（MR）、扩展现实（XR）等在内的泛虚拟现实技术，以及其所指向的全息媒体技术，逐渐成为具有可操作性的现实。通过 VR 技术和直播的结合，能够让普通用户在自己家中或其他各类运营性体验场景中就能够身临其境般置身于任何地方。虽然目前无论从技术上还是内容上，VR 直播都还不够成熟，体验也是差强人意，但 VR 逐渐发展并普及的总体趋势依然是明朗的，这一风口的风也越吹越大，相信随着技术的不断成熟，VR 直播会成为一种常见的形态。

6.3.2 短视频的内容形态

目前内容的展现形式经历了从文字到图文，再到视频的表现过程，而短视频的呈现特点是能够在碎片化时间里最大限度地满足人们的内容消费需求。因此在

用户观看成本差异不大的情况下，结合了拍摄手法、音乐、故事、画面的短视频，可以更加多样地满足用户的内容消费需求。短视频的内容形态发展大致如下。

1. 微电影时代

2005年，一部时长20分钟的网络短片《一个馒头引发的血案》掀起一股浪潮，这部短片的下载量直接击败了当时的热门电影《无极》。而此短片后来被认为是短视频的雏形（那个时候也叫微电影）。凭借这部浪潮，很多的导演、演员甚至是大众网友拿起手机或DV，开始进行微电影的拍摄。不巧的是，当时还没有专门的短视频系统平台，拍摄的微电影只能上传到当时的传统视频网站，但也在短期内收获了大量的流量。很多投资者看到了其中的商机，想要打造出自己的平台，也逐渐将短视频系统的发展引领到下一个时代。

2. 移动时代

2013年1月，一个名叫“小影”的短视频系统在安卓平台上线。这个平台可以说是最早的短视频平台，它为用户提供滤镜、配乐、海报等多种视频剪辑素材，在10个月内获得百万注册用户，每天上传分享视频超过1000条。但是此时的短视频系统存在一个严重的缺点——缺少社交属性，导致用户黏性差。同年，腾讯创立了“微视”，与同时代“小影”相比，更具社交性，并将短视频的时间压缩到更短。它展现出的短视频，跳出了“影片”的思维，以生活碎片的形式展现在世人面前，并加入了更多的互动功能，从而解决了社交上的难题。之后，更多的投资者开始加入竞争队伍，将短视频系统的发展重心由PC端逐步转移到移动平台，一时间“百家争鸣”。

3. 新媒体时代

在移动平台上的社交短视频系统大放光彩的同时，短视频新媒体也在呈百花齐放之势。此时，短视频创作者们更加注重内容的质量，开始对领域进行细分，打造出美食、游戏、游记、摄影、笑话等更具特色的内容。其精彩程度不输“长视频”，“麻雀虽小，五脏俱全”。短视频系统平台的功能在不断被优化和完善的同时，其内容生产向轻量化、扁平化、快速化转变。各种营销和变现手段也在此时爆发出来。

4. “短视频 +”时代

缔造出抖音的今日头条，推出了火山小视频、西瓜视频等，企图通过不同调性的产品，捕获不同喜好的人群。通过短视频和不同领域的结合，碰撞出不一样的火花。2019 年 7 月，短视频巨头快手推出了“百万游戏创作者扶持计划”，高调入局游戏直播。由此“短视频 +”的时代正式开启，这个“ + ”号，不仅仅代表着短视频系统的功能向更深层次的方向发展，也代表着短视频平台良好的兼容性。现在，越来越多的短视频平台开启了诸如直播、朋友圈一样的“第二业务”。在短视频内容越来越丰富的今天，短视频平台融入了各种社交元素，提升了互动性，同时也让短视频更具有传播性。

近年来，随着移动互联网的兴起和用户消费需求的变化，竖屏剧在各大视频平台日益涌现。当网剧创作乏力，迟迟不见爆款，同时横屏短视频的呈现形式从某种意义上被逐渐挖掘殆尽的时候，二者的结合或许会激发出不一样的火花。爱奇艺 CEO 龚宇谈到竖屏剧时表示：“中国 70% 以上用户在使用竖屏的观看方式，竖屏内容未来会成为一个主流方向。”竖屏剧是视频网站和短视频平台对用户内容场景争夺的产物，因此，其受众与短视频用户高度重合，主要适用于手机观看，针对的是用户碎片化的时间。就目前上线的竖屏剧来说，多以单元剧为主，单集时长在五分钟以内。每集故事基本独立，没有关联，并且以喜剧为主。目前的竖屏剧承载的内容往往不追求电影般的沉浸代入感或是影视剧的信息量，而是走“快、直、爽”路线吸引观众注意力。同时，由于竖屏画幅限制，使得竖屏剧不同于横屏视频，在场景人数、叙事结构、剪辑方法上都有很大差异。

6.4 用运营思维创作短视频

内容运营需要解决的一个核心问题，就是如何围绕着媒体内容的生产和消费，搭建一个良性循环生态系统，并持续提升各类与内容相关的数据指标，如内容数量、内容浏览量、内容互动数、内容传播数等。

对短视频内容的运营来说，我们需要关注和解决的问题可能包括以下问题中的一个或多个。

• 短视频内容需要具备何种调性？是搞笑段子还是才艺展示？是新闻报道还是知识分享？

• 短视频内容从哪里来？是自己创作生产内容，还是搬运现有素材内容？

• 短视频内容如何组织和展现？画面怎样构图和调色？由主持人引导还是旁白配音？短视频时长控制在几分钟之内？封面如何设计才能更吸引人？

• 如何在已有基础上做出用户更喜欢看的短视频？内容选题如何策划，如何借势热点事件和人物？

• 现有短视频内容如何能够更容易、更高频地被用户所消费？内容标题如何撰写，如何借助热点话题？推送频次和推送时间如何？

• 短视频的内容生产如何具备持续性？如何让短视频具备商业变现点？

• 如何更好地引导用户来与短视频内容发生互动甚至传播内容？是否需要制造话题？是否需要设计一个特定的传播机制？如何回复用户的评论？

了解了以上问题，我们便可以开始有针对性地逐一对这些问题进行解决。

作为短视频的运营者，我们需要明确自己创作内容的特殊优势，并在此基础上制定出一套属于自己的完整的内容策略，包括短视频的内容属性、目标受众人群、短视频内容的差异性、传播给受众的核心价值，以及大概的内容形式、规划推送频次、互动时的语气等。过去的内容，更多的是重拍摄、重后期，而轻策划。而如今，小小的手机屏对拍摄、多机位剪辑和后期特效的要求没有那么高，尤其是短视频，因此，策划就变得极其重要。

既然运营要解决的是内容和用户之间如何更好地发生联系的问题，那么我们在确定了自己内容的主调性之后，需要着重考虑的就是如何让用户对内容产生黏性。常见的一些小技巧，比如说将内容围绕某个主题做成一个系列的内容，分集产出，每集给下一集留下一些悬念，这样一来，观众在观看这些内容的时候希望对这个系列有一个完整性的了解，会期待下一集的内容，从而关注账号。同时，需要注意用户评论的反馈内容，可能会代表用户更加期待看到什么样的内容，及时汇总这些反馈的内容有助于更好地把控内容创作的方向，从而留存住老用户，同时吸引更多的新用户。

在获得了用户黏性的提升之后，想要更加可持续地产出用户喜欢的内容，就必须考虑变现的问题。目前短视频的变现渠道主要有广告植入、平台分成、电商和线下活动等几个方式。从运营角度来讲，短视频内容想要进行广告变现，需要找到相应的“变现点”，即符合自己内容调性的商业切入点。打一个简单的比方，一个做美妆教程类短视频的账号，其变现点为某些化妆品品牌的推广。但在某些不太容易实现带货变现的领域，比如生活类、搞笑类、音乐类的内容，需要慎重考虑变现点与自身内容的调性是否相符。否则，粉丝会因为账号的内容与最初关注时的内容领域不相符而取关账号，反而得不偿失。因此，短视频运营需要考虑的是，如何在不影响内容调性的前提下，将这些商业变现点和内容巧妙结合，能够最大程度地让粉丝接受这些商业广告内容。此外，现在越来越多的短视频平台给短视频内容接入了电商平台的入口，短视频内容的创作者可以将视频内容和商品链接关联，从而实现短视频电商卖货。同时，短视频也是直播入口的一个引流方式，通过短视频的传播，让更多对短视频内容感兴趣的用户点进直播间，从而获取更多信息，实现有效的导流变现。

第七章

爆品效应：
短视频策划与创作

短视频爆品内容，离不开好的策划。短视频的策划就是将一些创意火花变成系统化、可实操的短视频策划内容并实施，以创作出好的短视频作品，使其从众多的短视频中脱颖而出。

7.1 短视频类目

7.1.1 策划前的思考

一个专业团队，在做短视频及搭建账号之前，首先要考虑项目定位，要把下面这些问题思考清楚。

1. 选择适合的领域

（1）选择一个深耕的内容领域。

（2）选择想要做的短视频类型。

（3）对投入产出衡量的要求。

2. 分析行业现状

（1）同行都有哪些？有什么特色？

（2）他们的视频内容及更新频率。

（3）反馈如何，前景在哪里？

3. 明确目标用户

- 谁是目标用户？即拍视频给谁看？
- 根据用户进行精准定位。

7.1.2 短视频平台的类目

在各个平台上短视频的类型是多种多样的，其针对的目标用户群体也各不相同。创作者要根据自身的特点、优势来确定一个方向或垂直领域，避免短视频内容类型杂乱，难以获得平台的推荐与流量。

短视频平台常见的类目如下。

1. 记录生活类

这一类分为两种：一种是个人开短视频号，记录自己的生活点滴。还有一种是进行商业变现。通常形态包括家庭喜剧类、宠物类、工作记录类、晒娃类、Vlog 类等。在商业变现账号中，尤其以宠物类的居多，有一些账号通过这类视频内容，吸引一定量的粉丝后，便可以开始为宠物用品、食品等带货。

2. 娱乐搞笑、吐槽类

娱乐搞笑包括搞笑、吐槽等类型。内容形态有对搞笑吐槽、口型搞笑、团体搞笑、娱乐表演、生活搞笑等。娱乐搞笑类比较容易吸引粉丝，通常一个平台刚起步时，网红、MCN 机构等比较喜欢做这种类型，通过先吸粉，然后再进行后端变现。

3. 才艺表演类

才艺表演类多以才艺表演为主，包括唱歌、跳舞、乐器等演奏。这类多以网红、明星等为主，同时会进行直播。

4. 知识传播类

知识传播类是以传授专业知识、技能等为主。例如，讲解健康、医疗、旅行、生活知识等；教授音乐、书画、英语等；培训软件教程、各类培训课等。目前，知识付费也是短视频变现的通常模式。

5. 商品推介类

这类通常都是由 MCN 机构或网红机构打造的账号运营。多是美妆推荐、服饰推荐、穿搭推荐、购物推荐、商品评测等类型。主要目的就是把产品推荐给用户，进行带货。比如教人化妆、教人穿搭、对产品评测等，其变现能力比较强。除了带货外，还可以接广告、代言等。

6. 加工制作类

这类包括电影剪辑、解说、合拍等二次加工创作类。这类作品的制作成本低，可以批量化加工，通常会采取在流量大的平台进行引流，在给政策补贴的视频平台上进行变现。

7. 科技、测评类

这类账号通常介绍一些前沿科技信息，如 VR、手机、软件、数码产品的介绍和测评等。一些厂商在手机、数码产品等新品上市时，通常会与一些测评类的账号进行合作，去体验和测评产品，以便获得市场。

8. 游戏、动漫类

游戏类通常出现在专业的游戏短视频直播平台，可直接进行游戏解说、粉丝互动、游戏产品售卖等。也可以将游戏攻略，以录屏的方式制作成短视频。

动漫类主要以二次元相关的动画、漫画、虚拟形象等为主要内容。一些拥有动漫 IP 的动漫公司，自媒体、个人创作者纷纷涌入短视频平台开设账号，获得了大量粉丝。广告、衍生和授权是动漫短视频的三个主流变现方式。

9. 官方账号类

这一类账号包括企业号、政务号、媒体号等。短视频已成为继微博、微信后，企业、政府、媒体等不可或缺的新形态。通过官方账号，可以进行信息发布、品牌宣传、粉丝互动、在线服务、产品销售等。

7.1.3 短视频内容类型

1. 节目化短视频、人格化短视频与人格化节目

目前，热点短视频的类型可分为节目化短视频、人格化短视频和人格化节目三大类。

（1）节目化短视频

节目化短视频是以节目形式做视频创作，目前比较多的形态有街访、纪录片等。节目化短视频的优势如下。

- 制作流程稳定、容易规模化。
- 选题范围广，可选题材丰富。
- 艺术性创新空间强。
- 有商业化空间。

当然，节目化短视频也存在一些不足，如难以占据独家优势、容易被复制、去人格化影响黏性。

（2）人格化短视频

人格化短视频有独立的角色观点、“人设”、IP，短视频以该IP的个人经历为主视角展开视频拍摄。角色大多为创作者本人或其构建的形象IP出镜。人格化短视频优势如下：

- 黏性比较强、互动潜力大。
- 有观点立场，适合时效传播。
- 娱乐性强，跨界合作机会多。
- 商业化前景好。

人格化短视频的不足有两点：一是创意产能低，产出要求较高；二是人设很重要，立“flag”[①]需谨慎，一些立“flag”案例已证明，因为一些错误，一不小心就可能

① flag是网络流行词，原意为“旗帜”。游戏中flag决定或引发剧情发展的特性，后来被广泛引申到动漫游戏及短视频作品中，指引发某一特定事件的原因，再后来被进一步引申为某一特定事件发生前的征兆或标志。

被打脸。

（3）人格化节目

人格化节目是以人格化视角，通过定期节目形式完成短视频创作，其优势如下：

- 制作流程稳定、容易规模化。
- 相比人格化短视频，能容纳更复杂的内容。
- 容易与热点结合，易引起粉丝共鸣。

作人格化节目有两点需要注意：第一，个性化程度略弱，黏性不及人格化；第二，专业性依赖较强，需不断学习扩充知识库。

2. 短视频内容类型示例

通常短视频平台会设立多元化内容分类，为平台作者提供丰富选择，以西瓜视频为例，短视频内容类型如图 7-1 所示。

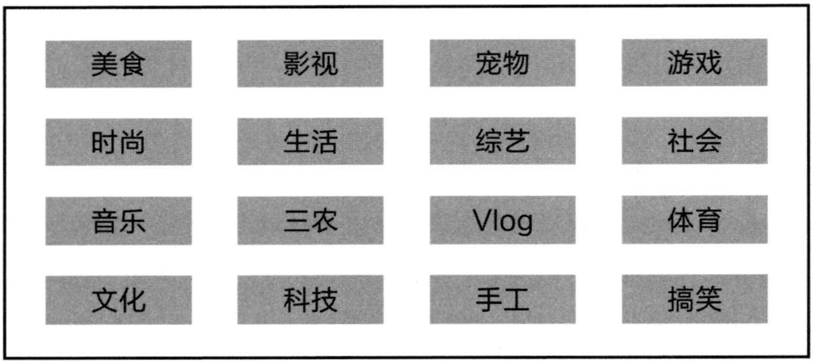

图 7-1　西瓜短视频内容类型

7.2　短视频爆品打造

7.2.1　短视频选题

一个短视频团队，要想持续地创作出好作品，需要有明确的定位及选题。

选题要适应社会发展需求。网友对短视频的需求是在不断变化。短视频团队，在选题上就必须适应这种变化，紧跟发展变化与潮流，不断地进行调整。

1. 选题

（1）选题由易到难

短视频在制作成系列的时候，其选题往往是相关联的。尤其是垂直性短视频，是专注在某一领域内的。为了能够使网友更好地接受内容，短视频创作者应该注意选题由易到难。看这类短视频的大部分用户，在此之前对相关的专业类技能是没有涉猎的，所以如果一开始就选择较难的主题，会使用户难以理解，从而使用户丧失观看欲望，造成用户的流失。

短视频选题由易到难，还可以带动前期短视频的播放量。不是所有用户都是从第一期短视频就开始观看的，其大部分还是随着短视频的不断更新而逐渐被吸引而来的。在这样的情况下，如果某期短视频难以理解，自然而然地就会翻找账号下之前的短视频，于是就再次带动了该短视频的播放量。

（2）吸引粉丝参与

粉丝的参与性会很大程度上影响一个短视频的流量。当粉丝的参与度越高的时候，短视频被转发分享的可能性就越大。短视频的创作者可以根据选题节奏的调整，来提高粉丝的参与度。比如，短视频创作者可以在一期视频中，针对某个现象向粉丝征集看法。这些粉丝就会自然而然地参与讨论。而对粉丝的讨论，不一定要在下一期短视频当中就以此为主题进行制作，可以隔几期其他的主题。这样可以延长讨论的周期，使得没有及时观看的粉丝和用户也有机会参与进来。而且这种方法还可以激发用户的好奇心，期待自己的观点能够在某期短视频的选题上反映出来，从而进行长期的关注。

除此之外，短视频选题的可操作性也会影响到用户的参与度。尤其是一些对专业性技能要求较高的短视频，用户很难在日常生活中进行实际的操作，于是参与感也就降低了。为了解决这一问题，短视频创作者可以将专业知识需求较高的选题与用户日常就可以进行的选题交叉操作，使用户在这个节奏中既能为内容中表现出的专业所惊叹，又可以参与其中，激发兴趣。

2. 主题定位

短视频的主题会确立其主基调。选择合适的主题，进行精准定位，才能够在最大程度上吸引到目标用户的关注。一个短视频的主题不是随随便便就可以确定的，这要经过短视频团队的精心策划，才不会产生定位错误的情况。那么如何才能明确定位短视频的主题呢？

在确立短视频的主题之前，首先要进行市场研究。能够在网络中受到用户欢迎的短视频，一定有其独特之处。短视频创作者应该对其进行反复观看，找出其亮点并加以记录，从而了解到当下的市场需求，避免选择冷门主题。

不同的平台有不同的特点，短视频创作者应该对各类平台分别加以调查研究，将所得到的数据制成图表，进行对比分类，根据目标用户来选出其中的最优主题，这样才能保证短视频成品可以吸引用户的注意。

其次，要考虑自身喜好。短视频创作者自身的喜好也是需要重点考量的因素之一。当一个人喜爱一件事的时候，就会针对其有更多的了解，于是在自身的知识储备库中就积累了大量的素材，在制作与主题相关的短视频的时候就能泉思如涌，创作出更好的内容。短视频创作者如果贸然选择一个之前从未涉猎的主题，最终的成品很可能会因为了解不足而出现漏洞，这样会使用户在观看之后怀疑短视频创作者的专业度，从而留下不好的印象。

最后是关注用户需求。短视频的成品最终还是要面向目标用户进行宣传推广的，能否得到用户认可，则与主题的选择有着极大的关系。短视频主题的选择必须要满足其目标用户的需求，这样用户才会有观看的欲望，从而产生流量。

对用户的需求，需要短视频创作者进行前期调研。此类调研需要较为庞大的数据来得出确切的结果，必须保证每个数据都真实有效，这样才能避免最终结果产生偏差。短视频创作者在进行数据处理的时候要使用科学的方法，从而在保证正确率的基础上提升效率，减少不必要的时间浪费。

3. 时长

确定短视频的主题后，还要注意把握最终成品的时长。短视频之所以能够受到用户的欢迎，是因为其方便用户在生活中的碎片化时间里进行观看，这就要求短视频的时长不能太长，否则就会失去市场竞争力。但是同时也不能太短，时长过短的成品很难表达出短视频创作者的全部意图，难以令用户满意或理解认可。

4. 热点使用

热点的使用可以使得短视频内容被更多的用户看到，但是如果一味地使用热点话题，会使得用户感到节奏过快，从而产生疲惫感。更有甚者，还可能在用户心中留下缺乏真材实料、蹭热点的不良感官。为了避免这种情况，在短视频的选题方面，应该将热点穿插使用。即使是在短视频当中，也不能够让全部内容都与热点紧密相关，要在讨论热点的同时安排较为有趣的内容使用户放松心情，做到张弛有度。

7.2.2 短视频爆品打造秘籍

1. 如何获得更多推荐

要获得平台的更多的推荐，就需要策划好短视频的定位、标题、封面、标签、简介、热点、粉丝等。

（1）起一个好标题

标题是短视频吸引用户的入口。一个短视频的标题很重要，从数据分析来看，长标题更容易被推荐，标题可分成两段或三段的方式，可以用“总结、提炼看点、留悬念”的模式。同时，要注意标题的基本规范，不用外文、错别字、生僻字，不做“标题党”。

（2）配一个亮丽的封面

封面要配高清图，中近景、色彩饱和、构图集中。配图的动作表情可适度夸张，图文相配突出亮点。封面图要特别注意规范：不得涉黄涉反、画面血腥、低品质、与实际内容不符等。

（3）简介和标签中有足够的信息

短视频的简介和标签中多使用实际意义的名词，以提供足够多的信息供机器识别分类。

（4）关注热点

短视频常规热点包括网红、名人、行业大佬、热播剧、热点话题、热点事件、特殊时间节点、节假日等。

一般的短视频平台对蹭热点都有推荐加权，但需注意尺度。正确的方式是：一是有深度，如汇编合辑，深挖热点；二是有新意，切入点新颖，不走寻常路等。

（5）粉丝

持续生产好内容是平台生存的根本，同时认真做好细节工作，用心回复粉丝评论，引导粉丝关注，使用社交媒体增加传播与曝光机会。

2. 10万+标题是如何做的

10万+的短视频的标题是什么样的？标题字数多少合适？什么样的结构合理？哪些词用得比较多？下面以某知名短视频平台进行分析。

（1）注意标题字数合适，多使用本领域专属高频词。

以某短视频平台为例，10万+标题平均字数见表7-1，10万+标题高频词见表7-2。

表7-1　某短视频平台主要领域10万+标题平均字数

领域	10万+标题平均字数
影视	28
游戏	27
少儿	24
科技	25
美食	25
历史	26
时尚	26
体育	28

表7-2　某短视频平台主要领域10万+标题高频词

领域	10万+标题高频词
影视	电影、同步、卖座、口碑、片酬

续表

领域	10 万 + 标题高频词
游戏	王者荣耀、手游、皮肤、大招、联机
少儿	宝宝、儿歌、玩具、小猪佩奇
科技	发明、改造、苹果
美食	做法、美食、营养、味道、秘制
历史	真相、谜、揭秘
时尚	必备技巧、秒变、神奇
体育	冠军、选手、裁判、KO、女足

（2）掌握合理标题结构

据统计，25 字以上的标题效果更好，字数越多的标题，信息量越大，越容易获得推荐和播放。三段式标题由于信息更全，标题层次分明，信息量大，更易获得用户关注。高播放量标题字数及结构占比情况如图 7-2 所示。

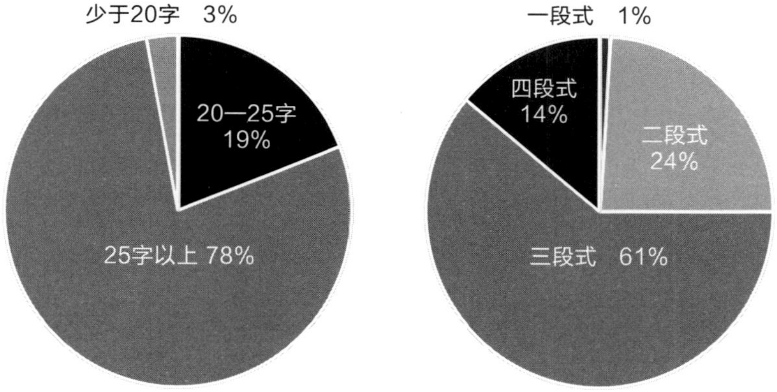

图 7-2　高播放量标题字数及结构占比情况

（3）爆品的特征

• 挑战正常思维定式，“反常识”，不按套路出牌的短视频作品，如分享奇闻逸事、冷知识的作品等。

• 画面冲击力强，通过动作、细节描写，体现画面感。

• 实用性强，直接说明具体功效，突出使用前后效果。

- 有争议，通过争议点、刺激点击率，引导用户评论。
- 留悬念，内容中留有悬念，吸引用户继续关注。

（4）怎么做爆品

第一，用好策划创作中的“5W”是关键。

- What，做什么——找到切入点，梳理创作动机，建立目标方向。
- Why，为什么做——分析要做的原因和依据，找到优势。
- Who，谁来做——找到参与者、行动者、互动者。
- Where，在哪里——选择合适的领域，找到用户需求之处。
- When，什么时候——找到创作的时机，好时机。

第二，给作品贴人群标签。引发某一群体的关注、情感共鸣和归属感。

第三，标题可多采取数字来量化细节，多用阿拉伯数字，直观易认知，增强冲击力。

第四，借力高知名度的人、事、热点，增加视频曝光度。

第五，精心设计和制作，画面有审美，具有一定冲击力。

第八章

渠道选择：主要平台解析

想要做好直播与短视频，选择正确的平台是非常重要的。正确的选择，往往事半功倍，甚至比努力更重要。

直播电商行业资深从业者谢光辉在近 5 年直播行业生涯中，就见过一些老板在直播热潮中多次转型，浪费了大量资金，关键是错失了平台发展机遇。例如，杭州某 MCN 机构，在 2018 年淘宝直播竞争最激烈的时期进入，亏了 200 多万元；后又进入微博直播，又亏了 100 多万元；2020 年开始做抖音，一样还是不见大的起色。按说其每一步都抓住了热点，但为什么没有成功？

这就需要熟知各平台的特点、优势、模式等情况，并根据自身情况进行选择，深耕运营。本章就介绍一下各主要短视频直播平台特点优势、面向人群、发展的机遇、未来趋势等。

8.1 渠道选择

8.1.1 短视频和直播平台发展概况

1. 短视频平台发展历程

第一阶段（2011—2013 年）：雏形期。出现了 GIF 快手、秒拍等初期平台，也有优酷、爱奇艺、搜狐视频等长视频平台。手机视频用户渗透率为 49% 左右，UGC 创作更多以个人为主。

第二阶段（2014—2017 年）：高速成长期。内涵段子、西瓜视频、美拍、小咖秀等平台的手机视频用户比例达到了 80% 以上。其中快手成为该领域头部平台，用户渗透率占比超过了 51%。

第三阶段（2018 年至今）：成熟期。2019 年短视频用户体量已经超过 8 亿人，以抖音和快手为代表的短视频平台成为主流平台。以快手为例，平台原创作品从 2018 年 12 月的 80 亿条增长到 2019 年 6 月的 130 亿以上，增速超过 60%。专业 MCN 机构、媒体机构等都加入创作大军，平台迎来了最繁荣的时期。

2. 直播平台发展历程

第一阶段（2016—2017 年）：初创期。在此之前刚刚结束了千播大战，以娱乐直播为代表的平台陌陌、花椒、映客等笑到了最后。2016 年以蘑菇街直播和淘宝直播推出为代表，电商开始进入直播购物的时代，各平台都在摸索这一新的卖货模式，直播只是增强其工具属性，内容创作、运营机制都不完善。

薇娅就是这一时期进入淘宝直播的，第一场直播，只有几千名观众，但是四个月后，薇娅就用一场直播引导了 1 亿元的成交额，最终 2016 年平台 GMV 过 100 亿元，淘宝直播也迎来了高光时刻。

第二阶段（2018 至今）：成长期。4G 的全面普及和 5G 的加速推广，奠定了直播的数字基础设施。这个时期，淘宝直播取得了该领域头部平台地位，出现了薇娅、李佳琦为代表的头部主播。抖音、快手等纷纷进入这一赛道，电商直播平台进入百花齐放的时代。各平台 GMV 从最初的不到百亿元，飙升到了 2019 年的 4000 亿元，2020 年预估过 8000 亿元。

除了电商带货，也融入了很多新的玩法，直播结合明星也朝着用户与专业生产内容（User And Professional Generated Content，UPGC）综艺化方向发展。

8.1.2 如何进行渠道选择

每个时代有自己的特点，风口就意味着机会，很多风口和国家政策背景、技术创新迭代都紧密相关。20 世纪 90 年代，改革开放大背景下，市场刚刚起步，开个档口、开个店就能赚钱。随着互联网兴起，出现了阿里巴巴等电商平台，网上开店又成了明智选择，做国内市场和国外贸易带动了另外一批人富裕起来。再后来，消费者开始重视品牌，电商又迎来了连锁店和天猫等品牌力量崛起。

进入 2020 年，特别是在“后疫情时代”，我们彻底迈入了视频化时代。短视频满足了人们碎片化时间的娱乐消遣需求，直播等长视频又让特别需求场景得到了满足。淘宝、快手、抖音综合性平台把基础设施搭建得非常完善了，了解平台特点后，就应该清楚自身擅长做什么，去适应平台的规则，发挥优势，顺势而为，成功就可期。

我们可以从资金优势、技术能力、内容创意、独家资源等四个方面来判断自身的优势在哪里，然后就是选择好平台，马上行动。如何定位好公司项目的业务中心，聚焦单点突破，这里不展开讨论。

大多数人可以从三个方向进行选择：第一，内容创业，如运作短视频账号，形成 IP，聚集粉丝后再去变现。第二，有资金和供应链优势的，可以直接选择直播带货，找到好的主播和执行团队积极行动。第三，围绕平台和机构达人做服务的事情，没有风险也没有太高收益。

8.2 直播与短视频的主要平台

目前，直播与短视频平台有上百家，按大类区分，可分为电商属性的平台和内容属性的平台。电商属性的平台更多是在原有电商平台基础之上建立的，内容属性的平台也多是由社交属性的短视频平台发展起来。

侧重直播带货平台：如淘宝直播、抖音直播、快手直播，这三家基本占据了直播电商 70% 以上的市场。腾讯直播推出也是跟淘宝直播对标竞品，当然还有微信生态各小程序直播也多是指向了电商带货，还有爱逛直播、有播等；独立平台，有蘑菇街直播、京东直播、拼多多直播、苏宁直播，等等。

侧重内容平台：如 B 站、抖音、快手、微视，侧重做娱乐直播的有陌陌直播、花椒直播等。当然抖音、快手也有才艺娱乐直播，都在争抢之前的秀场市场。还有如做赶海等生活趣味内容的西瓜视频、做时尚明星内容的微博、做图文点评的小红书等。内容平台有了流量和头部达人后，除了广告收益模式，还有电商带货，这里面有红利期的平台，就有创业者的机会。

其他平台流量有限，更多的是依赖资源关系去做业务，适合追求业务稳定的创业公司进入。以后也有做大的可能，特别是腾讯系的平台，不可小觑，毕竟坐拥腾讯 12 亿流量池，拼多多早期就是靠在微信里拉人头发展起来的。

从趋势来看，淘宝以后也会面临比较大的压力。淘宝最大的优势还是货品和 20 年建立起来的庞大电商基础设施。快手联合腾讯系电商也拥有下沉市场人群优势。抖音有内容和电商双轮驱动，抖音和淘宝的合作又面临很大变数，抖音在加快形成闭环，淘宝也不会甘于做抖音的供应链下游的角色。未来各平台之间对优质供应链、达人等稀缺资源争夺会愈演愈烈，大平台的“选边站队”已不可避免。

8.2.1 抖音短视频+直播

抖音从建立之初，就以算法驱动内容升级，作为记录美好生活的倡导者，目前其用户在一、二线城市的占比较大，日活跃用户数量达到了 4 亿，直播活跃粉丝过亿。地铁、高铁上人们打发时间在看手机，从之前的追剧变成了现在的刷抖音。

2019 年 4 月，抖音宣布引入 1000 家公会，强化直播作为商业化场景的功能，从流量层面给予支持。在 2019 年 8 月 24 日召开的创造者大会上，抖音又一次强调了直播业务。事实上，整个头条系都在力推直播，将直播放在了非常重要的位置。比如，字节跳动搭建直播大中台，对抖音、西瓜、火山等 App 的直播业务进行整合。

在抖音平台，头部用户发挥了极其重要的作用，因为头部用户利用自己高质量的内容给抖音带来源源不断的流量。对高质量的内容，抖音平台会给予重点关注，分拨更高的播放量级。那么，抖音如何判断一段内容的质量呢？首先，抖音智能推荐会将这段内容分发给 100 个用户，再根据用户的偏好进行二次分发，利用阶梯式的推荐制度保证内容质量。这样一来，抖音利用产品鼓励创造，打造并留住头部用户，再利用头部用户生产的内容吸引流量，进而形成自己的生态圈，为抖音内容电商的搭建创造良好的条件。爆款视频依据平台流量的分发机制，逐级加热，一夜暴涨百万名粉丝的案例比比皆是。从之前的“网红”温婉到 2020 年的明星流入驻抖音，都在延续这样的爆款逻辑。

据公开数据，2019 年字节跳动实现 1400 亿元营收目标，2020 年再增加 1000 亿元营收目标。作为品牌营销的主阵地，广告变现仍然是平台当前营收的大头，但是广告增收已经遇到瓶颈，特别是2020年新冠肺炎疫情背景下，广告商普遍压缩了广告投放预算，如何在电商上突破，必然成为字节跳动的战略选择。

从2020年6月初，抖音电商部门成立，到巨量商业化把电商作为重心，平台规则把外链商品政策做针对性调整，都在加速电商的进展。2020年4月1日，抖音带货“一哥”罗永浩首播，整场直播持续了3个多小时，累计近5000万人次观看，收获3732.7万音浪。上架23个商品，预估销售额1.67亿元，单场涨粉215万，正式开启了抖音电商化的大幕。

电商直播将是抖音最具吸引力的板块，淘系实力机构和坐拥资本支持的创业公司都在大量进入抖音，带来了成熟的供应链和人才支撑，特别是2020年线下商场专柜品牌很多选择了和抖音达人带货合作，动辄过千万甚至上亿的带货量让人咋舌，给抖音的粉丝做了购物习惯培养，凸显了抖音的后起爆发优势。平台也崛起了如罗永浩、朱瓜瓜、韩国媳妇大璐璐等一众实力主播，支撑了平台的达人生态繁荣。

抖音之所以能带动人们消费，与其本身的用户属性关系密切。在抖音平台的所有用户中，女性用户占比66.1%，30岁以下的年轻用户占比93%。从购买力与转化角度来看，抖音的流量质量非常高，抖音发挥自己超高的用户活跃度及病毒式传播方式为内容电商的发展创造了极好的条件，为商家开启了一条全新的电商渠道。

下面分析一下平台上各生态的角色的现状。

• 抖音短视频对于有创作能力的公司仍然是较好的红利，比如2020年很多家庭情景，如韩国媳妇大璐璐、郑建鹏 & 言真夫妇，美食账号如丽江石榴哥等就乘势而起了。

• 秀场类的直播公会日子不太好过，这种机构对平台意义不大，分成比例年初被平台直接严格限制，甚至出现了月创收百万元，公会分红只有一元钱的窘状。

• 一些供应链直播基地进入抖音会有新发展机会，他们大多是淘系直接进入，直播电商相对都比较成熟。快速对接上达人就能有不错的产出。

• 媒体、政府相关带货直播活动，包括一些媒体号、政府政务号入驻，也有结合地方产业带的直播落地。

• 技术服务商同步发展，例如飞瓜数据、蝉妈妈、新榜、管盈云等。

• 当然还有庞大的商家和品牌要进入抖音，代运营服务会有一波大的井喷需求。抖音代运营不像淘宝，对运营公司的内容制作能力、流量运营能力都有较高要求。

8.2.2 快手短视频+直播

快手倡导“记录世界记录你”，平台更加强调社区文化和老铁经济。与抖音同为技术驱动的公司，快手更强的是在人设，更像是一个视频社交平台。

快手以下沉市场为主，弱运营管控，基于社交和用户兴趣进行内容推荐，主推关注页推荐内容，同时加深主播和粉丝之间的关系——黏性。快手主播有较强的粉丝积累，也就是快手标签的“老铁关系”。对品牌而言，选择快手作为直播阵地，前提是有一个足够扎根的“老铁”。“老铁”们对内容创作者有较高的认同感，无数个“老铁”虽然月收入不高，但是愿意为自己喜欢的“大哥”打赏。

快手平台上也出现了风格鲜明的主播。正是平台的偏记录、偏江湖草根属性，往往容易出现价值观导向问题，例如，封杀 MC 天佑等一众主播，也包括 2020 年封禁的吃播主播。规范后，平台继续迅猛发展，主播和商家都在经营自己的私域流量，“老铁”们的消费力也是超强。

可以说，快手是平台中不多见的真正做到了有血有肉的社区文化驱动，在下沉市场特别是北方拥有很好的群众基础。与抖音类似，借助短视频红利的快手也在短短几年内迅速发展壮大。不过快手更加生活化、接地气，很多三、四、五线城市用户将其作为朋友圈。

市场研究发现，手机上安装了抖音 App 的用户，有很大概率同时安装了淘宝、蘑菇街等电商 App。但快手用户并非如此，很多快手用户可能还未曾使用过淘宝、支付宝，与淘宝相比，他们更倾向于使用拼多多。不难发现，在抖音平台中，滤镜美颜是主播的标配，而快手则更加真实，注重展现全国各地的淳朴风情。当然一、二线人群和抖音用户也有高度的重叠。快手抖音化、抖音快手化，两个平台都在互相借鉴各自的优势，弥补人群和内容创作上的短板。

快手商业化不是特别清晰，电商带货基本被几大家把控，中小商家只能靠低端货品生存。当然快手给中小主播也留下了生存空间，如2020年遥望机构重点培养的“瑜大公子·乘风破浪”，目前粉丝数为661.5万，视频作品主打护肤产品测试，大多以主播亲身体验护肤产品为主，视频制作还节选部分主播在直播时有趣的镜头，以及主播与部分知名明星的互动。主播的详情页面上写着17岁开始护肤，有13年美妆护肤经验。在详情页写上自己的突出履历对带货也是一大助力，明显地提高了用户的消费信心，为那些犹豫不决的用户打了一剂强心针。2020年6月7日，快手“616品质购物节”迎来瑜大公子全明星美妆卖货专场。从7日中午12点开始，快手主播瑜大公子联合李斯羽、徐海乔、王耀庆等明星开启直播，直播中售卖了迪奥999唇膏、圣罗兰小金条、SK-Ⅱ神仙水、兰蔻小黑瓶等上百款商品，最终该场直播成交额超5100万元。

2020年，快手直播重点在布局产业带直播，也出现了一些产业带基地，如东北佟二堡，浙江义乌北下朱、山东临沂服装城。这些地方的草根创业者都获得了不错的收入，也支撑了地方经济产业升级需要。另外，个体创业者也可以选择在快手直播带货。义乌福田街道的北下朱村，距离义乌国际商贸城仅2.2公里，周边有着非常浓厚的商业气息，交通便利、物流发达，为网红直播带货带来了先天优势。走进北下朱村，几乎每栋楼商铺外面都张贴着关于直播与网红的标语，比如“对接各大直播渠道”“厂家直销一手货源”等。店铺虽小，但直播电商配套非常完备，每个店铺内都配备了直播间、产品展示区、办公区等。很多来自浙江义乌的小卖家也借助快手直播将各类商品销往全国各地。义乌北下朱村被称为“网红直播”第一村，全村从事网络直播电商行业的人占总人数的94%，其他人也主要是从事超市、餐饮、鲜花店等配套行业。

8.2.3 淘宝直播

淘宝直播是阿里巴巴推出的直播平台，定位于“消费类直播”，用户可边看边买，涵盖的范畴包括母婴、美妆等。

淘宝直播2016年3月份试运营。2016年4月21日，在papi酱的拍卖活动中，有50万人通过淘宝直播平台围观了该次活动。至2016年5月，淘宝直播，主播数量超 1000 人，每天直播场次近 500 场，其中超过一半的观众为 90 后。但业界传说，淘宝直播第一年发展比较艰难，投入了淘宝网不少流量资源，GMV 只做了不到 100 亿元，项目差点被砍。

2019 年 1 月，在淘宝直播机构大会上透露，淘宝直播独立 App 将在春节前正式上线。

2020 年 3 月 30 日，在淘宝直播盛典上，淘宝内容电商事业部总经理俞峰宣布，2020 年，要打造 10 万个月收入过万的主播，100 个年销售过亿的 MCN 机构，并发布 500 亿资源包，覆盖资金、流量和技术。其中针对技术，俞峰表示，将整合阿里巴巴经济体内所有资源，让优质内容和直播间被发现，将投入百亿级别流量。

作为电商直播第一大平台，淘宝直播始终以“让天下没有难做的生意”为己任。直播作为一个独立的商业体是很难赢利的，如果作为电商平台的一项功能，与卖货联系在一起，就会发生奇妙的变化，甚至会颠覆现有的购物形式。

虽然淘宝直播在内容短视频创作领域没有太多亮点，但是淘宝人群具有电商购物属性，电商人群覆盖仍然是各大平台第一，特别是淘宝网月活跃用户 8.46 亿（2020 年 3 月数据），现在的直播日活跃用户数量在千万级，是高度中心化的流量平台，依托自身流量和外部平台流量作为流量分发的基数，且用户多以一、二线城市为主，三、四、五线下沉市场也有覆盖。淘宝直播 2020 年有望冲击 5000 亿 GMV，[①]可以说，在未来 3 年到 5 年淘宝直播在直播电商平台中仍处于领先地位。

淘宝通过建立直播入口，可以直接将货、人聚集在一个场景中，对品牌而言，是理想的线上销售场景。有了流量支撑，出现平台头部主播也是必然结果。淘宝一姐薇娅坐拥 3000 万名粉丝，每场开播有上千万人观看，平均单场带货近亿元，一个人全年 GMV 过百亿元，超过了蘑菇街这样的中等体量直播平台。薇娅背后是几百人的团队在支撑，几十万个供应链品牌在提供充足的货品来源。

淘宝平台上的主播与其他平台的主播不同，他们更像线下商城中的导购或者柜台专员，用亲和的态度、专业的术语向用户介绍产品，有时还会亲自体验。在直播过程中，主播还会与用户互动，查看用户的评论，回答用户的问题，就像两

---

① http://finance.sina.com.cn/stock/relnews/us/2020-09-03/doc-iivhuipp2320428.shtml。

个人在非常认真地面对面沟通一样。

淘宝直播作为淘系最高效率的流量变现机器，或者叫“绞肉机”更贴切，随着平台流量开始往头部主播和商家倾斜，已经不适合一些新的创业公司进入。甚至淘系一些腰部主播如董小姐、焦娇等开始出逃到抖音，都在说明淘宝的达人体系日趋有利于头部达人，生态内的达人竞争惨烈，还要给百万个商家和明星开播提供流量。但对品牌方来说，淘宝直播仍然是可以进入的平台，毕竟电商成熟，也是实力品牌能快速做到品销合一的不容丢失的渠道。其他仍然存在的机会，还有商家代播服务、供应链基地等。

2020 年，平台在做一些改进措施，扶持更多新的业态进入淘宝直播，如商圈、本地生活，淘系其他产品线的融入，都给平台的生态进一步发展带来了可能。例如，银泰力推的喵街和喵客联盟，云创直播小镇的新零售直播模式，都在淘宝直播的生态里面发展得相当不错。

8.2.4 B站（bilibili）

B 站是 bilibili（哔哩哔哩）的简称，创建于 2009 年。B 站作为年轻人偏爱的平台，一直以 ACG（动画、漫画和游戏文化）为核心标签，是一个高黏性、高活跃度、高内容质量的弹幕视频社区。用户画像为一线及沿海城市“90 后”，视频内容以动画、游戏、生活类为主，二次元周边、IP 衍生品带货潜力大。

2018 年，B 站上线店铺功能，UP 主（上传视频音频文件的人）可以在 B 站内直接卖货。2019 年 B 站推出 UP 主入淘“千咖计划”，鼓励知名 UP 主建立淘宝达人账号，将粉丝引流至淘宝带货。

根据 B 站 2019 年第四季度财报数据显示，第四季度月活跃用户数为 1.3 亿，相对比第三季度（1.28 亿），拥有万粉以上 UP 主数量同比增值 75%。

UP 主与粉丝的关系黏性强，出现了 UP 主带货现象级事件。以女性用户为主要受众的时尚板块，被 B 站用户称为“草海”。除时尚美妆外，生活版块也出现了带货 UP 主。

据相关数据显示，2018 年 B 站直播中，生活类直播和视频成为增长最快的一个品类，同比增长达到 80%，成为播放量和内容数量增长最快的品类。美食和宠物用品成为最受欢迎的两大品类，各种零食、炊具、猫粮、猫砂成为热门种草商品。同时，由 UP 主带动的 ACG 相关的 IP 衍生品，如汉服、cosplay 服装、手办、Lolita 裙等也成为热销产品。

目前，平台又新增了音乐、科技、游戏、时尚、数码、广告区等，UP 主进行差异化的内容创作，拥有更多营销机会。直播带货也是 B 站重点推动的一个业务方向，平台将给予 UP 主和品牌更多的创作激励措施和流量机会。不同于其他社交平台，目前，B 站对于站外导流没有限制，UP 主可直接为其他平台或者电商引流。

所以，B 站的内容电商和直播带货，具有其独特的价值和特殊群体的流量。

8.2.5　视频号与腾讯系直播

腾讯和阿里一样，是个经济体平台。背靠微信 12 亿个日活跃用户，2019 年小程序电商已经达到了 8000 亿交易额，作为中小商家也包括微商群体活跃的平台，造就了无数创富神话。

腾讯系平台主打私域直播，既有腾讯直系的腾讯直播、微视、微信视频号，作为打头阵的产品，对抗抖音和淘宝直播，也有一众投资的腾讯系的友军产品助攻，大平台快手、拼多多，还有一众基于微信小程序的直播平台如有播、特抱抱、爱逛直播等，特别典型的就是爱逛直播，基本成为微信生态商家直播首选，特别是大型连锁商贸企业对其十分钟爱。小程序直播将是 2020 年腾讯最有机会切入电商赛道实现超越的一个机遇，下面重点介绍腾讯系直播各平台。

1. 视频号

2020 年 1 月，微信视频号开始内测，引发互联网圈非常大的关注。微信将视频号定位为：人人皆可记录和创作的平台。对微信而言，短内容一直是微信要着重发展的一个方向，张小龙在 2020 年的微信公开课上说："我们很重视人人都可创造的内容。"

微信推出视频号，一方面，是为了更好地服务微信生态，以视频号的公域流量连通小程序、微信公众号等；另一方面，是要打造一个类似抖音的短视频，形成壁垒，防止微信用户的用户数与时长资源流向外部。腾讯在视频号之前，在微视和朋友圈视频动态做过两次尝试，但都没有火爆起来，没有对抖音造成实质性威胁，视频号作为腾讯短视频的第三次反击，一定是有备而来的。

在内容呈现方式上，视频号是信息流呈现方式；在内容方向上，目前视频号上生活、新闻、知识类视频居多。

目前来看，视频号主要连接的是微信公众号。一方面，可以成为连接器，连接微信内部其他功能；另一方面，成为微信和微信创作者的一个重要变现途径。视频号在发布动态时，能带上公众号文章链接，视频号从侧面可以将流量引入内容创作者的微信公众号内，成为私域流量运营的重要手段。

在社交电商方面，视频号拍摄短视频后，利用微信群、朋友圈、公众号推广视频号，建立微信 + 微信群 + 公众号 + 视频号的私域流量生态，实现变现。虽然短时间还没有看到视频号大力商业化的推动，但其作为微信生态的重要一环，其商业价值还是值得期待。

2. 腾讯直播

腾讯直播包括看点直播和小程序直播，是腾讯 NOW 团队发起的基于微信的小程序直播平台。作为内部最早探索电商直播的业务，腾讯直播已进入生态构建阶段，进入 2020 年下半年以来，腾讯内部多个业务开始加速进场直播。其中看点直播则是腾讯内部最早探索直播电商的业务。2019 年 3 月，腾讯直播启动内测，在 7 月正式上线后不久宣布电商直播功能整体升级，并全面开放。看点直播融合平台公域流量和商家私域流量，实现了流量的高效使用和转化。

2020 年年初的新冠肺炎疫情期间，腾讯直播共计发起 350 场次直播活动，实现总销售额 2500 万元。6 月的“直播宠粉节”实现观看人次破万的直播间超过 1800 场，各品牌及商家超过 5 万个社群参与到了本次活动，活动期间下单金额突破 2 亿元；从发展进度看，腾讯直播已经完成底层工具建设，正进入生态构建阶段，并发布众多扶持政策引导商家和达人入驻。

基于微信小程序的能力，看点直播也拥有天然的社交优势，可以便捷地在微信生态中流转。微信红包等案例的巨大成功，证明了只要玩法正确、内容足够优质，是能够在微信平台产生快速裂变的。聚合头部红人和探索社交裂变玩法，对专注于提供工具的腾讯直播来说是最重要的事情。这意味着腾讯直播可以不断复制这一玩法。看点直播小程序上的直播内容是通过腾讯直播 App 发起的，通过 App 发起的内容还将被推荐到 QQ 浏览器、看点快报、QQ 看点、腾讯新闻等平台。这次活动的平台载体是以微信小程序为代表的去中心化社交平台，同时还有整个腾讯的庞大流量生态做背后支撑。腾讯直播正以底层工具的角色，连通腾讯内部众多的流量平台与交易平台。

8 月 14 日“看点直播疯抢狂欢夜”实现总计交易金额 1.05 亿元。其中由看点直播十位头部红人带来的交易金额占比达到 57%。看点直播除了选出首批 TOP10 红人外，还引入了社交裂变玩法，包括福利拼团、红包冲榜、推广员等玩法都得到应用。以微信社交平台作为主战场，实现累计分享 50 万次，影响超过 10 万个社群。有红人通过红包激励，实现人均分享 13.4 次，为直播间带来超过 1.5 万名观众。此外还有红人成功转化 378 名推广员，他们的推广使直播间人数增长了 200%，新客下单金额占直播间总引导下单金额的 26.2%。

3. 小程序直播

小程序直播组件是微信为商家提供的实时视频直播工具，可以帮助商家快速通过小程序向用户提供优质的直播内容。同时，借助小程序丰富的营销功能，使用户可以在小程序内轻松流畅完成购买交易闭环，有效提升转化率。小程序直播作为商家私域流量直播的标配，在品牌微商城支持定制开发，快速部署，在新冠肺炎疫情期间，对品牌恢复业绩起到了很大作用。已经成为商家数字化全渠道布局中不可缺失的工具。

4. 爱逛直播

爱逛直播是由有赞投资的微信直播平台，成立于 2019 年，是一个用直播与短视频来购物逛街的平台。这里有来自全世界的品牌商家和生活达人在给粉丝们推荐好物，引领生活方式。爱逛会根据用户的喜好推荐商品；用户也可以订阅自己喜欢的消费达人，他们会通过短视频或者直播分享好物。依托有赞的强大技术能力，爱逛目前是唯一在微信可以实现划屏看直播的小程序直播平台。面向有赞百万个商家的私域交换，形成了庞大的公域流量池，为商家迅速获得业绩提供了有力流量保障。爱逛平台已经有 3.8 万个品牌商家，涵盖了大时尚、大食品、大美家、大百货四大类目。目前知名品牌 TCL、雅戈尔、韩束等都已入驻平台，大型商贸连锁企业如王府井百货、百盛广场、新世界大丸百货、文峰大世界等 200 多家百货商场入驻，给平台粉丝带来了高性价比的品牌货品。新世界大丸百货以国际大牌美妆直播为特色，每月固定 3—4 场多品牌联播专场，不仅服务商场会员，更给平台粉丝带来了高性价大牌产品，在私域和公域转化方面都有不错表现，同时还带动了品牌参与直播的热情，活跃在南京东路商圈的导购直播成为新世界大丸百货一道亮丽风景线，多次登上媒体头条报道。

2020 年以来，明星直播带货火热，不过也充满了争议。平台引入了多场明星直播，包括戴军常驻爱逛直播。但对爱逛来说，明星直播的核心意义并不在于卖了多少货，而是作为一项特色内容，一方面能带动平台的流量提升，利用明星效应为品牌商家引流，另一方面是帮助平台的主播快速成长。通过平台邀约明星、商家拼团参与的方式，对商家进行费用和流量方面的支持。这样的明星直播案例还包括阿朵、袁咏琳、郑希怡、刘芸参与爱逛“芒果扶贫云超市”直播，华少参与“网游网购张家界”专场直播，李艾携手王培沂做客私席经典衣橱直播间等。

由于主打下沉市场，相应地，爱逛作为直播平台也具备几个特点：一是直播工具需要更简单上手，二是对分享裂变的要求更高。爱逛设置了一套分享推广的机制，无缝链接有赞 CPS 商品池。商家可以设置佣金，吸引用户同时成为自己的分享者——不仅商家有需求，“边买边卖”对下沉市场的用户来说也具有很大的吸引力。晓芹优选是大连成立了 20 多年的一个海参品牌，现在在爱逛平台上的海参类目中排名第一。据介绍，老板娘仅依靠小程序就达到了 1:19 的裂变率，即 1 个微信好友带来 19 个微信用户的裂变。微信直播的优势还在于简便、快捷。除了体现在传播层面，转化率的指标也很可观。用户从朋友圈、微信群、公众号等可以无缝跳转到直播间，目前爱逛平台的直播成交转化率平均为 12%—15%，最高可达 48%，给中小商家也带来了发展机遇。

8.2.6 直播电商时代，未来已来

随着技术、供应链、电商等基础设施完善，直播与短视频回归到内容创业时代，

谁能通过内容创造打造 IP，谁就能低价拿到流量红利。从趋势来看，抖音对淘宝影响会最大，经过前两年淘宝商家的合作培育，抖音已经拿到了电商的一手数据，加之算法驱动下的产品升级迭代和优质内容创造者支撑，将明显优于货品驱动的纯电商平台。

除了了解平台属性，渠道选择还要考虑区域属性。比如北京和上海特别适合内容创业者，也就是为什么北京有抖音和快手、上海有 B 站和小红书这些大的互联网平台出现。做电商运营特别适合在杭州，因为有足够的人才支撑。带货就要特别留意产业带的分布，服装供应链方面在杭州、常熟、广州、深圳，小商品和贸易产品在义乌、宁波，鞋子和运动服在莆田、泉州、成都、温州，珠宝玉石在深圳、四会、瑞丽，美妆在广州、上海。2020 年政府出台了很多政策支持，免租金、人才税收政策等，要注意抓住和掌握好的时机。

未来 10 年也将是中心化平台和去中心化平台并存的时代，兴盛优选等社交电商崛起、拼多多团购平台兴起，政府力推的政务直播、区域电商平台也将参与渠道重构，都会让互联网的世界更加多样化，也会让中国互联网掌握未来世界的话语权。商家选择、创业者选择，都要结合自身条件，综合考虑。

直播电商时代，未来已来，抓住机遇才是硬道理。

第九章

流量共生：公域与私域

随着传统互联网平台及电商平台的流量竞争日益激烈，用户获取流量的成本越来越高，甚至即使付出了高额的引流成本，依然很难获得精准的流量。

面对传统平台的流量困境，传统平台的用户与交易，正在向社交电商、直播电商转移。随着社交电商、直播电商开始迅速发展，“私域流量”乘势而起，“私域流量”的价值与优势也越来越明显。

9.1 公域与私域及流量逻辑

私域流量与公域流量是相对应的。从 2017 年开始，面对传统互联网平台流量红利消减，“私域流量”的概念开始出现并逐渐发展。

1. 公域流量

公域流量是被集体所共有的流量，是需要依赖平台给予的流量。例如传统电商平台（淘宝、京东）、搜索引擎（百度、搜狗），以及门户网站（今日头条、腾讯、新浪等），这些平台上的流量都属于公域流量，当用户想要获得流量，就需要投入资金购买，不投入购买就无法获得大的流量。

2. 私域流量

私域流量是属于单一个体的流量，是自己可以掌控，反复使用而不增加资金购买成本的流量，如社群、自媒体、公众号等。公域流量与私域流量对比如图 9-1 所示。

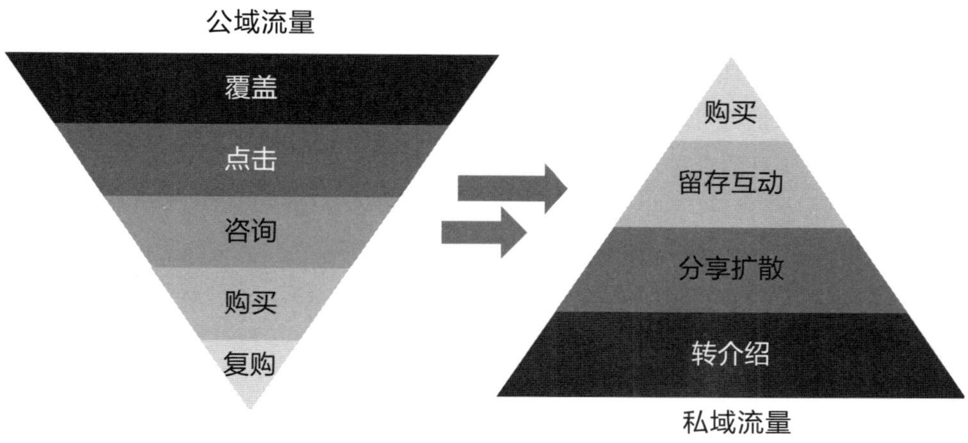

图9-1　公域流量与私域流量对比

3. 私域流量的特点

（1）自主度

私域流量的获取，取决于公域流量来源，传统流量平台、社交媒体、线下门店，以及老用户、粉丝等，都可以是私域流量的来源。

（2）黏性高

私域流量的粉丝和用户的黏性比较高。如私域流量的典型代表微信，把用户都加到一个微信号上，就可以通过发消息、发朋友圈的方式将信息、新产品等不断地发送给他们。

9.2　主要平台的流量逻辑

要做好私域流量，就要了解和掌握主要平台的流量逻辑。根据业界专家庄帅的研究，对抖音、快手、淘宝直播和腾讯直播这四大直播电商平台的流量逻辑介绍如下。

9.2.1　抖音的流量逻辑：重算法，轻粉丝

抖音的重算法、轻粉丝的流量逻辑来自于今日头条的成功，作为区别于搜索

和社交的信息推荐模型，将内容和用户进行匹配，通过系统进行精准推荐是这个算法的核心。所以有人又将这个逻辑称为：内容导向的计划经济。

抖音和头条推荐算法背后有一个简单的函数公式：$y=F(Xi, Xu, Xc)$。这个函数包括三个维度的变量，Xi 代表环境，Xu 代表用户，Xc 代表内容。

第一个维度：内容。每种内容都有很多标签，什么类别、属于什么领域、播放量、评论数、转发数等，需要考虑怎样提取内容特征来推荐。

第二个维度：用户特征。包括兴趣、职业、年龄、性别等。

第三个维度：环境特征。包括用户在哪里，什么场合，工作还是旅游，还是地铁里。

简单来说就是：我是谁？我在哪儿？我想看什么？

要将这三者匹配起来，是一个很复杂的数学问题，常用的模型就有好几种。像抖音这种数据量大、实时性强的软件，一般是多种模型混合使用。

最终，系统会根据多个因素加权计算得出一条视频的指数，然后根据指数来分步骤推荐。

第一步，冷启动。视频通过审核后，系统会分配一个初始流量池，初始流量池由两部分组成：一是该账号的粉丝，但并不是所有粉丝都能推送，要服从算法优先原则；二是可能喜欢该视频的用户。

冷启动推荐有约 300 次播放量。

首先，系统会根据数据来给视频加权计算，最核心的数据有四条：播放率、评论率、点赞率、完播率。然后做加权计算：下次的推荐量 = 系数 ×（A× 完播率 +B× 点赞率 +C× 评论率 +D× 转发率）。权重的排序大概是：完播率 > 点赞率 > 评论率 > 转发率。

道理很简单，你的视频也许是开头吸引了用户，也许是标题吸引了用户，也许是封面吸引了用户，但这些都不能证明你的整个视频质量高，只能证明某一部分吸引人。如果用户可以把你的视频看完，那说明你的视频真的是优质，所以把完播率的权重放在第一位也就不足为奇。

除了这 4 个数据外，账号的权重也是考虑因素。根据今日头条的算法经验来看，如果两个账号发同样的消息（文字可以抓取内容来分析），算法会优先采信权重高的账号。但是视频较难遇到此情况。

第二步，加权计算后，视频符合第二次推荐的要求，就会被推荐到第二个流量池，约 3000 次播放量。

然后重复第二步的操作。统计数据后再推荐，每一次推荐都会获得更大的流量。如果某一次数据不达标，那就会暂时停止，视频的流量也就止步了。最终形成了如图 9-2 所示的倒三角推荐机制。

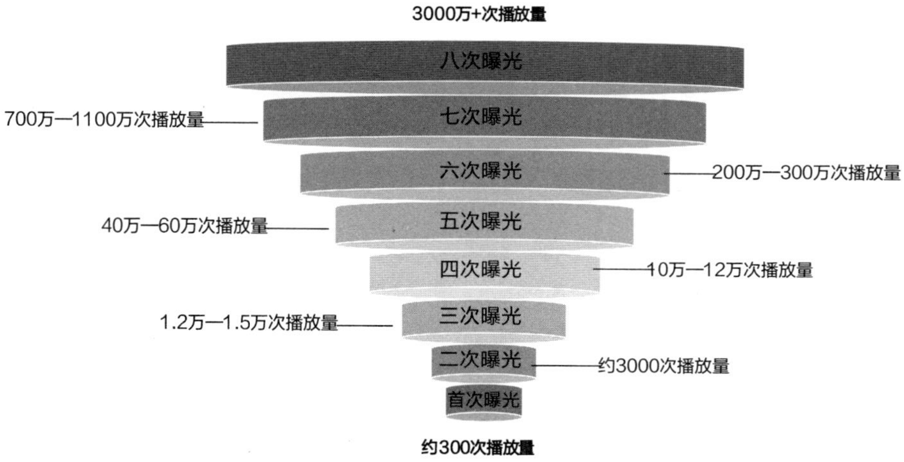

图9-2 抖音的推荐机制

以上是抖音短视频的流量逻辑，那么到了直播电商多半也会延续这个流量推荐算法，只不过直播电商还会涉及转化率、复购率等电商的参数，这些将使抖音面临新的流量分发挑战。

9.2.2 快手的流量逻辑：社交+兴趣

快手基于“社交 + 兴趣”进行内容推荐，采用去中心化的“市场经济”。平台以瀑布流式双栏展现为主，发布内容粉丝到达率为 30%—40%。

快手优先基于用户社交关注和兴趣来调控流量分发，主打“关注页”推荐内容。

快手的“弱运营”管控直接“链接”内容创作者与粉丝，加深双方黏性，沉淀私域流量，诞生了信任度较高“老铁关系”。快手的推荐机制如图 9-3 所示。

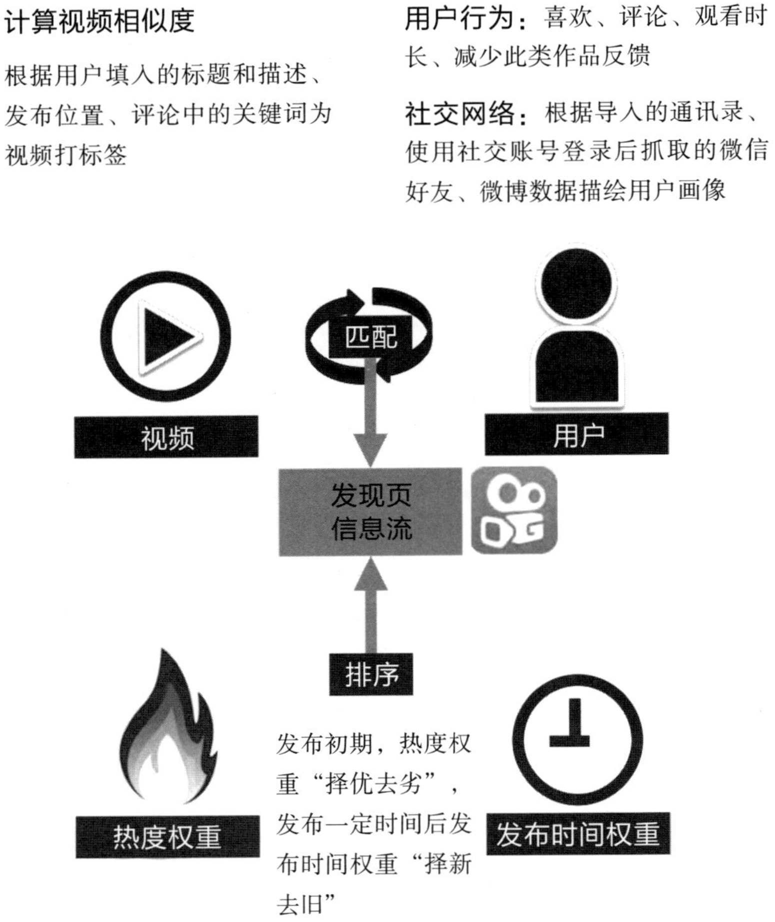

图9-3　快手的推荐机制

我们看一下快手推荐“互粉”的规则和路径。平台限制每天的关注上限是20人，并且，当关注总数到达1500人的上限之后就不再能添加了。

快手引导用户的路径是：个人设置—添加—发现好友—推荐好友。

快手的推荐机制有以下几种类型：根据你关注的人推荐；有N位好友共同关注；你可能认识的人；他在关注你。

通过“互粉”得来的粉丝，一般也比较关注“互粉”，他可能会做粉丝管理：经常查看自己关注的人是否也在关注自己，如果对方不再关注自己，那么就取消关注。

快手查看的路径是：个人设置—关注—列表中的头像下面会有一个是否“相互关注”的标签。

图9-4大概可以演示由“陌生人社交”转变为“粉丝老铁社交”，由“公域流量”转变为“私域流量”的快手流量逻辑，发帖人的“风格”/“人设”越明显、越强大，私域流量就会越紧密。

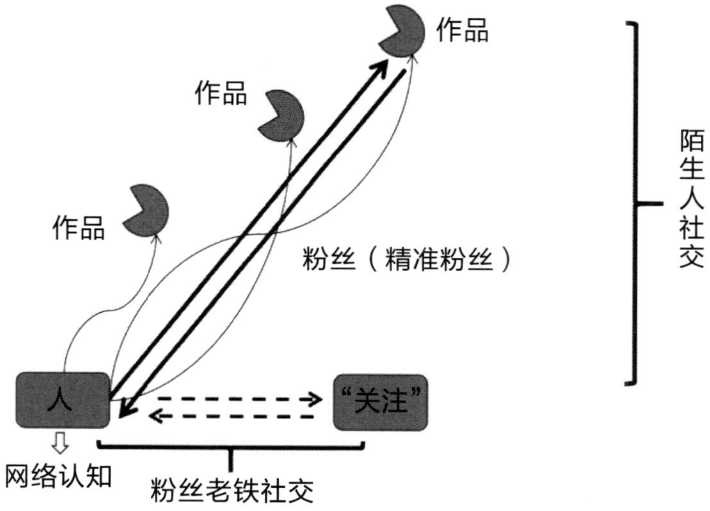

图9-4　快手公域流量转为私域流量

据QuestMobile统计，快手活跃用户7日留存率达到84.4%，位居短视频App之首，留存率仅次于微信。

9.2.3　淘宝直播的流量逻辑：主播的“经验+专业”分级运营

淘宝直播已经逐渐从内容过渡到主播的“经验+专业”分级运营的阶段。经验涉及的维度包括：直播场次+时长、平台活动完成率、粉丝留存率。

专业涉及的维度包括：单场直播栏目设置、有效宝贝投放、月直播订单、进店转化率、订单退货及差评售后服务能力。

1. 主播分级

淘宝主播分为三个大的级别：TOP主播：MCN机构、艺人、大咖、KOL；腰部主播：转化高、能力高、颜值高；新进主播：吸粉、在线时长、直播封面。

2019 年 3 月，淘宝直播推出了一个叫“主播成长”的体系，通过这个体系，主播能了解到自己等级的所处位置。淘宝主播等级是反映主播影响力的，主播想要提升自己的等级，需要积累经验值和专业分。

获得经验值和专业分的方法如下：

基础经验值任务：每开播 1 分钟即可获得 1 点经验值，每日最多获得 200 点，超出部分不再累加。

附加经验任务：直播间观众产生点赞、评论、关注、分享等互动行为后，平台给予额外经验值奖励，按日结算，每日最多奖励 100 点，超出部分不再累加。

基础专业任务：每添加 1 个商品到直播间即可获得 2 点专业分，按日结算，每日最多获得 200 点，超出部分不再累加，重复添加同一个商品不会额外计分。

附加专业任务：直播间观众通过商品列表进入店铺，或产生购买行为后，平台给予额外的专业分奖励，按日结算，每日最多奖励 100 点，超出部分不再累加。

注意事项：经验值和专业分数值会带到下一个等级去，淘宝直播的主播们累计的经验值只对主播自己有效，专业分只对主播所属专业类目有效。

4 级及以上主播的经验值和专业分数据会存储在底表，但前台只展示当月数值，用于每月 Top 主播排序。

2. 流量分配原则

除了主播的分级运营之外，淘宝平台同样有一套规则进行流量的分配，主要有以下三个评判原则。

标签竞争：直播打标签，其实是在给官方和粉丝精准定位主播的直播属性，根据主播的属性来匹配对应的流量。但是用标签的人多了，可选择范围也就多了。

层级攀登：这个毋庸置疑，爬得越高，直播权益也就越多，被官方、粉丝看见的机会就越大，自然流量也会往高层级的主播或者店铺身上倾斜。

活动排名：淘系举办的大大小小的活动，各种主题直播与月终排位赛，都是一次次洗牌过程。把官方活动、官方任务完成得越优秀，排名越靠前，证明越有实力，不会浪费官方辛苦“买”来的流量，在主播身上能得到相应的投入产出，在分配中也会更被“偏爱”。

在流量竞争过程中，合理运用直播标签、层级攀登、活动排名等几个核心动作，可增加上排名榜的机会。

直播界的“按劳分配”，永远是留给少数“冒尖”的人。

3. 做好直播体系的内容系列

当然，在淘系里，流量倾斜的判断点，同样会以内容建设为核心的。所以，做好内容建设是提升流量的核心点。

如何做好直播体系的内容系列，可以从以下几个方面来评判。

内容能见度：即内容所能覆盖消费者的广度，主要是通过直播间浮现权重和微淘触达的人群，被覆盖的人群受众越广，内容能被看见的概率越大。主要考察直播的运营能力。

内容吸引度：以在单位时间内，粉丝能否在直播间进行停留、购买，以及互动动作（评论、点赞、分享等）作为考量，多取决于直播氛围、产品选择和主播引导。主要考察的是产品构成及主播吸引力。

内容引导力：与内容吸引度息息相关，是从把粉丝留住到引导其进店并主动了解商品的能力，这部分可依靠主播的话术建设来提升。主要考察话术体系构建和主播控场、吸引力。

内容获客力：代表内容与消费者购买行为产生引导转化的能力，也就是了解产品后进行了购买行为，从前期的种草到购买，通过内容获得购买商品的精准消费群体。

内容转粉力：即通过持续性的内容输出，将只是短暂停留的游客变成有目的、停留时长高的“铁杆”粉丝。

淘宝为目前直播电商模式最为成熟的平台，主要分为红人带货 + 商家自播，90% 直播场次和 70% 成交额来自商家自播。

淘宝直播进店转化率超过 60%，但退货率较高。淘宝 App 月活跃数量为 6.5 亿，淘宝直播 App 月活跃数量为 7500 万，用户基数庞大，但应用社交属性较低。

2020 年淘宝以直播店铺化为主，以流量运营私域化、主播孵化精细化、机构运营层级化为辅，继续发力直播带货。

9.2.4 腾讯直播的流量逻辑：工具化的社交裂变

2019 年 12 月，腾讯直播全面开放公测，分为看点直播 + 小程序直播。

腾讯以“看点直播”的工具形式为主，通过已有的个人微信、朋友圈、公众号、微信群、企业微信和投放腾讯广告（广点通），以“去中心化”的方式由主播自行获取平台流量。

2020 年微信小程序的布局重点是建设商业场景，推出最新的官方小程序直播组件“看点直播”，帮助商家打造属于自己的商业闭环。

微信采用 S2B2C 模式，平台用户的高黏性、私域流量的高信任可带来电商的高转化、高复购，未来在电商直播市场的表现值得期待。

9.3 如何从共有平台引流私域流量

随着电商社交化、内容化、去中心化的发展，平台对商家及消费者的强控制力开始逐渐下降，使品牌、商家与消费者产生直接联系并进行销售转化的效率更高、成本更低。在流量获取到转化运营的过程中，私域流量的价值不断上升。

想要拥有自己的私域流量池，就必须学会去共有平台引流私域流量。通过不断地把公域流量转化为私域流量，才能打造一个稳定的、高质量的私域流量池。

那如何在星际浩瀚的互联网平台中，选择符合自己引流私域流量的平台呢？

这需要结合不同的平台特点具体分析。不同类型的平台因其发展阶段、产品基因的不同，其用户体量、增速、时长、黏性、粉丝质量也会有明显差异，对私域流量的运营有根本性的影响。

1. 视频平台

视频，尤其是短视频已成为当前的流量高地，是引流私域流量的首选。例如，抖音、快手、微视、西瓜视频等热门平台，尤其是抖音，最新的数据显示，抖音日活跃用户数量已经突破 4 亿。面对每天 4 亿的流量，可以抓住短视频的流量红利，开拓自己的私域流量池。

在短视频热潮带动下，传统视频网站也是非常好的流量平台。例如，爱奇艺、腾讯、优酷、B 站等都是非常不错的视频引流平台。

2. 微信平台

微信的公域流量主要是内容平台（公众号和视频号）和个人朋友圈（对平台来说是公域，对个人来说是私域），品牌商家可以通过免费的内容形式（图文和短视频）、社交关联形式（微信群加好友、创建新微信群）获取私域流量，转化成个人好友和公众号粉丝。

当然，也可以通过腾讯广告平台——“广点通”或公众号后台广告主投放广告，以付费的方式从其他公众号和个人朋友圈获取公域流量，转化至自己的公众号，或直接调转至小程序进行转化。

微信的公域流量至私域流量的运营逻辑很简单，即以各种工具为载体，将免费内容和免费社交关联与付费广告进行结合，既满足了头部品牌高效率获取私域流量的需求，又满足了小微品牌免费获取私域流量的需求。

3. 自媒体平台

微博、微信、头条号、百家号、搜狐号、小红书等都是目前流量比较大的自媒体平台。想要在这些平台上进行引流，首先要运营好自己的自媒体，每天发布原创、有价值的文章或内容，加强自媒体的内容运营，通过内容植入及粉丝互动，进行精准流量的引流。

4. 传统平台

一些传统的互联网平台也是引流的选择之一。除了自身在平台上的优势，选择平台时还要评估平台的流量和价值，最简单的评估方法就是看平台的权重。可用百度对网站进行的综合评价分数（0—10 分）来评估。分数越高，权重就越高，在平台上发布广告或内容的价值就越高，引流的效果也更好。

5. 知识平台

知识平台是目前流量比较大的平台之一，如知乎、豆瓣、喜马拉雅、蜻蜓 FM、荔枝、得到等，同时也是非常不错的流量平台。

第十章

矩阵运营：直播与短视频的跨平台运营

矩阵运营就是在各平台以不同的形式或者内容进行布阵（占位），触达目标用户群体进行运营工作，在矩阵运营中可根据需要建立全网布局矩阵、纵向布局矩阵、垂直布局矩阵等。

矩阵运营是有效引流的方法，可以达到流量共享、相互补充、共同提升的效果。矩阵能形成合力传播，使传播效果倍增，放大营销效果，提升知名度和影响力，促进销售转化。

进行矩阵布局运营时，需要注意各平台的政策与规则，依法守规地进行矩阵运营，防范因违规而导致的限流、封号等风险。

10.1 短视频矩阵布局与定位

10.1.1 如何进行矩阵布局

1. 全网矩阵布局

全网矩阵布局是指在整个互联网平台进行布局。全网矩阵布局不仅是在短视频平台进行，还包括视频网站、社交媒体、搜索、自媒体等，只要是用户流量大并且与自身定位相符合的平台就可以布局占位，进行内容的分发、矩阵运营。比如注册运营抖音、快手、淘宝直播、视频号、头条号等直播与短视频号，以及微博、微信、百家号、豆瓣、知乎等。同时，问答平台也是可以快速吸引流量的平台，如百度知道、悟空问答等。

全网矩阵一般是较大企业和专业机构采取的布局策略，需要有专业的团队运营。

2. 纵向布局

纵向布局是指在一个平台体系内，多个平台（产品）进行深度布局。可利用平台自身产品之间的互通性，实现纵向矩阵。纵向矩阵布局需考虑平台的流量、实力、行业地位等。例如，字节跳动旗下拥有的抖音、西瓜视频、火山小视频、头条号，在此平台体系进行纵向矩阵布局就是一个比较好的选择。

3. 垂直布局

垂直布局是在一个平台内进行多账号的布局。例如，在抖音上注册多个账号进行矩阵运营。

10.1.2　矩阵中账号的定位

构建矩阵的基础是账号，矩阵运营的核心就是账号运营。那么，矩阵中的账号如何定位和布局呢？

1. 专注、垂直

一个类别的账号专注一个领域，无论是主账号还是子账号，其定位需要专注、垂直、统一。比如，主账号专注于汽车，子账号分散于教育、旅游、娱乐等内容定位，这就会造成定位混乱，各账号难以形成合力。

2. 特色、互补

在专注的同时，各账号要各具特色，形成互补。比如，汽车行的账号布局，可以建立汽车行业号、汽车专家号、汽车企业号等账号。行业号定位行业资讯、政策等内容，专家号可以定位解读市场、趋势、购车等信息，企业号定位企业动态、品牌、产品等。

3. 协同、关联

矩阵中各个账号需要具有协同性和关联性。包括在定位及运营上的协同、在内容上的关联、目标粉丝群体的相近等。

10.2 短视频矩阵模式

10.2.1 常用矩阵模式

1. 集群矩阵模式

集群矩阵模式是指首先建立主账号,然后再建立若干相关联账号的矩阵模式,构成集群矩阵体系。例如,企业可以先建立一个企业账号,然后再建立各主要产品(或品牌)的账号,这样可以强化各产品的特点,加强对关注产品的粉丝的影响与互动。

地方政府较多地采用集群矩阵模式,首先建立地方政府主账号,然后建立旅游、美食、交通、平安、政务等账号,形成信息发布、特色推荐、政务服务、民众互动等矩阵运营体系。

2. 品牌矩阵模式

品牌矩阵模式就是建立品牌风格一致的系列账号矩阵。这种矩阵运营可以极大地提升品牌在平台上的曝光率,通过统一的品牌形象账号,进行矩阵运营。

3. 核心矩阵模式

一个核心账号和若干子账号组成矩阵。核心账号发布内容后,其他子账号可以进行联动转发,也可以根据情况进行内容的重新编发,通过矩阵整体优势,扩大内容覆盖面,从而多次触及粉丝,形成持续影响力。

4. 软硬兼施模式

建立“一软一硬”两个账号,所谓“一软”就是以发布内容为主,可主要发布创意内容、品牌文化等;“一硬”就是以产品为主,可以主要发布产品、广告、带货信息等。两个账号各有侧重,相互联动。

需特别注意，要逐步开展矩阵运营，不然往往欲速则不达。矩阵运营需稳步推进，先打造一个主账号，打好一定基础并获得成功运营经验后，再推出新号或小号，进行矩阵运营。切忌一上来就注册一大批新账号进行矩阵运营，这样可能到最后一个成功的号也没有做起来。

10.2.2　矩阵引流方式

1. 热点引流

抖音热点是流量最大的来源之一。热点引流，首先要提高热点捕捉的效率和准确度，选择适合自己账号的热点，并非每个热点都要追。

确定选择的热点后，要抓住热点热度时间，抓紧创作视频内容，视频标题、内容、关键词应紧扣热点，以此提升作品的热点搜索匹配度、曝光度。

2. 话题引流

抖音话题也是热点引流的重要方式之一。例如，参与 2020 中国短视频大赛的创作者在发布作品的标题中加入了 # 共同战疫健康吉利 # 话题，因此用户搜索 # 共同战疫健康吉利 # 时，其作品就会出现在热点话题中。

3. 评论区引流

抖音短视频评论区是粉丝最活跃的互动场所，而且这些粉丝大多是精准受众。创作者可以在自己的视频评论区回复其他人的评论、互动、进行引流。也可以通过大号、小号共同参与评论互动，进行引流。

4. 大小号引流

大号带小号以及互推是引流最有效的方式之一。在大小号互推中，要特别注意账号之间粉丝的调性和黏性，因为粉丝调性不一样，对视频内容的喜好也不同，互推就达不到预期效果。大号带小号应选择黏性较高的粉丝账号进行，否则小号的粉丝可能会因为被推荐大号内容过多而产生反感，从而流失。

新建的小号在没有一定的粉丝数量和质量前，不要参与互推，否则不但没有效果，还会因互推的内容与粉丝匹配等原因，导致小号粉丝不涨反降。

5. 原创内容引流

原创内容引流是最强的引流方式，优质内容会吸引大量用户和粉丝的关注。优质作品往往是有情、有趣、有品、有用的内容，展现友爱亲情、风趣幽默、制作品质优美、对用户有价值等。通常比较好的原创内容会带来比较大的播放量和点赞量，从而实现引流。如果原创短视频内容兼具这几点，还可能出现爆品现象。

6. 打造 IP 引流

打造 IP 需要有持续的优质原创内容和矩阵运营。例如，文弘音乐全网打造了多个音乐人 IP 帮助自己宣传品牌（后文中会详细介绍）。

10.3 抖音矩阵运营案例

10.3.1 贵州——政务集群矩阵模式

2019 年 5 月，贵州省委网信办与抖音签署战略合作协议，贵州省 2000 家政务新媒体将集体入驻抖音，贵州也成为首个政务新媒体矩阵全部入驻抖音的省份。

根据协议，贵州省委网信办将充分运用抖音短视频平台，借助抖音的传播优势和品牌影响，全方位展示贵州社会、经济、文化、旅游等方面的内容信息，力争广泛地、创新地传播贵州发展好声音，展示贵州发展新形象，凝聚贵州发展正能量。

抖音与贵州早已有过多次合作。贵州省荔波县是国家扶贫开发工作重点县，此前，抖音公益部门为荔波策划了“荔波 DOU 是好风光”抖音挑战赛，持续引导用户拍摄短视频，宣传荔波好风光。2019 年“五一”小长假前，“荔波 DOU 是好风光”抖音挑战赛在抖音播放量突破 2 亿。“五一”小长假期间，荔波迎来逾 50 万游客“打卡”，同比增长 65.98%，旅游综合收入 5.019 亿元，同比增长 68.11%。

10.3.2 小米——企业集群矩阵模式

对企业来说，围绕企业、品牌、服务构建矩阵是一种非常好的矩阵运营模式。小米公司建立了以品牌为中心，延展至产品、服务、企业领导的品牌及企业集群矩阵模式。

好的内容虽然可以自传播，但运营同样是非常重要的，尤其是形成矩阵的精耕细“运”。小米矩阵运营传播模式如下。

第一，形成传播矩阵：小米在抖音上建立了小米、小米手机、小米商城、米家 MIJIA、小米电视等十余个账号，抖音总粉丝超过 1000 多万。

小米有两类账号：一类是官方账号，如“小米手机”，走的是冷幽默工程师的风格路线；而另一类账号，是员工账号，如“小米员工的日常”，走的是幽默搞笑风格路线。两类账号内容也不一样，前者更多的是和产品相关的视频，后者更生活化，更多的是体现企业文化，“官方号 + 个人号”同步运作，互相协作传播小米价值，形成了一个传播小矩阵。

第二，粉丝互动：多与视频下评论的粉丝互动。逗趣的话语和回复能赢来更多关注。

第三，持续更新：保持一定的更新频率既能让用户记住你，还能提高用户的观看黏性。

10.3.3 文弘音乐——品牌矩阵模式

文弘音乐工作室成立于 2006 年，为爱唱歌的人提供音乐平台。由于有了抖音，文弘音乐被更多人知道。

文弘音乐在抖音上建立了 18 个账号，除了“文弘音乐”官方账号，同时还建立了旗下 17 个艺人的账号，这些背景图风格、名称格式（艺人名 + 文弘音乐）一致的抖音号，在抖音平台上形成了文弘音乐的品牌矩阵。用户在刷到其中一个视频后，可能会按图索骥找到矩阵中的其他账号。

文弘音乐旗下艺人，借助品牌矩阵运营及用自己的声音征服了听众，因此圈粉无数，大多都已成为网络红人。@章智捷（文弘音乐）、@鱼大仙儿（文弘音乐）、

@冷雪儿（文弘音乐）、@仇志（文弘音乐）等18个账号总粉丝数突破2000万。

10.3.4 @祝晓晗、@老丈人说车——强关系矩阵模式

“祝晓晗”是由MCN机构孵化的，是讲述家庭成员父女之间故事的剧情类抖音号。从2018年5月在抖音发布第一条视频，“傻闺女”祝晓晗用一年多的时间，收获了约3000万粉丝，目前粉丝已达4500多万，获赞6.8亿，成为当之无愧的抖音网红，“祝晓晗”抖音号一跃成为头部IP。

那么，祝晓晗如何在短短的时间内走红网络？从整体来看，这得益于内容、运营、矩阵、演员等多方面。

精准的内容定位提升辨识度，鲜明的人设形象给角色注入灵魂，对评论区运营和互动的重视增强了粉丝黏性，矩阵的建立则加速了其他账号的孵化，也为内容的横向发展以及品牌生命周期的延长做足了铺垫。

第一，除了精准的定位、优秀的内容，矩阵运营是增强竞争力和加速发展的核心。与祝晓晗同属一个矩阵的还有“老丈人说车”“武悦”“徐菲菲”等账号，这些账号合作的主要方式为：评论区互动、视频中出演，通过与观众熟悉的角色祝晓晗建立关系网，从而引出新的角色和内容。

当账号发展到一定阶段、有较大影响力时，通过内容矩阵以老带新，可以让新账号快速完成冷启动。矩阵账号抱团交换、整合粉丝，也可以提升整体的内容竞争力，合作比单打独斗走得更长远。

除了内容和演员，祝晓晗的走红还离不开高互动度的粉丝群体。由于女儿祝晓晗经常被家人吐槽单身，久而久之，粉丝之间开始流行“攻打祝家庄”“女婿”等段子。而账号的运营人员也会在每期视频发布后积极与评论区的粉丝互动。

这种由粉丝自发玩梗，创作团队共同参与的运营方式，有利于提升粉丝互动意愿，增加粉丝黏性。

第二，鲜明的人设形象。祝晓晗视频中的人物形象特色非常鲜明。女儿祝晓晗蠢萌可爱，却是万年“单身狗”，经常被父母吐槽催婚，爸爸爱喝酒、藏私房钱，是个“妻管严”。妈妈虽然以画外音的形式存在，但从对话中能感觉到她掌握着家中大权，是推动情节发展的重要人物，存在感丝毫不亚于出镜的两位。扮演祝

晓晗和她爸爸的两位演员都有着丰富的出镜表演经验，在表情、动作、台词等各方面的专业度都比较高，自然的演技加强了观众的代入感。三个角色的形象都非常具有代表性，他们组成了一个和谐、欢乐的普通家庭。

第三，内容垂直化。祝晓晗从家庭短剧这个细分领域切入，准确地找到了自己的内容定位。内容主要围绕家庭关系展开，角色有女儿祝晓晗、爸爸以及画外的妈妈，视频主要展现的是一家人的有趣日常，例如藏私房钱、催婚、父女之间的吐槽互怼等。无论是场景、叙事人物还是叙事内容都有比较明显的范围限制。

第四，反转型叙事结构。反转是祝晓晗视频中采用的最常见、最典型的叙事手法。反转的本质是通过制造观众惯性认知之外的意外，增加情节的戏剧化程度。反转是否足够出乎意料，考验的是编剧的功力。祝晓晗的视频虽然大多采用反转的手法，但能够长期不按套路出牌，而且始终在观众的接受阈值之内，不会给观众造成审美疲劳，主要归功于编剧对内容的把控。

10.3.5　大号带小号模式

一些网络红人的抖音号在运营一段时间，收获了一定的成功和粉丝数量后，在遇到粉丝增长饱和瓶颈时，往往会采取再开一个或多个小号，通过“大号带小号”的模式，建立抖音矩阵。这种矩阵模式非常适合网红、大V、明星等，他们在建立大号后，可快速积累粉丝，然后再通过这些基础，建立大小号矩阵。在矩阵运营中，甚至有的小号的粉丝数量反超早期大号。

例如，比较早期加入抖音的@彭十六elf，单账号粉丝突破2000万，后来分别开拓了@彭十六的日常、@彭十六的小棉袄作为新的粉丝增长点。

10.3.6　复制模式

复制模式比较适合专业与垂直领域，在一个账号运营成功后，按成功号的模式、经验进行快速复制，建立一批关联号，构成矩阵。

例如，在@PPT之光有一定的基础后，继而出现了@Word之光、@PR剪辑之光、@Excel之光、@PS之光等系列账号。

10.3.7 团队型模式

团队型矩阵一般会有一个主账号，团队成员合力参与（出镜）主账号，主账号火爆后，团队成员可新开设各自账号，形成团队矩阵模式。这种模式下，团队成员新开号时，可以从团队主账号引流，运营成熟后可形成相互引流、互动等。

例如，在不齐舞团主账号下，有@不齐舞团团队成员号、@队长－不齐舞团、@蚯蚓－不齐舞团、@小帽－不齐舞团、@秘书－不齐舞团、@不齐舞团不太齐等。

第十一章

媒体融合：传统媒体＋新媒体＋短视频

11.1 “传统媒体+新媒体”融合发展之路

传统媒体与新媒体的融合，是国家发展的重要战略部署，也是传媒行业转型发展的总趋势。2014 年 8 月，习近平总书记在中央深改小组四次会议上提出“推动传统媒体和新兴媒体融合发展，要强化互联网思维，坚持优势互补一体发展”。媒体融合自此成为我党巩固宣传思想阵地、维护意识形态安全的重大战略，也为媒体融合发展指明了方向，自此开始了传统媒体拥抱新媒体的跨界融合之路，各级媒体根据自身的特点和发展现状，积极探索不同的融合发展模式。2018 年 8 月，习近平总书记在全国宣传思想工作会议上强调，“让党的创新理论飞入寻常百姓家，扎实抓好县级融媒体中心建设”，全国数千个县区旗融媒体中心全面启动建设，并成为中央推动媒体融合及脱贫攻坚、乡村振兴等工作的重要阵地。

2019 年 1 月，习近平总书记在主持政治局集体学习时强调，推动媒体融合纵深发展、探索人工智能运用、用主流价值驾驭算法，融媒体步入创新驱动发展新阶段。对媒体融合的布局方向提出了新的指导，县级融媒体中心的建设不再是各个地区的“单打独斗”，而是被纳入了全国各级媒体共同构建的传播网络中，成为“全国一盘棋”的关键节点。

2020 年 6 月，中央深改委第十四次会议颁布了《关于加快推进媒体深度融合发展的指导意见》等推进国家治理体系和治理能力现代化的若干文件，融媒体由此开始，逐渐深度融入了国家治理体系。

从 2014 年至今，已经有六个年头，媒体融合从主流媒体融合到县级媒体融合，各级媒体在积极响应行动，主流媒体通过对客户端、内容制作平台、数据支撑云平台等的不断发力，推动媒体融合核心产品不断发展，如《人民日报》的“中央厨房”，通过重构新闻采编播发流程，实现采编自动化、传播多元化、评估系统化，为媒体融合提供技术支撑和业务支撑；中央广播电视总台的“央视云”+“数据中台”，通过对媒体资源的采集制作、编目播出、存储与共享再利用等流程进行改造，形成了智能化、信息化、数字化的“云 + 网”制作模式，为新媒体客户端和新媒体内容制作提供支撑；新华社的“现场云”新闻在线生产系统，为入驻的媒体免费提供基于移动端的全媒体采编发功能，可以实现即采即拍即传、即收即审即发，在线生产和行进式报道的时效性得到了有效的提升。

县级媒体融合情况比较复杂，不同地域、不同级别的融合有很大的差距，县级媒体规模小，结构简单，媒体生产实践相对灵活，根据地域特色、媒体发展情况探索适合自身发展的融合模式，融合现状百花齐放，其中有三个方面是县级媒体融合的重点：受众；内容、技术平台；商业模式。以受众为中心的内容数据库建设是县级媒体发展的一个重要挑战，县级媒体在数据库的建设中相对没有优势，结合当地特点，提供用户互动服务，了解用户的需求变化和信息消费体验，提供个性化、专业化、精细化的服务是县级媒体融合发展的关键。在技术平台、内容制作方面，入驻省市级、中央级云平台，依托上级媒体的技术、人才、平台优势建设县级融媒体中心，是县级媒体融合的主要方法，如天津北辰区与天津“津云”合作建设的“津云北辰”媒体融合中央厨房，通过全区传统媒体和新媒体采编团队集体入驻“津云北辰”的方式融合全区各类媒体优质资源，进而实现对全区“播、报、视、网”媒体的集中高效指挥、协调和采编调度。基于“津云北辰”提供的强大数据分析能力和采编系统获取新闻素材，北辰区融媒体可以实现融合产品的采集、制作和发布，实现媒体内部信息有效整合，做到一次采集、多次生成、多元发布、多平台互动。

如今，媒体融合已经进入纵深发展阶段，但无论媒体融合发展到哪个时期，内容依旧是媒体融合的重中之重，积极创新的内容形式是吸引和黏住用户的关键。同时，5G、大数据、AI、VR、AR、区块链等技术的发展，是媒体融合的强有力的支撑，内容 + 技术双轮驱动，共同推进媒体深度融合发展。

在媒体融合的过程中，微博、微信、客户端是最初主要的发展方向，随着

2016 年直播与短视频的出现，现在直播与短视频成为媒体融合的一个重要方向，已迅速成为现阶段信息传播的主要方式之一。

11.2 “传统媒体+新媒体+短视频”融合发展现状

2019 年中央电视台索福瑞发布的《CSM 短视频用户价值研究报告》表明，短视频已超越了电视和网络视频，成为大众使用率最高以及最具有黏度的视频形式，行业月活跃用户规模已达 8.2 亿。抖音、快手、美拍、秒拍等短视频平台发展迅猛，今日头条、腾讯、微博等也开始着力发展短视频，短视频成为目前用户使用最广泛的新型媒体传播方式之一。各级媒体在媒体融合推进中，与短视频平台合作也已成为一个势不可当的发展趋势。

2018 年入驻快手等各类平台的媒体号和政务号超过了 8000 家，抖音上经过认证的媒体账号超过了 1340 个。

2019 年 8 月 24 日，《新闻联播》正式宣布入驻抖音、快手平台，当日在快手上发布的 4 条视频，粉丝量均超过 1637.9 万，首条抖音短视频，粉丝量近 1500 万。由此可以看出，短视频传播已经成为主流媒体传播的主要方式之一，也从中看到了媒体融合的效果和影响。

2018 年以来，各大主流媒体积极地进行短视频领域的探索和尝试，国庆 70 周年阅兵式期间，央视新闻联合快手推出“1+6”路多链直播间进行融媒体跨屏直播互动，使观看总人次突破了 10 亿人次，在线人数峰值达到 600 万。

2020 年除夕，央视春晚联手快手推出“打开手机看春晚”，实现了各终端全覆盖传播，进行了全新的互动尝试。2020 年新冠肺炎疫情期间，各种抗疫短视频成为宣传疫情防控、人民群众了解疫情发展的重要形式，给大家展现了生动形象的全民抗疫画面。

从这些主流媒体与短视频平台合作的具体案例中，可以看出主流媒体利用自身优势结合短视频的渠道推广、技术创新等方面的优势，产生了良好的传播效应，实现了互利共赢，对整个媒体融合发展产生了深远的影响。

11.3　“传统媒体+新媒体+短视频”融合发展的优势所在

传统媒体具有公信力、较强的资源优势、专业的内容生产团队，强有力的技术和平台支撑等特点。传统媒体对新闻具有较强的把控力，对受众来说，具有更强的公信力，容易得到受众的广泛认可。新闻通过短视频或直播的方式播出，更具有创新性，也能更好地吸引受众，同时在重大事件发生时，传统媒体有合法进入现场的政策资源优势，能第一时间掌握事件发生的动向，可以进行实时直播，如 2020 年新冠肺炎新冠疫情的武汉跟踪报道，通过直播与短视频的方式给公众呈现最新、最直观的疫情情况。

在内容制作方面，传统媒体有专业的制作团队，有较丰富的新闻资源，制作出的内容品质更高，较于短视频平台上的视频更有优势。传统媒体拥有着专业的设备支持和更多的技术资源，如 5G 下的超高清 4K 直播等，使得直播的场景更加震撼，给受众带来更好的用户体验。同时传统媒体拥有属于自己的渠道，内容传播更加广泛，用户可以挖掘出短视频中更深层次的内容，使短视频的价值得到更好的发挥。

11.4　“传统媒体+新媒体+短视频”融合发展中的问题与挑战

从现有的发展案例中可以看出，传统媒体与短视频融合的主要方式是传统媒体与短视频平台进行合作，传统媒体没有自己的短视频平台，因此打造自己的短视频平台是传统媒体的一个发展趋势。但是由于各级媒体的影响力不同，打造自己的短视频平台可能会出现粉丝引流不足、关注度和用户黏性不大的问题，因此大部分的媒体还是主要依靠与短视频平台合作发展，利用短视频平台来增加自身的用户关注度和用户黏性。

此外，传统媒体受固有思想的影响，存在选题创新性和突破性不足的问题，同时内容制作和语言表达方面比较正统，很难实现与新媒体受众的共鸣。因为传统媒体没有深入研究新媒体受众的观看习惯和个性化的需求，这是未来传统媒体与短视频融合发展的一个突出问题。

11.5 “传统媒体+新媒体+短视频”融合发展的前景与未来

对于传统媒体和新媒体针对短视频的融合发展趋势的前景与未来的观测，可从内容制作、平台建设和推广策划三个方面展开。

在内容制作方面，传统媒体在与新媒体短视频融合发展的同时，需要把握自身的优势和权威性、专业性、及时性、公信力，正确引导社会舆论和网络舆论，保持自身发布内容的影响力，传统媒体在视频、短视频、直播等方面都具有一定的导向性，如微信公众号央视新闻、“共青团中央”微博等。

在平台建设方面，随着智能移动终端的不断更新迭代，受众使用移动终端进行观看所占比例也越来越大，传统媒体的主战场电视、电脑等也要逐步向移动终端偏移，搭建自己的新媒体平台，不断加强对自身用户的引流，避免过于依赖第三方短视频平台；在内容播放形式上也需要不断适应移动终端播放的模式，改善用户的观看体验。

在推广策划方面，传统媒体可以利用新媒体平台的特征进行宣传策划，进而吸收更多的用户。如 2020 年 5 月 1 日，央视新闻联合国美开启的“为美好生活拼了”的网络直播，3 小时销售额超 5.286 亿元，继而 7 月 22 日又联合启动了“买遍中国——助力美好生活”全国 31 省份巡回带货直播，一定程度上为我国的经济发展起到了促进作用。传统媒体通过多种渠道进行宣传推广，吸引更多的受众，为传统媒体、新媒体、短视频的融合发展打下了良好的用户基础。

传统媒体与新媒体融合的最终目标是打造新型的主流媒体，短视频的兴起对媒体融合有着巨大的推动作用，传统媒体与短视频融合的短视频形态，构建起了新型主流媒体的影响力，对整个传媒生态、媒体业态有着深远的影响，推动着媒体融合从内容、技术、模式等方面不断地进行创新升级，推动媒体融合走向纵深发展。

11.6　案例：广电传媒创新之路——鹊华MCN的崛起

11.6.1　抖音媒体MCN十强

鹊华 MCN 是济南广电与贝壳视频共建的短视频孵化品牌，这是济南广电积极响应习近平总书记关于“加强传播手段建设和创新”“建成新型主流媒体”要求的又一重大创举，也是全国首例城市广电与头部短视频机构共建的 MCN 品牌。其业务主要包含短视频 IP 账号搭建及孵化、网红直播基地打造、内容电商、政务新媒体运营、大型活动策划及执行等，并联合政府、流量平台、传统广电传媒，对互联网平台、外部 MCN 机构、广告主、供应链及省内优质资源进行整合。成立半年多以来，全网粉丝突破 1200 万，在抖音平台每月发布的“领跑计划”媒体 MCN 榜单中均位列全国前十，是唯一上榜的城市广电 MCN 机构，是中关村数字媒体产业联盟直播与短视频专委会核心成员。

11.6.2　四个维度夯实直播电商基础

第一，内容孵化方面。截至目前，旗下已有签约账号 183 个，涵盖资讯、搞笑、剧情、母婴、健康、旅游、教育、医疗、情感、美食等领域，总粉丝量超 1200 万。

第二，品牌活动方面。鹊华 MCN 与抖音、快手、微视三大平台联手，策划推出“我的战疫生活”作品征集活动，共征集作品 61 832 个，总播放量已超 4.5 亿次，传递抗疫正能量；策划公益歌曲《防疫 Disco》，单条播放量超过 2100 万。第二季度以来，鹊华 MCN 组织的“助力湖北”“微爱助农”“广电严选嘉年华”“银座带你云扫货”“二安带你游泉城”“济南制造天下共享”“古丈茶旅文化节”“开播吧主持人”“为你读书”“我和大学有个约定”“央视带你云游山东”，参与承办泉城电商大会、网红济南城市 IP 孵化工程、中国新媒体年会等短视频、直播活动及行业盛事，均取得良好社会反响和经济效益。

第三，舆论引导方面。新闻主播劲彬在快手号坚持播报社会热点新闻，粉丝已超过 190 万；民生新闻记者晓宁通过快手挽救了一位服毒自杀的年轻小伙的生命，多位主播接连发声，救援事件在全网的关注量已经超过 1200 万；鹊华 MCN 还孵化了马欣教授、高芹医生等医疗专家学者账号，传递健康知识，助力济南打造医疗康养名城。

第四，对外合作方面。鹊华 MCN 与贝壳视频紧密合作，6 月 30 日，济南广电与行业领先的内容互动营销机构蜂群文化达成战略合作，将蜂群文化北方总部项目落地济南，在城市品牌营销、IP 孵化、产业链整合等方面深度合作，共同致力于将济南建设成北方最大的 MCN 产业集群。

“鹊华 MCN”业务发展情况被“广电独家”“传媒内参”“电视指南”等中央级新媒体平台专题报道，近期，郑州、青岛、嘉兴等多家城市广电、兄弟单位慕名来台考察交流。

11.6.3 直播电商经典案例

“鹊华严选”是济南广播电视台积极参与济南市直播经济总部基地建设、倾力打造的全国城市台首个区域性媒体直播电商平台，如图 11-1 所示为“鹊华严选”商城页面。

图 11-1　鹊华严选

平台充分发挥地方强势媒体优势，结合鹊华MCN网红孵化业务，整合广电全媒体平台和主持人优质资源，通过“媒体＋直播＋电商”模式，输出“选品、价格、物流、售后”一条龙的电商服务。“通过媒体传播品牌价值，通过电商实现商品价值”，“鹊华严选”将紧密结合市委市政府中心工作，整合济南地域物产企业，通过追溯产品的生产过程和深度挖掘品牌背后的故事，帮助“本地好企业”和“本地好产品”传播品牌文化、提升品牌内涵，为企业提供一条媒体“直播＋电商”的系统解决方案。

1. 主持人助阵商城直播——银座带您云扫货

2020年4月21日、4月24日，济南广播电视台两位当家主持人——“济南闺女”小鱼儿、新晋小花旦yoyo现身“银座云扫货”抖音直播，化身“砍价达人”，为网友送上超多福利。两场直播累计时长近8小时，总成交额突破50万元！总观看量10万＋！这种“广电＋商城”线上电商直播的模式，打破传统销售模式，用新的营销方式助推复工复产，有效促进消费扩容提质，为全市经济社会发展提供新动能。

2. 强强联合——广电严选嘉年华

2020年4月29日，济南广播电视台联合快手以及黑龙江广播电视台，共同开启“广电严选嘉年华”，以直播带货PK的形式，两台8位当家主持人连续直播7个多小时，打造了一场全方位助商的公益盛典！

在济南广电智慧全媒体中心，主持人小紫妹、yoyo、启迪和王子以直播接力的方式，向粉丝们推荐济南平阴的玫瑰鲜花饼、玫瑰花茶、湖南的特色豆干、网红薇娅曾经力荐的零食套餐等。通过火热的直播活动，更多的济南本土优质品牌为网友所熟知。

直播间里，济南广电的主持人纷纷化身生活专家、美妆达人和美食品鉴师，福利不断、精彩连连、人气火爆！主持人启迪的直播间人气登顶同时段山东榜第2名。yoyo的直播间人气登顶全国榜第9名，四场直播累计观看人数23万人。每场直播特别设置“一分钟快嘴好物推荐”PK，发挥主持人优势，带来了精彩的好物推荐赛。全国各地的网友共聚广电严选嘉年华的直播间，选购自己心仪的好物。

3. 主流媒体助力乡村振兴——建立“三涧溪”品牌电商直播间

三涧溪村正在努力打造齐鲁乡村振兴示范地。2020 年以来，济南广电在三涧溪村搭建“三涧溪品牌电商直播间”，将三涧溪村的精选产品在济南广电“鹊华严选”各个平台上架推广。当家主持人海沫、小鱼儿、yoyo 等相继走进直播间推介三涧溪村“好品好物”，叫响“三涧制造必是精品”的口号。

为了推动乡村振兴网红学院建设，济南广播电视台与三涧溪村振兴学院相关负责人确定了以正能量乡村网红为主体，以互联网为手段，以内容服务为载体，结合直播与短视频业态，与高校、科技企业、三农服务相关单位协作，有组织、有计划地培育乡村发言人和乡村网红的整体方案，制定出网红学院教学大纲。将在三涧溪村扶持乡村主播产业，吸引更多创新型人才参与到乡村振兴产业中来。图 11-2 所示为三涧溪村党委书记高淑贞正在直播推介当地美食。

图 11-2　三涧溪村党委书记直播推介当地美食

图 11-3 所示为山东省委常委、济南市委书记孙立成在三涧溪村调研脱贫攻坚及乡村振兴发展情况时，与正在直播推介乡村旅游美食的主持人小鱼儿亲切交谈。

图 11-3　山东省委常委、济南市委书记孙立成在三涧溪村调研时与主播交谈

4. 县长代言，东西协作——举办助农扶贫系列直播

鹊华 MCN 在年初率先与合作方贝壳视频合力推出商河网红副县长王小帅带货商河扒鸡的短视频，掀起了全国县长带货的风潮。推出 3 场平阴县副县长游伟民抖音带货，单场直播 80 余万人次观看，在全网推广了平阴“玫瑰之都”的品牌。图 11-4 所示为平阴县副县长游伟民正在“鹊华严选”直播间推荐平阴特产。

图 11-4　平阴县副县长游伟民直播推荐平阴特产

3 月 5 日晚，商河县常务副县长陈晓东应济南广播电视台、贝壳视频、鹊华 MCN 的邀请，走进快手平台，与主持人 yoyo 共同开启“百城县长、携手助农”快手扶贫直播首秀。仅仅一个小时就售出 6000 支扶郎花。图 11-5 所示为商河县常务副县长陈晓东在“鹊华严选”直播间推荐商河特产。

图 11-5　商河县常务副县长陈晓东直播推荐商河特产

“东西协作”电商直播扶贫专场系列活动利用主流媒体平台影响力，创新宣传手段，通过消费扶贫新模式，将古丈县原汁原味的生态有机茶呈现给广大消费者，帮助湘西古丈贫困茶农，促进茶产业的健康发展。

第十四届中国（济南）国际茶产业博览会期间，济南广播电视台举办了多场茶旅专场直播。主持人 yoyo、宏刚、苡辰分别担任“古丈茶推介官”，与古丈县茶企代表联袂直播带货，链接济南广电鹊华严选电商销售平台，打开线上新销路。古丈毛尖再一次以“代言 + 直播 + 电商”的形式，走进大众的视野，为古丈毛尖品牌背书，极大地促进了古丈茶产品的销售。

11.6.4　联动大平台，组织大型城市品牌活动

济南广电对“网红经济”这一传播方式的探索可以追溯到 2019 年。济南广电联合腾讯共同推进“中国城市品牌计划”，以“网红济南”为题，借助新兴媒体手段和网络红人资源，联动大流量平台，成功打造城市 IP。创新性地融入“红人节”

概念，首次邀请全网知名度、影响力、正能量俱全的优秀内容创作者、MCN 孵化机构嘉宾及业内大咖等齐聚济南，在腾讯全流量平台的辅助下助力城市品牌推广，这也是济南首次举办大规模的网红节日盛典。在全域媒体的传播下，活动的品牌效应陆续显现，引爆以“网红济南”为核心的热点话题，300 余家媒体进行了系列综合报道，传播覆盖人群超千万人次，掀起全网超强热度。

整合地方资源，举办大型商务及文旅活动。“二安”带您游泉城——2020 济南文旅“云端好物节”直播活动等 6 大专场 12 位主播 24 小时直播，吸引了 500 万＋网友云端参与活动，掀起了 2020 年夏天济南文旅资源直播带货的热潮。

“济南制造　天下共享”——“乐享城市礼品·济南品牌”“云”展览展示会活动 20 天，天天有直播，场场有爆品，企业参与踊跃，销售火爆。吸引了九阳小家电、华熙生物科技、华玫生物科技、半亩花田化妆品、福牌阿胶、平阴玫瑰、济阳食品、商河老粗布、章丘铁锅、莱芜深加工农产品、秦老太食品等济南本土近百家优势工业消费品、优质特色产品企业参展。

11.6.5 如何打造正能量网红矩阵

首先，建立媒体资讯类账号矩阵。主流媒体进入主战场，鹊华 MCN 旗下“济南广播电视台”与“济南电视台生活频道”“济南都市频道”等媒体号，利用自身经验与优势，迅速找准短视频领域的运行方法，每日发布新闻热点，讲好中国故事，积极传递正能量。目前，账号粉丝量均过 100 万，视频周周有爆款，其中不乏单条视频播放量过亿的作品。

其次，打造正能量主持人账号矩阵。充分发挥媒体人责任担当，鹊华 MCN 大力打造济南广播电视台主持人个人短视频账号。主持人劲彬在快手平台进行新闻播报，目前粉丝已经突破 190 万。主持人 yoyo 进行主持人趣事分享，目前全网粉丝已经突破 100 万。海沫、小紫妹、阳光、蓉儿、王子、肖雄等一大批主持人都已经在短视频平台上拥有了大批粉丝，大大增强了主流媒体的延伸力和号召力。鹊华 MCN 组织旗下知名主持人拍摄新冠肺炎疫情防控短视频，在抖音、快手等平台连续发布。总播放量超过 8000 万次，点赞量达 170 万余次。

最后，构建专家学者账号矩阵。康养济南，医教在先，以“鹊华 MCN”医疗康养大 IP 孵化，助力济南康养名城建设。首位签约的行业内知名专家，济南国际医学科学中心国际合作委员会主任、山东省泰山学者、海外特聘专家马欣教授，两个月暴风吸粉 20 万，单条视频播放量突破 100 万的多达 20 条，单条视频播放量破 500 万的有 3 条，获赞近 70 万次，在区域达人中异军突起、涨势迅猛，且内容优质、权威性强，获得“抖音山东”颁发的“山东新锐榜样创作者”奖项，在网络上掀起了一股关注全人类健康的浪潮。另外，山东省立医院妇科主任医师高芹医生签约入驻一个月以来，账号粉丝已经突破 26 万，单条短视频播放量突破 2000 万。

在未来的规划中，济南将以“国际化”“高端化”“特色化”水准，建设特色鲜明、全国一流、国际知名的全域生态健康宜居康养地、国际品质智慧创新医疗城。这无疑会吸引更多有实力的专家学者来到济南，对他们进行个人品牌的孵化打造，将成为济南市主流 MCN 机构的应有之义。

第十二章

变现之道：直播带货，短视频电商与新零售

12.1　直播带货

12.1.1　直播带货：爆发性的发展

中国直播电商市场较为年轻，最早可追溯至 2016 年，近几年呈现爆发性扩张趋势。根据艾媒数据预测，2020 年中国直播电商市场规模预计达到 9610 亿元。2017—2020 年中国直播电商市场规模预测如图 12-1 所示。

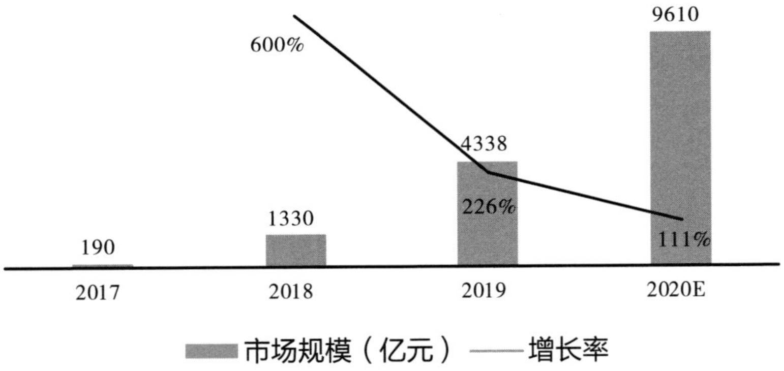

图 12-1　2017—2020 年中国直播电商市场规模预测
资料来源：艾媒数据中心（data.iimedia.cn）

直播带货平台有 20—30 家，其中最具影响力的有阿里巴巴旗下的淘宝直播间、腾讯资本入股的快手以及字节跳动公司旗下的抖音。据统计，2019 年淘宝直播带货在线交易额突破 2500 亿元。

12.1.2 直播带货的发展特点

从 2016 年发展至今，直播电商带货从不成熟到成熟，从行业混战到朝着精细化发展。直播人群从单一达人直播朝着多元化主播发展；直播内容从美妆护肤、零食、家居用品为主，朝着助农扶贫新趋势发展；随着 5G 技术的日益成熟，直播带货手段日益先进，虚拟主播、云购物、AR 试穿等日常化皆成为可能。中国直播电商行业发展历程及主要特点如图 12-2 所示。

图 12-2 中国直播电商行业发展历程及主要特点
资料来源：iMedia Research（艾媒咨询）

1. 直播人群多元化：第三方达人直播为主，品牌方自播潜力巨大

目前，电商直播带货可分为第三方达人直播和品牌方自播两种类型。谈起第三方达人直播，以李佳琦和薇娅最为出众。据 ECdataway 数据威分析，2020 年 1 月至 3 月，薇娅以 38 亿元人民币位居淘宝直播带货榜首，李佳琦位居第二，营业额为 34 亿元。最近薇娅更是因直播卖火箭销售一空，再次成为话题人物。

但随着直播带货的迅速发展，越来越多的品牌方也开始发展自己的直播。携程董事长梁建章通过 cosplay 的方式销售自己公司的旅游商品，通过 5 次直播带货活动创造了近 6000 万盈利。阿里巴巴旗下生鲜食品超市“盒马鲜生”CEO 侯毅、搜索引擎百度 CEO 李彦宏等也纷纷试水直播。除此之外，众多明星也纷纷加入直播带货行列“6 · 18”期间，王祖蓝在淘宝直播卖出上万件珠宝，林更新、柳岩等众多明星走进薇娅直播间，直播人群日益朝着多元化发展。

2. 直播内容多样化：直播助农或成为新趋势

美妆护肤、零食、服装家纺向来是直播带货的热门选品。据知瓜数据对 2019 年“双 11”李佳琦与薇娅直播的统计，其化妆品品类商品占比分别高达 82.06% 和 45.61%。但新冠肺炎疫情过后，在全国复工复产的热潮下，直播助农带货成为电商直播新趋势。据商务部数据显示，2020 年第一季度电商直播超过 400 万次，全国农产品网络销售额达到 936.8 亿元，增长 31.0%。网上直播销售成为农产品的重要销售渠道。2020 年 3 月 8 日，吉林省靖宇县景山村第一书记王德勇通过“战疫助农”抖音直播活动，推广当地优质农产品，直播累计观看人数超 161 万人，带动当地农产品销售超 3 万件，销售额达 185 万元。2020 年 2 月至 7 月，拼多多联合近 300 位市、县、区等各级主要负责人进入助农直播间带货，举办 160 场县市长直播助农活动，售出 17.4 亿斤农副产品，保障了超过 50 万农户的收入。可见，直播助农已成为直播带货的新潮流、新趋势。

3. 直播手段技术化：5G 技术助推直播带货发展

随着 5G 技术的发展，高速率、大容量的特性为直播带货中虚拟主播所需场景提供了可靠的技术保证。主播将不受场景限制，在院子、街道、公园、购物中心、体育场地和音乐会等地可随时随地进行长时间直播。5G 技术也能大大提升直播声画质量，加上 AR 与直播的结合，用户将获得全新的感官享受和互动体验。2020 年 6 月 8 日，虚拟偶像“初音未来”正式入驻淘宝直播，入驻不到一周，人气在天猫 6·18 明星榜上已经超越王一博、朱一龙等明星。可见虚拟主播发展态势良好，变现之路极其可观。

12.2 短视频电商

12.2.1 发展潜力巨大的短视频电商

根据中国互联网络信息中心（CNNIC）发布的第 46 次《中国互联网络发展

状况统计报告》，截至2019年6月，我国网络视频用户规模达8.88亿，较2020年3月增长3777万，占网民整体的94.5%；其中短视频用户规模为8.18亿，较2020年3月增长4461万，占网民整体的87.0%。短视频发展潜力巨大，继直播带货后，短视频也成为电商卖货重要渠道之一。其中，最具代表性的就是2018年3月抖音率先与淘宝达成合作。在抖音用户的主页上通过“加入购物车”功能即可导入设定的淘宝链接。仅6个月，就有6万名抖音大V开通此功能将流量变现。同年双十一，抖音短视频更是创下8000万元销售额，销售10万支口红的惊人纪录。

12.2.2　短视频电商的发展特点

1. 碎片化的内容与黏着性的社交

近年来，美拍、抖音、快手等迎来了爆发性增长。15秒、57秒、4分钟……对短视频长度的定义众说纷纭，但不可否认，短视频创作者正是通过短小精悍的视频在碎片化的时间里抓住用户眼球，并使之产生兴趣，进行互动交流，满足用户社交需求的同时，吸引持续关注，从而获得粉丝黏性，为电商变现进一步打下基础。

2. 创作水平参差不齐

以普通创作用户为代表的UGC，有一定粉丝基础的PUGC，以及由专业创作团队打造的PGU，共同构成了短视频创作基础。短视频门槛低，普通用户即可参与，但同时也导致了短视频质量的参差不齐，普通用户很难获得巨大流量并使之变现。专业的拍摄技术、剪辑手法、运营团队构成的PUGC，变现利益极其可观，但投资成本高，属于高投入、高收益一类。拥有一定粉丝基础的PUGC是短视频电商进一步发展的潜在力量，在可控的成本内，能将粉丝基础转换为变现资本。

3. 有效的导流手段：短视频+直播

直播带货互动性强，展示较为全面，但受制于时间和观看人数；短视频受制于时长，但优秀的短视频能迅速抓人眼球，以内容来吸引流量，再将流量变现。电商通过短视频平台积累粉丝，依靠打造爆款视频，从而获得长尾流量，为直播带货导流。短视频用于前期打广告引流，后期则通过直播获取更大盈利。将直播与短视频相结合，已发展成为电商带货的有效手段。“Benny 董子初”通过发布美妆视频教程，以其毒辣解说风格收获 122 万粉丝后，开通淘宝店铺经营着达人说品牌 croxx，将粉丝忠诚度有效转换为购买力，是将流量变现的优秀案例之一。

12.3 新零售

12.3.1 新原点与新方向：新零售的基本概念

“新零售”的概念首次出现是在 2016 年 10 月杭州云栖大会开幕式上，由马云提出。同年 11 月，国务院办公厅印发了《关于推动实体零售创新转型的意见》，从 18 个方面为“新零售”发展指明了方向。2017 年 3 月两会期间，李克强总理提倡用互联网新思维推动实体零售转型升级。此后，零售业内掀起了一场效率与技术的革命，2017 年被称为我国“新零售元年”。

学者赵树梅和徐晓红认为，所谓“新零售”，就是应用互联网的先进思想和技术，对传统零售方式加以改良和创新，用最新的理念和思维作为指导，将货物和服务出售给最终消费者的所有活动。

马云认为“新零售”是以消费者体验为中心的数据驱动的泛零售形态；雷军则指出，“新零售”就是更高效率的零售，要从线上回到线下，但不是原路返回，而是要用互联网的工具和方法，提升传统零售的效率，实现融合。

关于新零售的概念目前没有统一标准，但总体离不开新技术驱动发展，线上与线下相融合，给消费者全新体验等特征。

12.3.2 新兴的热土：新零售的发展特点

1. 技术创新驱动发展

将区块链核心技术运用于新零售行业，首先，其去中心化特点以及不可篡改性可减少新零售行业中支付层级结构，有效保障了支付者信息的安全性以及对产品信息的溯源，保证了产品质量，给用户以更好的消费体验。其次，大数据信息技术、云计算技术以及AI技术有助于新零售供应链数字化升级，包括物流数据化、企业信息流数据化等。数字化技术能有效提升物流体系配送效率，掌握消费者动态及需求，有效提升服务效率与质量。

2. 线上线下的深度融合

新零售将传统门店与网络销售相结合，打通线上与线下销售渠道。通过构建线上App、门店终端、电商平台等全渠道销售网络，建立品牌和用户互相感知与交互的多个触点，及时准确地响应消费者需求，实现线上线下业务的均衡发展。如生鲜行业中的盒马鲜生以及每日优鲜，餐饮行业的瑞幸咖啡等，线上线下多种生态系统逐步完善。

3. 全新的消费体验

传统的零售业以商品为中心，用户体验单一化，一般是到店、拿货、付款、走人，用户黏性不强。而新零售多以用户为中心，打造沉浸式体验消费场景。注重产品品质的同时，为用户提供个性化服务。以无印良品为例，迎着互联网发展浪潮，开设网络店铺，通过线上App“MUJI passport”为用户提供详尽的产品介绍，向线下门店引流的同时，为让消费者拥有更加舒适的体验，无印良品常派设计人员登门拜访消费者，观察其日常生活，发现需求，以此寻找设计灵感。

12.3.3 盘点与观瞻：新零售发展现状

艾媒数据显示，中国社会消费品规模不断增长，2019年达41.2万亿元。其中，网络销售占比也逐年攀升，2019年占比25.7%，新零售发展未来可期。2014—2019年中国社会消费品及网络零售额规模如图12-3所示。

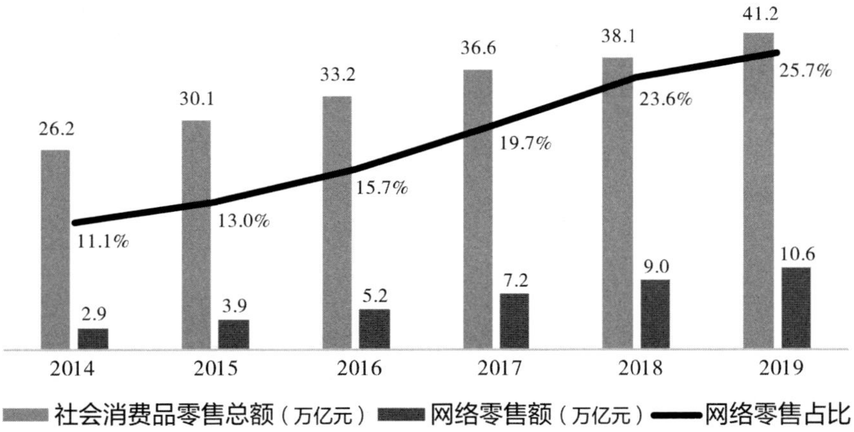

图 12-3　2014—2019 中国社会消费品及网络零售额规模

资料来源：国家统计局、艾媒数据中心（data.iimedia.cn）

自 2016 年提出新零售概念以来，线上线下多家企业纷纷试水。以阿里巴巴旗下盒马鲜生为例，采取“线上 + 线下”经营模式，线上终端盒马鲜生 App 与线下盒马门店相配合。自 2016 年 1 月第一家线下店铺开始营业，2017—2018 年迅速扩张，2019 年 8 月达到 154 家门店。但新零售盈利之路尚未探明，火热发展之路也有所降温。2019 年 5 月，位于苏州的盒马鲜生因经营不善，成为第一家停业的店铺。新零售快速发展的大环境下，企业如何找到可持续发展道路仍值得探究。2016—2019 年 8 月中国盒马鲜生门店数量统计情况如图 12-4 所示。

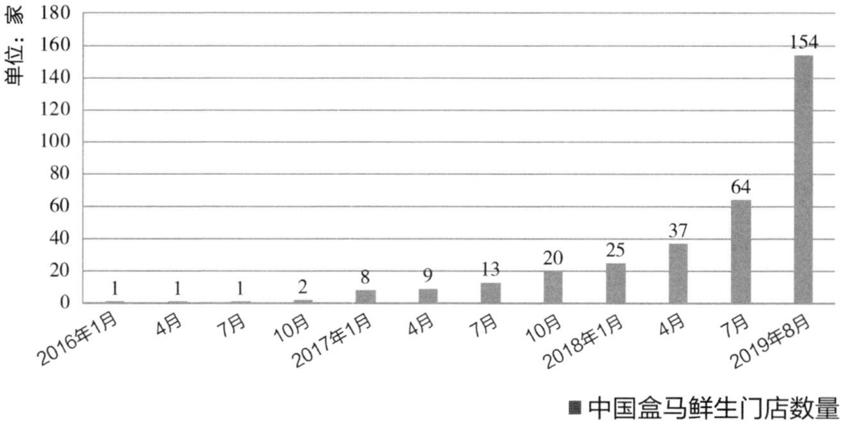

图 12-4　2016—2019 年 8 月中国盒马鲜生门店数量统计情况

资料来源：前瞻经济学人 App

12.3.4　变现之道：新零售的盈利模式

新零售环境下，部分学者认为企业应当通过电子化采购信息系统来降低成本及风险，让库存、资金周转高效化，同时积极开拓线上经营渠道，来降低店铺租金、人力成本。

在服务成本提高的情况下，数字化经营确实是降低成本、增加盈利的方法之一。但更有效的方法之一应是培养互联网思维，拓展增值收入，将数据变现，增加广告收入。

无论是新零售还是传统零售，都离不开一个本质——以人为本。保证产品质量，提升服务水平，改善用户体验，通过内容创收、品牌创收，才能使企业获得可持续发展。

第十三章

深度运营：社群构建、用户复购及活动营销

13.1 社群构建

13.1.1 如何定位社群的目标用户

做主播就像做产品，想要有高人气，必须精准定位目标用户。如果目标用户定位不准确，就像“对牛弹琴”一般，即便直播内容再好，也达不到预期效果，更不用说积累足够的粉丝，为后续变现奠定基础。

在分析主播如何定位目标用户前，首先应该对直播用户有一个整体认识。艾瑞咨询发布的《中国泛娱乐直播白皮书》中将直播用户分为寻求陪伴型、轻松消遣型、游戏电竞型、消磨时间型、追逐潮流型及追星型六大类，下面逐一进行具体分析。

（1）寻求陪伴型用户

寻求陪伴型用户以中青年单身男性为主，在直播用户中占比约为 8.6%，付费意愿较高，愿意为喜欢的主播赠送礼物，在线时长较长，在线超过 1 小时的用户占比 70%。该群体看直播的核心目的是在直播平台上找到陪伴的感觉，容易成为主播的忠实粉丝。

（2）轻松消遣型用户

轻松消遣型用户是直播用户主力军，在直播用户中占比 29.4%。该群体将直播作为一种放松身心的手段，热衷于那些流量大、直播内容多元化的直播平台，与跟随主播相比，该群体更愿意追随快乐。此外，由于感官疲劳的关系，该群体会不定期更换直播间。

（3）游戏电竞型用户

游戏电竞型用户更加专注直播内容也就是游戏，而不是主播，在直播用户中占比 18.6%。该群体是游戏的重度用户，即便因为工作关系没有时间或精力玩游戏，该群体也会关注各种游戏资讯。游戏用户付费能力较强，他们对那些游戏技能高超的主播有一定的崇拜心理，愿意为这类主播赠送礼物。当然，那些缺乏专业游戏技能的主播很难在该领域成功。

（4）消磨时间型用户

消磨时间型用户将直播作为一种消遣的工具，看直播没有明确目的与选择标准，仅是为了消磨无聊时光，以已婚中青年男性为主，在直播用户中占比 20.6%。该群体的付费意愿、付费频率、在线时长等均低于其他类型用户，但这类用户数量众多，是保持直播间人气的重要推力。

（5）追逐潮流型用户

追逐潮流型用户关注时尚潮流，以未婚青少年男性为主，在直播用户中占比为 8.5%，每日平均在线时长 1 至 2 小时，付费意愿较高，但付费金额较低，而且愿意在社交圈内为喜欢的主播口碑推荐，是主播应该重点争取的用户之一。

（6）追星型用户

追星型用户以未婚青年女性为主，观看直播让她们有了近距离接触明星主播的机会，在直播用户中占比 13.2%，容易成为主播的忠实粉丝。这类用户主要通过手机观看直播，同时使用多个直播平台，追逐多个明星主播，在线时长较长。虽然这类用户付费能力不高，但会积极为主播推广，活跃直播间气氛，也是主播应该重点争取的用户。

那么，对直播用户有了一个整体认识后，主播应该如何定位自己的目标用户呢？在定位目标用户时，找到以下三个问题的答案即可。

你的内容适合哪些观众？想要长期生存，必须要有过硬的内容生产能力，为此，主要需要在某个领域做专做精。而不同领域的直播内容适合的观众可能存在一定差异，比如：美妆类主播的观众主要是18—30岁的女性用户；某款手游主播的观众主要是该款手游的用户等。

你的观众大概处于什么年龄段？由于人生阅历的因素，不同年龄段的用户关注的直播内容有所不同。比如18岁以下的用户主要是学生，该群体受到的压力相对较小，在直播中他们往往娱乐至上，但由于尚未工作，消费能力相对较低；31—35岁的用户收入稳定、消费能力强，由于正处于“上有老，下有小”的阶段，他们期望在观看直播中和主播及其他观众有更多的情感交流。

该年龄段的观众又有哪些爱好与习惯？了解观众平时喜欢做什么事情，他们怎么安排空余时间，主要使用哪些社交媒体，有什么消费习惯等。只有充分了解这些信息，主播才能投其所好，为其提供所需内容。比如：了解到观众空余时间喜欢刷微博后，主播可以建立一个微博公众号，通过抽奖活动等方式引导观众关注自己的微博，从而进一步提高粉丝黏性。

13.1.2 社群架构设计

社群是一个社会化组织，想要确保其有序、稳定运行，必须为其搭建科学合理的社群组织架构。那么，什么是科学合理的社群组织架构呢？结合诸多社群运营案例，一个优秀的社群组织架构一般由群主、群管理员、群成员、渠道、种子用户、合作者及付费用户构成，下面逐一进行具体分析。

（1）群主

群主是社群的创建者，由于观众是为了追随主播而加入社群，所以，社群的创建者最好由主播担任，这样能提高观众加群的积极性。群主拥有社群的最高权限，可设置社群管理员协助其管理社群。由于管理员是群主设置的，群主需要为后者行为负责，当管理员出现不当行为，比如乱删内容、错封群成员时，不但管理员要道歉，群主也要道歉。

（2）群管理员

主播的个人精力是有限的，除了直播外，还要与直播平台、品牌商、工会等沟通交流，因为每天要忙于直播，可能没有足够的时间与精力管理社群，所以，设置群管理员是很有必要的。

群管理员负责社群运营的各种具体事务，比如提高社群成员发言积极性、删除广告、解答社群成员问题、发布群公告、组织社群活动等。群管理员要有耐心与责任心，公平公正地处理社群成员矛盾，严格要求自己，严禁滥用职权。群管理员一般由主播信任的人担任，可以是主播团队成员，也可以是主播的忠实粉丝。

（3）群成员

群成员是社群的普通用户，是社群得以生存的重要基础，如何让群成员保持活跃甚至消费购买是社群运营的核心命题。在社群运营日常中，群管理员要尽可能地激发群成员的活力与创造力，使他们积极主动地沟通交流，分享各行业资讯等。

（4）渠道

此处的渠道是指负责持续为社群输入新鲜血液的运营者，其核心工作就是为社群拉新，保持社群用户规模。用户是社群生存发展的坚石，由于用户需求变化，部分群成员一段时间后可能成为“僵尸”粉，同时，为了追求利益最大化，社群规模也需要不断扩大，所以，渠道在社群中扮演的角色是非常关键的。渠道要有较强的洞察力，能够了解目标用户习惯，同时，要不断学习进步，快速熟悉新社交媒体的用法等。

（5）种子用户

种子用户是社群的第一批忠实用户，他们非常了解主播、认同主播、信任主播，积极在社群中互动交流，帮助群管理员推广社群，参加各种线上线下活动等，是社群发展尤其是社群度过初级发展阶段的重要推力。

（6）合作者

合作共赢是时代主旋律，想要将事业做大仅凭主播及团队的力量是不够的，还应该有品牌商、供应商、物流商等各种类型的合作伙伴。让这些合作伙伴加入社群后，他们可以更为深入地了解社群成员需求，从而共同将事业做大，实现多方合作共赢。

（7）付费用户

付费用户是指购买主播推荐产品的消费者，根据二八法则，20% 的客户完成了 80% 的营业额或利润。因此，付费用户数量虽然少，但其创造的价值却是非常高的。这提醒社群运营人员在运营社群过程中，尤其需要做好付费用户的维护，能够站在他们的视角思考问题，使其获得良好的社群体验，提高其客单件和复购率，甚至将其转化为终身用户。

13.1.3 社群门槛与规则

1. 社群门槛

从社群运营角度看，在一定范围内，一个社群的入群门槛越高，该群的流失率反而越低。在那些没有门槛的社群中，虽然社群成员数量很多，但很多社群成员可能根本无法为社群创造价值，甚至因为一些低质量社群成员的发广告、肆意谩骂他人等行为，导致优质社群成员流失，引发“劣币驱良币”问题，显然，这对社群的发展是非常不利的。

不设置社群门槛不合适，将社群门槛设置得太高也不合适，如何把握好设置社群门槛的度呢？最为关键的一点是明确社群真正需要的人，然后根据这些人的特征来设置社群门槛，将不符合这些特征的人挡在社群之外。对直播社群而言，主流的社群门槛设置方法包括以下几种。

（1）特殊邀请制

主播在直播间内挑选合适的社群成员，之后由群主或管理员向后者发出邀请后入群。

（2）付费入群制

交纳一定费用才能入群，当然，该费用不是为了盈利（很多主播的 QQ 群付费金额仅为 1 元），而是让那些没有诚意的人放弃加群。

（3）身份等级制

直播间粉丝等级达到一定级别的用户才能加群等。

（4）达成条件制

在直播间内为主播赠送特定虚拟礼物的用户才能加群等。

2. 社群规则

正所谓无规矩不成方圆，有了社群门槛后，还应该设置社群规则。社群规则的建立不是一蹴而就的，需要经过长期的探索。在社群发展初期，群主或管理员可设置基本的社群规则，然后再根据社群运营过程中的具体情况，对社群规则进行优化完善。群主或群管理员一言堂式的社群是非常不明智的。

建立社群规则时，应该给普通社群成员发言并决策的权利，经过大家的共同讨论后，对具体条款达成一致后再公布，这样设置的社群规则才能得到社群成员的普遍认可。如果社群规则太过偏向社群管理人员，社群成员根本不愿意遵守，在执行过程中，就会导致社群管理人员与社群成员之间出现各种矛盾冲突，对社群的长期发展非常不利。此外，群主和群管理员也要严格遵守社群规则，为社群成员做个好榜样。如何设置社群规则呢？社群规则通常包括以下几项。

（1）命名规则

为了便于社群成员沟通交流，彼此建立良好信任关系，对社群成员的名称（群名片）进行规范是很重要的，比如，要求社群成员按照主播粉丝昵称 + 两个汉字的形式命名等。

（2）发言频率

为促进社群的健康发展，要求社群成员必须在一周内发言一次等。

（3）发言内容

社群成员应发布和社群主题相关的、积极健康的内容，严禁发布广告及违规违法内容。

（4）惩罚规则

发布违规内容者将被禁言 1 天，造成恶劣后果者将被清退甚至追究法律责任。

13.2 用户与复购

13.2.1 培养社群种子用户

任何社群要实现从 0 到 1 的跨越，都会遇到一个不得不解决的问题，即培养社群种子用户，直播社群也不例外。那么，直播社群应该如何培养种子用户呢？在培养种子用户前，直播社群运营者首先需要找到社群种子用户。

通常情况下，运营人员可通过以下三种方式寻找社群种子用户。

1. 寻找种子用户

（1）借助亲友团的力量

在启动阶段，社群找人特别是找合适的人是非常困难的事情。日常生活中，不熟悉的人邀请我们加入一个没有几个人的社群，恐怕大部分人会选择拒绝。所以，社群寻找种子用户时，可从身边的亲朋好友开始，借助亲友团的力量，先让社群有一定的氛围，然后再慢慢寻找更多的人加入。

（2）KOL 推荐法

在刚创建社群时，运营者可以先加入一些运营比较成功的社群，一方面可以向这些社群运营人员学习经验；另一方面，有机会和 KOL 建立联系，为自身积累人脉资源。从诸多社群运营案例来看，想要让社群快速发展壮大，有 KOL 的推荐是非常有效的。

很多社群投入了大量资源，但成功者少，就是因为社群中缺乏灵魂人物，主播确实可以担任这一角色，但主播刚开始时也没什么人气，对社群目标用户的吸引力相对较低。此时，运营人员可以找到 KOL 合作，邀请其推荐社群，从而借助 KOL 的力量顺利度过初始期。

（3）场景筛选法

场景筛选法是指在目标人群集中的线上或线下场景挑选合适的种子用户。对直播社群来说，直播间是获得种子用户最简单、最有效的场景之一，那些每天观看直播并积极发言的观众就很适合做种子用户。除了直播间外，运营人员也可以去其他场景中寻找种子用户，比如才艺主播的社群运营人员可以在相关才艺的贴吧、论坛内找种子用户；游戏主播的社群运营人员可以在游戏玩家中寻找种子用户；户外运动主播的社群运营人员可以在相关运动俱乐部内寻找种子用户等。

2. 策划活动吸引加入

找到种子用户后，还要吸引其加入，除了有一定信任关系的亲友团，通常需要为其他的种子用户提供一定的利益。毕竟如果只有一个空荡荡的社群，是根本没有说服力的。怎么策划活动吸引种子用户加入呢？此处提供两种思路。

（1）物质激励

比如某游戏主播与某个淘宝店合作，加入其社群的用户可将进群截图发送给与其合作的淘宝店客服人员，客服人员将赠送给用户一张价值 20 元的店铺代金券等。

（2）精神激励

比如用户加入某才艺主播的社群后，可以在其直播间担任房管，或在特定时间免费点节目。此时，这些在直播间内享有特权的用户，将获得极大的满足感，而其他用户也在这种特权的吸引下加入社群。

3. 深入互动增加黏性

吸引种子用户加入后，社群运营人员还要积极与这些用户互动交流，提高其黏性，从而使其留在社群。具体而言，社群运营人员可通过以下两种方式增加种子用户对社群的黏性。

（1）设计话题引导互动

通常情况下，社群成员自己发起的话题很难吸引其他社群成员的广泛参与，因为他们发起话题时不会考虑社群成员的共性，而是习惯站在个人角度。如果任由社群成员自由讨论，很容易让社群沦为灌水闲聊，甚至广告满天飞的松散组织。

为避免这种情况，社群运营人员应该多设计话题对社群成员进行引导，尽可能地找那些社群成员都能参与讨论的话题，比如为游戏主播社群设计话题时，可以“你最习惯的键位设置是什么”为话题等，这种话题每个社群成员都能参与讨论，从而有助于加强整体用户的参与感，有效提高社群活跃度。

（2）组织线上、线下活动

组织社群成员参加线上、线下活动，不但能加强社群成员与主播及社群运营者的交流沟通，还能加强社群成员之间的交流沟通，这对提高社群成员黏性是非常有帮助的。比如，社群运营人员可以设置线下聚会活动，以主播粉丝见面会的形式号召社群成员进行线下交流等。

13.2.2 留存与复购

在顾客结束产品购买之后，可以通过留存复购去最大化地获取利润。当顾客觉得产品质量不错、物有所值时，就会有较高的满意度。如果产品还带有一些能够提升价值的小赠品，就更能让顾客感觉物超所值，这样便会增加留存复购，使复购率提升。

赠品会使买家有更好的购物体验，让他们觉得虽然这件产品市场价值较高，但价格却是相对较低。因此，买家都喜欢购买附带赠品的产品。那么我们在安排赠品时，又有哪些事项需要注意呢？

1. 赠品要有时间和季节性

赠品在选择时需要考虑到时节方面的因素，必须使其与当下的季节相符，并且要注意它的即用性。只有当赠品和时节相符，并且让买家感到这是自己正需要用到的东西时，赠品才能让店铺收获更多好评。比如在冬天时，卖羽绒服的店铺可以送给买家一条厚厚的围巾；卖鞋子的店铺可以送给买家一个棉鞋垫。但在冬天时，店家不能将丝巾或者是普通的鞋垫作为赠品，这会降低顾客的好感。

2. 赠品要与产品具有相关性

店铺送出的赠品要与顾客所买的产品相关。比如护肤品类店铺，可以将一些新推出产品的小样作为赠品，既通过提高产品价值获得了买家的好感，又有效宣传了产品；比如手机类店铺，可以将耳机、手机支架、手机钢化膜等作为赠品，这些产品都和手机有关，都是买家能用到的产品；再比如家居类店铺，可以将毛巾、小毛毯作为赠品。总之，店铺都可以根据自己的实际情况，通过赠品来提高复购率。

3. 赠品要具有适用性

想要让赠品能够吸引到买家，就要使赠品具有适用性，即赠品要具有较高的使用价值，能够去获得买家的青睐。我们应该多多关注买家对产品的评价，分析出买家中意的小礼品，来作为备选赠品，防止买家因赠品不适用而对店铺降低好感。

4. 赠品一定要精巧

赠品只有足够精巧，才会让买家第一眼就感受到店铺的诚意，从而提高买家对店铺的好感度。因此，赠品仅仅具有适用性是不够的，我们还必须注重赠品的质量，使其具有一定的美感。只有精心挑选出来的赠品，才能让买家拥有更好的购物体验，进而让他们主动晒图好评，并自发地去向别人推荐，以此吸引更多的顾客而非让买家减少。

5. 赠品要经常变换

赠品本身也是一种小惊喜。对那些常常借助赠品来推动成交量的店铺，赠品的变化不定，更能够让买家，尤其是一些老顾客感到开心惊喜，从而提高复购率。

13.3　粉丝裂变与再传播

在自媒体时代，主播要想扩大自己的影响力，社群运营必不可少。有些主播通过社群运营一天之内收获上万粉丝，月收入数十万。在电商直播领域，这样的案例并不少见。那么，电商主播怎样才能玩转社群运营，让粉丝实现裂变，让自身的影响力实现快速提升呢？在回答这个问题之前，我们先来拆解一下裂变的逻辑。

1. 裂变的逻辑：价值交换

对电商主播来说，粉丝裂变的逻辑就是价值交换。主播为粉丝提供实实在在的福利，粉丝带给主播时间、金钱与流量。在电商直播领域，价值交换有一种最简单的方法，就是送福利。这种方法虽看似俗不可耐，却是粉丝裂变最简单有效的一种方式。在决定用这种方式吸引粉丝之后，直播团队就要考虑两个问题，一是送什么，二是怎么送。

（1）送什么

送的东西如果价值较低、诱导性不强，就会导致粉丝裂变困难重重；送的东西如果价值过高，诱导性过强，虽然有利于粉丝裂变，但会导致成本过高，后续变现门槛过高。为此，直播团队最好选择与自身产品相关的礼品，礼品价值必须低于售卖产品的价值，否则很有可能打消顾客购买产品的积极性。

（2）怎么送

送的方式非常重要，有可能帮直播团队收回成本，完成后续的变现。

比如，某教育机构通过直播销售课程，原价 3000 元的课程，现在分享到朋友圈就能以 99 元入手，仅限前 200 名，先到先得。该活动一上线，这套课程就被抢购一空。因为仅限前 200 名，饥饿营销让用户产生了紧迫感，再加上价格不贵，刺激很多用户立即做出购买决策。

再比如，某服装类主播为了吸引粉丝推出了一个为期 7 天的活动，原价 29.9 元的化妆包，只要点击关注成为粉丝，再扫码加入微信群就能 9.9 元入手。9.9 元包邮相当于白送，对于消费者来说这个活动非常划算。对主播来说，因为有商家支持，所以这场活动的成本也不高。最终，仅凭这一项活动，该主播收获了上万名粉丝。

这两个案例告诉我们，为用户送福利不能白送，必须设置一定的门槛，让用户付出一定的成本，只有这样用户才会更积极地参与，也会更珍惜收到的礼品。

2. 如何实现裂变传播

- 电商主播的粉丝运营首先要确定首要目标：是引流为主还是变现为主。如果是引流为主，那么吸引的粉丝是否精准，成立的社群是否是垃圾社群都不重要，只要吸引到足够的流量就算大功告成。如果是变现为主，就必须精准定位目标用户群体，让用户了解社群价值，满足他们的期望与需求，引导他们做出购买行为，进而完成变现。

• 做好用户定位之后，提供的福利与礼品要让用户感受到实实在在的价值，只有这样他们才会呼朋引伴，吸引更多粉丝关注主播，加入社群。

• 低成本高价值，低成本指的是用户获取成本低，也就是无须投入太多金钱与时间就能获得粉丝。高价值就是明码标价，让粉丝产生物超所值的感觉。

• 信任背书。如果主播自身没有太强的影响力，就要想方设法获取粉丝信任。

• 确定操作流程。粉丝参与活动、关注主播、加入社群的整个流程无须太复杂，因为这关系着后续的执行、裂变与变现。

• 确定规则。“没有规矩不成方圆”，电商主播的社群运营必须建立一套完善的规则，有序运营、持续裂变。社群运营规则的建立可参考以下两个维度。

第一，门槛。社群运营必须设置一定的门槛用来筛选用户，让用户的价值得以充分发挥。

第二，群规。为保证社群持续运营，作为群主，主播必须设置一些规范，严禁群成员发布违规内容，及时淘汰低质量用户，补充优质的新鲜血液，维护社群良好的环境，进一步增强社群成员的黏性，提升社群成员对自己的信任，从而主动宣传，吸引更多优质粉丝进入。

第十四章

数据分析：方法与工具

近年来，随着互联网的迅速发展，各类直播平台、短视频应用不断涌现并持续发展，越来越多的用户投身自媒体行业，直播、短视频带货更是全面爆发。

直播、短视频平台以及用户在数量和规模上实现了井喷式发展，但是，要使平台稳定运行，用户人数和商业效果达到预期，就需要对每一场直播、每一个短视频做好精准化的数据分析和运营支持。数据分析在短视频运营中至关重要。数据分析可以发现账号的潜在问题，使创作者能够及时做出调整。例如当某个短视频播放量急剧下滑时，就可以通过数据分析查出原因，然后做出相应的调整。数据分析还可以对直播和短视频的运营策略进行指导。例如，对竞争对手账号进行精细化分析后，有针对性地对自己的内容进行优化与调整。经过专业的数据分析指导，直播与短视频内容的生产，能够更好地符合粉丝的喜好，获得更多的流量，从而产生更为可观的经济效益。

本章将主要针对直播与短视频的数据分析方法和工具这两个方面展开探讨。

14.1 数据挖掘算法

数据挖掘，是数据分析完整流程中的关键步骤。在互联网环境下，信息巨量而繁杂，要从中快速准确地找到最为真实可靠且有用的信息是至关重要的。因此，数据挖掘算法成为准确数据来源的有效保证。

大数据挖掘，是从海量的、不完全的、有噪声的、模糊的、随机的大型数据体中发现隐含在其中的有价值的、潜在有用的信息和知识的过程，而这也是一种决策支持的过程。数据挖掘常用的方法有分类、回归分析、聚类、关联规则、人工神经网络方法、Web 数据挖掘等。这些方法从不同角度对数据进行挖掘。

1. 分类

分类数据挖掘，是找出数据库中的一组数据对象的共同特点，并按照分类模式将其划分为不同的类，其目的是通过分类模型，将数据库中的数据项映射到某个给定的类别中。经典算法主要有 ID3 算法和 C4.5 算法。

ID3 算法是决策树的一种。其基于奥卡姆剃刀原理，即尽量用较少的计算过程完成更多的目标。在信息论中，期望信息越小，那么信息增益就越大，从而纯度就越高。ID3 算法的核心思想就是以信息增益来度量属性的选择，选择分裂后信息增益最大的属性进行分裂。该算法采用自顶向下的贪婪搜索遍历可能的决策空间。

C4.5 算法是机器学习算法中一种分类决策树算法，其核心算法是 ID3 算法。它继承了 ID3 算法的优点，而相较于 ID3 算法，其改进之处包括以下几方面。

- 用信息增益率来选择属性。
- 在树的构造过程中进行剪枝，在构造决策树的时候，那些挂着几个元素的节点，不考虑最好，不然容易导致溢出。
- 对非离散数据也能处理。
- 能够对不完整数据进行处理。

C4.5 算法的优点在于其所产生的分类规则易于理解，准确率高。而其缺点则是在构造树的过程中，需要对数据集进行多次的顺序扫描和排序，因而导致算法的低效。

2. 回归分析

回归分析算法是基于统计学理论与方法的一种重要的数据挖掘算法。它是确定两种或两种以上变量之间的相互依赖的定量关系的一种统计分析方法。回归分析算法反映了数据库中数据的属性值的特性，通过函数表达数据映射的关系，来发现属性值之间的依赖关系。

按照其所涉及的变量数量，回归分析算法可以分为一元回归分析和多元回归分析两类；按照其因变量的数量，回归分析算法可以分为简单回归分析和多重回归分析两类；而按照算法中的自变量和因变量之间的关系类型，回归分析算法则可以分为线性回归分析和非线性回归分析两类。

在大数据分析领域内，回归分析算法所扮演的角色，是一种具有预测性的建模算法。回归分析算法所关注和着手的，是因变量（目标）和自变量（预测器）之间的关系。由此，回归分析算法通常用于以数据为基础的预测分析、时间序列模型以及发现变量之间的因果关系。例如，互联网视频领域内，主播的行为与粉丝的响应之间的关系，最好的研究方法就是回归分析算法。

3. 聚类

聚类数据挖掘，是一种基于无监督学习机制的数据分析算法。它能够针对数据的相似性和差异性，将一组数据分为若干个类别。通过聚类数据挖掘算法对数据的分析与处理，能够使数据所划分的各个类别中，属于同一类别的数据间的相似性很大，而不同类别之间数据的相似性很小，跨类的数据关联性很低。

对于聚类数据挖掘算法而言，其关键点在于如何判定两个点之间在什么情况下应该被聚拢在一起（即聚类依据）。根据聚类依据的不同，聚类分析算法中又可以延伸出若干不同的算法，如划分聚类、层次聚类、密度聚类、网格聚类、图聚类和谱聚类等，这些聚类方法各有特点和使用场景。本节主要选取划分聚类算法作为聚类数据挖掘算法的代表进行介绍。

在划分聚类中，最为著名的就是 *K*-means 算法，即“*K* - 均值”算法。*K* 是聚类算法中类的个数，即 *K*-means 是用均值算法把数据分成 *K* 个类的算法。它的主要思想是将欧几里得距离作为聚类依据，将坐标系中的点聚拢成不同的分类。假设要将指定的数据分成 *K* 类，那么算法过程如下。

- 在给定的点集中随机选取 *K* 个点作为初始的聚类中心，由这个中心代表各个聚类。
- 对点集的每一个点，都计算其与 *K* 个聚类中心的距离，选取距离最近的那个聚类中心所在的簇作为当前点所属的簇。
- 调整聚类中心，即将聚类的中心移动到聚类的几何中心（即平均值）处，这也就是 *K*-means 中 means 的含义。
- 如此迭代，直到聚类中心不再发生变化为止，此时即得到了 *K* 个簇，算法收敛。

K-means 算法过程如图 14-1 所示。

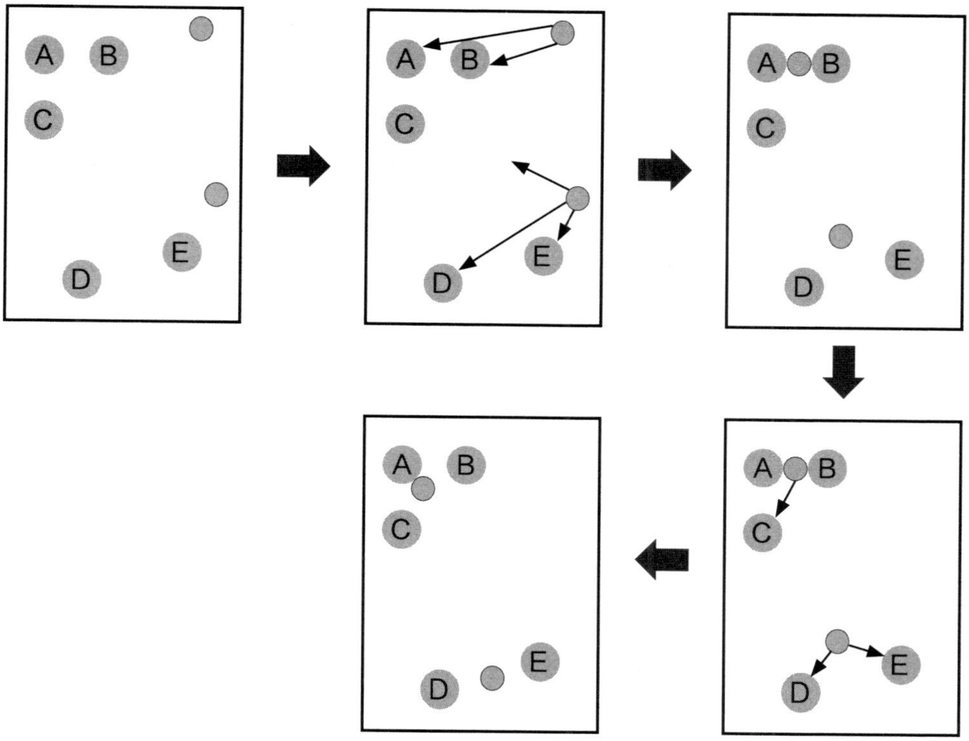

图14-1　*K*-means算法过程示意图

算法特点：适于各个属性易于量化和抽取的数据，并且有着明确的分类需求，而且事先制定了簇的数目。但是当没有确切的簇的数目被指定的时候，*K*-means 算法有时候并不一定有很好的结果。

4. 关联规则

关联规则算法能够分析并得出隐藏在数据项之间的关联或相互关系，即可以根据一个数据项的出现推导出其他数据项的出现。经典的关联规则算法代表是 Apriori 算法。

Apriori 算法能够学习数据的关联规则，它适用于包含大量事务（transcation）的数据体。

基本的 Apriori 算法在流程上包括以下三个主要步骤。

（1）参与

扫描一遍整个数据体，计算 1–itemsets（1 阶频繁项集）出现的频率。

（2）剪枝

满足支持度和可信度的这些 1–itemsets 移动到下一轮流程，再寻找出现的 2–itemsets（2 阶频繁项集）。

（3）重复

对每种水平的项集一直重复计算，直到达到我们之前定义的项集大小为止。

Apriori 算法的设计目的是处理包含交易信息内容的数据集（例如在短视频电商系统中，顾客购买的商品清单，或者商品常访清单）。而其他的算法则是设计用来寻找无交易信息（如 WINEPI 算法和 MINEPI 算法）或无时间标记（如 DNA 测序）的数据之间的联系规则。

5. 人工神经网络

人工神经网络（ANN）算法，是基于对人脑神经系统的抽象而形成的一种智能信息处理算法。我们知道，在自然世界中，以人类为代表的生物神经系统，是由大量的神经元构成的，作为复杂智能体实现智能信息处理过程的最基本单位的神经元，彼此之间相互连接，构成了一个规模庞大的网络体系，并形成了分析处理复杂信息的强大能力。从解剖意义上说，一个神经元是由细胞体和突触组成的，其中细胞体部分的功能是接收和处理各类信息，而突触部分的功能则是实现该神经元向其他神经元细胞体的信息传递。

在数据挖掘算法中，人工神经网络算法是一种相对先进的人工智能技术应用于数据挖掘的典型代表，其具有自行处理、分布存储和高度容错等特性，非常适合处理在互联网直播与短视频应用场景下普遍存在的非线性的、模糊的、不完整的、不严密的信息与数据。

14.2 数据质量和数据管理

数据挖掘算法能够帮我们发现大量数据中所隐含的潜在有用的信息模式，但是在一般情形下，数据挖掘算法所获得的信息模式会含有大量不必要的信息或者冗余信息，因此还需要对这些信息模式进行清理、提炼、评估等处理，从而得到真正有用的信息模式，这样，高质量的信息模式和高效的数据管理能够保证最终数据分析结果的真实性和价值。

数据质量和管理，即对数据从计划、获取、存储、共享、维护、应用、消亡生命周期的每个阶段里可能引发的各类数据质量问题，进行识别、度量、监控、预警等一系列管理活动，并通过改善和提高组织的管理水平，使数据质量获得进一步的提高。

数据质量管理，不仅包含了对数据质量的改善，同时还包含了对组织的改善。针对数据质量的改善和管理，主要包括数据分析、数据评估、数据清洗、数据监控、错误预警等内容；针对组织的改善和管理，主要包括确立组织数据质量改进目标、评估组织流程、制订组织流程改善计划、制订组织监督审核机制、实施改进、评估改善效果等多个环节。

14.3　描述统计

描述统计是指运用分类、制作图表、数学方法对数据资料进行整理、分析，并对数据的分布状态、数字特征和随机变量之间的关系进行估计和描述的方法。描述统计分为集中趋势分析、离中趋势分析和相关分析三大部分。

1. 集中趋势分析

集中趋势分析主要靠平均数、中数、众数等统计指标来表示数据的集中趋势。例如，可以对一周内单个直播间或者短视频的平均点击量或者播放量进行分析，判断这一周的播放情况如何。

2. 离中趋势分析

离中趋势分析主要靠全距、四分位差、平均差、方差、标准差等统计指标来研究数据的离中趋势。例如，观看直播需要占用观众的一整段连续时间，对一个新的直播间而言就需要确定一个较好的时间。对多个不同时间段的直播数据进行分析，比较它们的四分位差或者标准差，就可以得出哪一个时间段点击进入直播的人数更分散，最终确定直播时间段。

3. 相关分析

相关分析探讨数据之间是否具有统计学上的关联性。这种关系主要包括：两个数据之间的单一相关关系、多个数据之间的多重相关关系、正相关关系、负相关关系、直线相关关系、复杂相关关系、相关系数。相关分析是以一种完整的统计研究方法，它贯穿于提出假设、数据研究、数据分析、数据研究的始终。

例如，一场直播带货的成功，既与主播原本的粉丝量有关，又与本场直播所推荐的产品品牌有关；既与直播的时间段有关，又与直播间福利有关。直播前主播、平台、商家的宣传工作，直播中主播的推销手段、直播进度，以及直播过后观众的满意度与最终产品的销量均能够直接或者间接影响到本次直播的最终成果。

14.4 可视化分析

数据分析结果最直观的表示方法就是可视化，它能够清晰明了地呈现数据的特点、趋势，同时也非常容易被读者所接受。可视化分析方法主要分为五种：尺寸可视化、颜色可视化、图形可视化、空间可视化、概念可视化。

1. 尺寸可视化

尺寸可视化即对图形类的数据可视化结果中同一类的图像用不一样的尺寸大小进行区分，使读者能够清晰地看到数据之间的各项指标对比，以提升阅读体验。

2. 颜色可视化

颜色可视化即在同一图表中，利用不同的颜色来表达不一样的数据指标。在颜色可视化的使用过程中，应该注意颜色的搭配方案，达到更好地凸显数据的效果。

3. 图形可视化

图形可视化即根据分析结果使用不同的图形方案进行数据展示。在图形可视化的过程中，选择的图形一般都含有较强的实际意义，这样可以令数据图表的展示结果更加生动，表达的主题和效果也会更强。

4. 空间可视化

空间可视化主要是结合地理位置数据进行使用，使用户对整个地区范围的数据有一个更直观的比较。

5. 概念可视化

概念可视化即将一个抽象的概念转化成图像或者表格，使读者更容易理解数据结果。

14.5　预测性分析

预测性分析即从历史数据以及现有数据进行分析，提炼出有用信息，挖掘信息特点，分析数据趋势；将数据输入相应的模型后可以准确预测出未来数据。它是大数据分析最终要实现的应用领域之一。

可视化分析和数据挖掘都是前期铺垫工作，只要在大数据中挖掘出信息的特点与联系，就可以建立科学的数据模型，通过模型代入新的数据，从而预测未来的数据。大数据的预测分析能力，能够帮助预测分析未来的数据信息，预警未来可能出现的用户兴趣度下降、粉丝流失等情况，有效规避风险。通过大数据的预测性分析，无论是个人还是企业，都可以比之前更好地理解和管理大数据。

第十五章

直播电商：数字经济新赛道

15.1 直播电商进入爆发期

2020年，直播电商已呈星火燎原之势席卷全国。

据有关部门数据，2020年上半年，电商直播超过1000万场。观看电商直播的人次超过500亿，上架商品超过2000万件，全国网络零售额达5.15万亿元，同比增长7.3%。

另据相关报告，2020年年底，直播行业用户规模有望超过6亿人。几乎各行各业的人员都跃跃欲试，企业家、政府官员、影视明星、行业名人、自媒体大咖、内容创作者等都不同程度地表现出对直播电商的热情参与。直播电商、直播带货已成为当今热点。直播电商是数字经济新赛道。

15.1.1 造就直播电商火爆局面的因素

是什么原因让直播电商、直播带货火爆全国?

这是由多方面因素导致的。其核心是直播与渠道的变革，是新媒体发展规律使然。新冠肺炎疫情期间，全民居家的状态，极大地增加了网络的使用和普及，尤其是直播与短视频的快速发展，基本上形成全民参与的火爆局面，而已经非常成熟的电商与火爆直播的融合、线上与线下融合，则引发了商品渠道与购物方式的变革。

直播电商的本质是电商。但这场渠道业态变革的突破点在于网红主播把娱乐、生活、文化、媒体等诸多新元素带入渠道推广和品牌打造中，让直播电商具有场景化、人格化、生动化、娱乐化、互动化、情感化、体验化、链接化等特性。

从需求端来看，直播电商满足消费者社交化、内容化及互动性需求、购物体验的需求和寻求高效选品渠道的需求。

从供给端来看，互联网流量红利见顶，中国网络直播人群基数大，直播功能稳定性与私域流量激活转化能力形成了直播电商的重要竞争力。这催生了直播电商的发展，既为电商提供了低成本的新增客户，又满足了品牌主寻求高效营销渠道的需求。

在技术方面，大数据、云计算、5G、CDN 等数字媒体基础设施为直播提供了良好基础条件，技术的快速发展，保证了直播可以为用户和主播同时带来更好的使用体验。

在全民关注与参与方面，2020 年，一场突如其来的新冠疫情，让所有人都只能宅在家里，于是，“直播 + 电商”“直播 + 游戏”“直播 + 秀场”“直播 + 社交”“直播 + 视频”“直播 + 综艺”“直播 + 旅游”“直播 + 招聘”……接连爆发，各种直播活动更是热闹。无论是创新不断的新品牌，还是较为传统保守的老字号，都在积极做直播。另外，除了直播带货外，逛博物馆、旅游、娱乐、教育、会议，甚至一些工作等原来各种在线下的事情，也都通过直播搬到了线上。

15.1.2 淘宝、抖音、快手“三国杀”

目前，直播电商一线阵营当数淘宝直播、抖音、快手三大平台。淘宝直播是电商平台，而抖音、快手是内容平台，由于直播电商的爆发，三家平台走向同一战场。

据媒体消息，阿里巴巴将 2020 年淘宝直播目标 GMV 由 2200 亿元大幅上调至 5000 亿元；抖音电商为 2000 亿元；快手电商的目标 GMV 也已调高至 2500 亿元。直播电商的流量竞争将愈演愈烈。

直播电商最早始于 2016 年，淘宝开始试水布局直播电商。2018 年“双十一”李佳琦和薇娅的销售战绩，正式把直播带货带入公众视野。2018 年，淘宝官方曾表示，淘宝直播预计将在 3 年时间里达到 5000 亿元的规模。淘宝直播往年的销售数据显示，2018 年为 1800 亿元，2019 年为 2000 亿元，原本 2020 年的目标 GMV 应为 2200 亿元左右，现在调到 5000 亿元，大大超过淘宝直播原来的预期目标。

上调淘宝直播目标GMV与直播电商高速发展有关。据阿里巴巴发布的2020年第二季度财报，阿里巴巴来自淘宝直播的GMV持续同比增长超过100%，商家直播贡献了大约60%的淘宝直播GMV。

上调淘宝直播目标GMV更与抖音、快手纷纷加大直播电商力度，竞争愈演愈烈有关。2019年，淘宝直播GMV占59.52%的市场份额，快手以1000亿元的电商GMV，占23.8%的市场份额，抖音以400亿元的电商GMV占9.5%的市场份额。而在2018年，淘宝直播所占市场份额为71.42%。2020年，快手、抖音目标GMV总和达到4500亿元，直逼淘宝5000亿元的目标。此外，京东、苏宁易购、拼多多等电商平台也开始纷纷发力直播电商。同时，快手、抖音为打通商品链，加快直播电商的成熟化，也牵手京东、苏宁易购电商平台进行合作。

1. 淘宝直播共享直播带货红利

2020年9月3日，淘宝直播宣布已经全面开放直播技术和商业能力，让更多中小平台、商家、主播共享直播带货高速增长的红利。

淘宝直播此次开放了包括直播能力、互动能力、选品能力以及直播内容、一键同步等全部直播解决方案。这能快速解决中小平台进军直播电商过程中“怎么播”和“播什么”的问题，使其能快速地零成本搭建自己的直播带货平台。目前，已有60多家平台已经开始使用淘宝直播的各项技术和能力。

开放直播能力：所有合作平台无须技术开发，都能快速搭建自己的直播带货平台。

对已有自己直播技术的平台，淘宝也将进一步提供优惠政策，帮它们降低成本。

开放领先的直播技术：所有合作平台都能借助淘宝领先业界3年的直播技术，为消费者带来更好的体验。

有些直播平台的延时往往达到七八秒之多。淘宝直播的此次全面开放，让更多中小平台都能快速用上淘宝直播用5年时间积累的领先直播技术，创造更好的消费体验。

比如，淘宝直播的窄带高清技术，可以让世界各地的消费者在1秒内同步收到直播内容，这就使得淘宝主播们能在直播间里放心地喊“3，2，1，上链接”，而不会翻车。

开放直播内容：所有合作平台都能接入淘宝上优质直播内容，帮助更多中小平台快速丰富直播内容。

这使“播什么”的问题也迎刃而解了。淘宝丰富的直播内容，包括达人直播、商家直播等，都将陆续开放给合作平台，快速丰富各个平台的直播内容。

开放选品能力：所有合作平台都能接入淘宝的商品池，帮助主播选择高品质的商品，提升选品能力。

直播电商的本质是电商，淘宝的海量商品和选品能力，一直是淘宝直播领先行业的重要原因。未来，所有合作平台都能接入淘宝的商品池，中小平台上的主播也能选择高品质的商品去带货，此前最令直播平台头疼的选品问题也就迎刃而解了。

接入淘宝的商品池后，就意味着这些新兴直播平台上的消费者都能享受到淘宝的售后保障和物流服务。这些此前需要长时间、大规模投入才可能积累的能力，也就“一键”分享给了所有中小平台。

开放更多运营能力：所有合作平台都能使用包括红包、优惠券在内的各项直播运营工具，提升互动性。

淘宝直播还把各类互动能力开放了出来，而且不用跳转就能在平台内部完成点赞、评论、购买等一系列互动。

2. 抖音发力直播电商

2018 年 3 月，抖音开始尝试以电商的形式进行流量变现，上线“购物车”“商品橱窗”等工具，以短视频内容为淘宝等第三方平台带货。当年“双十二”期间，抖音对部分达人测试了直播带货的可行性，为天猫、淘宝带货促成单数超过 120 万，TOP50 达人完成 1 亿元的 GMV。

2019 年第一季度，抖音在电商上的布局进一步加强，开始为电商业务搭建服务工具，推出“精选好物联盟”与字节旗下电子商城“放心购”联动。“放心购”为字节的电商中台，在抖音里以“抖音小店”显示。抖音还上线了“小米商城”“京东好物街”等电商小程序，进一步方便达人带货。同年 8 月，抖音在其付费视频“加热”工具 DOU+ 上线了电商功能——店铺引流。

2020 年，抖音在电商上的布局有所加速。4 月，抖音高调宣布签约罗永浩，在抖音开启直播电商。5 月，抖音开放个人入驻小店，0 粉丝可申请“购物车”，同时宣布计划投入 15 亿元流量扶持企业号，升级直播特权。6 月，作为抖音卖家的官方移动版管理工具，抖音小店的官方 App 上线。

从上线“购物车”“抖音小店”、电商小程序到“抖店”，抖音在电商工具的闭环已经基本完成搭建。此前，抖音在很大程度上发挥着给电商平台导流的价值，例如，抖音和淘宝签订的 2019 年的年框合作。

2020 年 6 月上旬，字节跳动正式成立了以“电商”明确命名的一级业务部门，以统筹公司旗下抖音、今日头条、西瓜视频等多个内容平台的电商业务运营，这意味着“电商”已明确成为字节跳动的战略级业务。而抖音是落实这一战略业务最核心的平台。

2020 年 8 月 26 日，抖音宣布自 9 月 6 日起，第三方链接需要通过巨量星图下单方可进入直播间购物车。10 月 9 日起，将不再支持第三方来源的商品进入直播间购物车，抖音小店平台来源商品不受影响。抖音，最终目标就是要实现电商流量闭环，全力打造属于自己的直播电商平台。

3. 快手直播电商的进化

2018 年年中，快手第一次把电商的功能向公众开放，推出了“小黄车”。

2018 年 11 月 6 日，快手首届电商节首日，“散打哥”同其他一众电商主播来了场卖货大赛，结果 5 小时带货 1.6 亿元，一炮而红，快手电商真正出圈。

2019 年年中，快手电商打出 “源头好物，一件也是批发价”的口号。

从 2018 年到 2019 年，快手在电商直播上火力全开，算是建立了一套相对完整的电商直播秩序。

据快手官方说法，快手电商有几个特征：有趣地逛、放心地选、信任地买。

快手主打 “有趣地逛”。快手上的主播，往往更具有独特的人格吸引力。大量的用户，看他们的直播不是为了等着买东西，而是为了享受那个有点像综艺节目的直播。

2020 年上半年，快手对电商做了一次升级，从“源头好货”扩张到“品牌货”。这次升级之后不久，快手再一次迎来了关键节点：董明珠的一场直播卖了 3.1 亿，把快手再次推到了聚光灯前。这是第一次在快手上尝试卖高客单价的大家电。

同时，快手用了将近半年的时间，把中小商家和源头好货夯实，并且构建了自己的分销库——快手好物联盟。货一旦进入分销库，就可以进入快手全平台。生态里所有能够卖货的主播都可以从这个分销库里选货去卖，最后由进入这个分销库的品牌方或者供应商做统一的发货、配送、客服。

2020 年 11 月 10 日，快手发布了《2020 快手电商生态报告》显示，2020 年上半年，快手平台电商交易总额达 1096 亿元，较 2018 年的 9660 万元增长 1000 倍；8 月快手电商买家数较 1 月增长 68%，卖家数增长 74%。快手电商 GMV 两年增长了 1000 倍，平均每秒 2 场电商直播。

15.2 直播电商产业链生态

随着行业发展逐渐走向精细化、规范化，构建直播电商产业链生态变得尤为重要。直播电商产业链中，五大主体赋能人、货、场，支撑直播电商行业快速发展。根据亿欧智库等发布的《“带货”的逻辑：直播电商产业链研究报告》，从产业链视角，直播电商产业链包括直播电商平台渠道方、MCN 及 KOL、供应链服务商、数据营销服务商以及直播电商综合技术解决方案提供商五大主体。

不同主体在产业链中的角色分工、发展现状、自身优势、商业模式等，展现直播电商当前发展图景及未来发展方向。

在直播电商产业链中，上游主要为品牌商、经销商或制造商，中游主要为 MCN 机构、主播以及平台渠道方，下游为消费者。

15.2.1 平台渠道方

平台渠道方负责搭建和维护场景，并制定相关规则，要求参与者遵守。按主营业务属性划分，直播电商平台可分为电商平台和内容平台。内容平台是原本做内容的图文 / 短视频 / 直播平台，通过网络红人或主播直播带货，将流量变现，如抖音、快手等。电商平台是以电商业务为核心的平台，如淘宝、京东、唯品会、拼多多、蘑菇街等。

15.2.2 MCN与KOL

MCN 机构为主播提供孵化、推广及管理服务，KOL 输出内容并通过平台触达消费者，完成带货。

MCN 和 KOL 是直播电商产业链的核心，起着连接直播电商产业链中供给端和需求端的作用。在供给端，MCN 和 KOL 连接品牌商，为品牌商销售产品对接适合的 KOL，完成定制化内容的输出，并帮助平台管理创作者账号，吸引流量。在需求端，MCN 和 KOL 连接消费者，收集消费者消费反馈，通过大数据分析消费者偏好，反馈给广告主，从而帮助广告主进行产品的优化和确定产品的生产数量，减少仓储成本。

15.2.3 数据营销服务商

数据营销服务商为品牌商和 MCN 机构提供筛选 KOL、制订与执行 KOL 直播带货方案等数据营销服务。

在直播电商中，数据营销服务商基于数据为品牌、商家、MCN 提供“选人”“选品”的策略洞察支持、策划实施直播带货方案、监测直播带货效果、激活直播带货数据资产等多种直播营销服务，涉及直播前、中、后部分环节或闭环链路。

数据营销服务商与传统营销服务商的不同之处在于，利用数据对直播营销全流程进行赋能，使关于人、货、场洞察的颗粒度更细，直播营销方案的制订与实施针对性、互动性更强，直播带货效果反馈更及时、更丰富，数据资产价值放大。

在直播电商中，包括电商平台、社交平台、短视频平台在内的直播电商平台、MCN、KOL 营销公司、新媒体数据分析平台、电商大数据公司根据自身的不同禀赋，涉足数据营销服务链的不同环节。

随着直播电商流量扩张从粗放发展走向精细化运营，品牌、商家将更需要借助数据营销服务来提高直播带货的投资回报率，主播 /MCN 也更需要借此提高流量获取及变现效率，维持自身建立的信任资产。

15.2.4 供应链服务商

品牌商按照产品特性向 MCN 机构或主播进行商业投放。

供应链服务商为主播提供稳定货源及选品服务，综合技术解决方案提供商则为直播电商平台提供直播技术及电商技术服务。

商品供应是供应链服务的起点，具有“牵一发而动全身”的效应，同时也是直播电商中对终端零售商和主播影响最深的服务环节。

直播电商供应链对传统电商供应链的升级之处在于：主播的加入使消费者需求、反馈更清晰地传导到产业链上游，同时随着主播聚合的消费者粉丝增多，用户对商品消费的话语权提升，将有机会主动影响供应链前端商品的设计、生产、采购。

主播的商品供应链服务商分为内部供应链服务商和外部供应链服务商。内部供应链服务商由主播自身团队担任，在这种情况下，主播建立自有品牌，或以 OEM、ODM 模式生产自己的定制品牌商品，通过直播自行销售。外部供应链服务商包括两类：一是零售终端品牌商；二是聚合不同品牌、工厂、原产地商品的第三方供应链整合服务商。

其中，第三方供应链整合服务商由于货源丰富、货源对接效率高等因素成为大多数主播的主要供货商。目前，第三方供应链整合服务商主要包括电商平台、短视频社交平台、电商 MCN、内容类电商导购平台、专业 KOL 供应链平台五类。

不同平台根据主营业务不同，积累了整合货源的差异化优势。随着直播电商的快速发展，主播的货源供应将会呈现专业化、规范化、多样化的发展趋势。

15.2.5 综合技术解决方案提供商

直播技术与电商技术相融合，催生了直播电商新兴业态。从产品形态上来看，商家主要需要采购直播系统和电商系统来搭建完整的直播电商技术架构。

从技术上来看，直播电商要求高清流畅、低延迟、高并发访问量的音视频处理及传输能力，对计算能力、网络带宽、实时存储、节点等底层基础资源的丰富度和弹性能力有极高的要求，具备这种服务能力的主要是云厂商。

不同云厂商主要提供视频采集、前处理、编码、推流、转码、分发、播放等基本直播技术解决方案。大型厂商还基于自身生态的优势或联合上层电商 SaaS 解决方案伙伴提供增值服务。

此外，电商 SaaS 服务商也是直播电商中重要的技术服务方，提供开店、获客、复购转化、经营分析等全方位电商技术解决方案，搭建直播电商基础设施。例如，管盈云作为一家企业级电商 SaaS 服务提供商，可提供一整套与视频直播高度融合的一站式电商解决方案。

电商 SaaS 服务解决方案主要作用及特点如下：

从业务角度看，电商 SaaS 服务构建包括商品定义、采购（生产）、仓储、物流、营销、订单、支付、开票、客服等全业务流程闭环体系。

从技术角度看，电商 SaaS 服务提供基于高并发、高负载、高可用、易扩展的集群化架构平台，为直播过程中订单成交保驾护航。

从平台运营角度看，电商 SaaS 服务构建完善的运营监控预警机制，包括价格预警、库存与临保预警、订单发货预警、物流快递配送预警等，将有效降低运营风险与运营成本。

从用户体验角度看，电商 SaaS 服务提供丰富的用户终端访问入口（如：PC、公众号、小程序、H5、App 等）、提供多种便捷支付渠道（如：微信、支付宝、云闪付等），将有效提高订单成交率。

电商 SaaS 平台是客户成交与留存的关键，通过大数据分析构建用户画像，通过可视化数据提供运营决策支持，实现精准营销，盘活存量用户，提升复购率。

电商 SaaS 服务在满足电商业务基础需求的同时，提供标准 B2C 电商模式（先采购后销售的有仓模式）、S2B2C 电商模式（由供应商一件代发的无仓模式）、B2C+O2O 新零售融合模式、C2M（C2F）定制服务模式等业务运营支撑体系。在提供丰富营销活动支持的前提下，提供具备良好激励算法的合规分销模块，提供基于云仓高效自运营的多级代理购销模块，满足企业私域流量的运营需求。

管盈云电商 SaaS 服务在帮助企业实现直播电商的同时，还将助力企业实现数字化转型升级，具体体现在：实现电商业务流程标准化；实现业务财务税务一体化；构建唯一客户视图；构建企业自有客户群；构建业务运营大数据。针对有条件的品牌方，还可构建从工厂生产、仓储、销售、物流、客户签收的全流程防伪追溯体系，而不是简单的商品溯源。

电商 SaaS 服务商是直播电商中重要的技术服务方，是搭建直播电商的基础设核心组成部分。随着微信、快手、抖音等社交平台成为新的电商流量入口，电商 SaaS 服务商将在直播电商中迎来发展机遇。

15.3　直播电商城市竞争新赛道

15.3.1　北上广及杭州，谁将成为直播电商“第一城”

北京、上海、广州、杭州，可以称为直播电商的一线城市，在技术、人才、平台、产业链、政策、资源等方面，具有各自不同的优势。目前，四地都已出台直播电商相关的支持政策、发展方案，谁将成为直播电商“第一城”，大家拭目以待。

1. 北京加快培育壮大新业态、新模式

2020 年 6 月 10 日，《中共北京市委　北京市人民政府关于加快培育壮大新业态新模式促进北京经济高质量发展的若干意见》提出：把握新基建机遇，进一步厚植数字经济发展根基；拓展新场景应用，全力支持科技型企业创新发展；挖掘新消费潜力，更好地满足居民消费升级需求等。其中，《北京市促进新消费引领品质新生活行动方案》提出：培育壮大“互联网 +”消费新模式。搭建对接平台，推动实体商业与电商、新媒体等合作，推广社交营销、直播卖货、云逛街等新模式。

北京在直播电商发展方面具有无可比拟的资源与优势。2015 年，北京作为全国唯一的服务业扩大开放综合试点城市，开启了开放式的改革探索。2018 年，北京等 22 个省市获批设立跨境电商综合试验区。同时，北京中关村是互联网与新媒体的创新创业高地，抖音、阿里巴巴、京东、快手等总部均在北京，互联网与新媒体企业数量及人才数量更是居全国第一。

北京市商务局副局长刘梅英在 2020 年中国国际服务贸易交易会上接受人民网专访谈到电商直播时表示：我们要由点到面、由小到大，促进产业链的发展，优化电商直播产业生态。北京将通过加快培育“直播”创新示范项目、合作开展多领域促消费活动、协调推进直播基地建设、加强直播人才培养等方式促进电商直播新业态健康发展。

北京将会从四个方面加快推进电商直播。第一，加快培育互联网直播的创新示范项目。通过这一系列的示范项目来带动企业的发展、平台的发展，让更多的企业能够触电触网，进行数字化转型。第二，合作开展多领域的促消费活动。北京从 2020 年 6 月开始就拉开了北京消费季的序幕，在整个消费季的活动当中，专门设置电商直播的板块。2020 年“双十一”将设置北京电商直播大型活动。通过活动，培育一批网红品牌，培养一批网红打卡地等。第三，推进直播基地的建设。通过一种聚集性的基地，为更多的企业需求搭建合作对接的一些平台，打造具备这种资源聚集、主动赋能也好等，一方面具有这种功能的直播生态。第四，加强直播人才的培养。把直播人才的培养作为重点方向。例如，推进职业院校和电商平台的对接，共同设计专业培养直播人才。策划主播大赛等活动，带动传统企业，老字号、特色小店等，把它们的主播培养起来。

2. 上海打造在线新经济发展高地

2020 年 4 月 8 日，上海市人民政府办公厅印发《上海市促进在线新经济发展行动方案（2020—2022 年）》，鼓励开展直播电商、社交电商、社群电商、“小程序”电商等智能营销新业态。到 2022 年年底，将上海打造成具有国际影响力、国内领先的在线新经济发展高地。

为落实这个行动方案，2020 年 5 月，上海举办五五购物节，在直播带货这个环节，下了一番苦功夫。

上海市崇明区发布 2020 年第一批特殊人才引进落户公示名单，李佳琦在列。把直播网络红人李佳琦作为特殊人才引进落户到上海，应该会吸引更多的网红会聚上海带来效应。

上海是长三角的核心，所需直播电商产业生态链，人、货、场都具有极大优势。阿里巴巴 4 月发布的《淘宝直播新经济报告》显示：上海的淘宝直播无论是用户观看数量还是各类品牌的参与规模，均居全国第一。

3. 广州打造全国著名的直播电商之都

2020 年 3 月 23 日，广州市商务局发布《广州市直播电商发展行动方案（2020—

2022年)》。确定目标，到2022年，推进实施直播电商催化实体经济“爆款”工程——“个十百千万”工程。

2020年6月，广州举办了“首届直播节（中国·广州）”，通过活动大力推进该行动方案的落地。8月20日，广州市花都区发布了《广州市花都区直播电商发展扶持办法（2020—2022）》。

广州在人才方面，除了头部网红，还有一批网红主播。同时，广州是粤港澳大湾区的龙头，互联网与数字经济发展迅速，服装、美妆、电子、汽车等实体产业链优势极强。

4. 杭州“直播+”与数字经济之都

2020年3月19日，《浙江省人民政府办公厅关于提振消费促进经济稳定增长的实施意见》发布，鼓励实体商业通过直播电商、社交营销开启“云逛街”等新模式，繁荣居家“宅消费”。

2020年7月9日，杭州市商务局发布《关于加快杭州市直播电商经济发展的若干意见》，提出到2022年，全市实现直播电商成交额10 000亿元，对消费增长年贡献率达到20%。培育和引进100个头部直播电商MCN机构，建设100个直播电商园区（基地），挖掘1000个直播电商品牌（打卡地），推动100名头部主播落户杭州，培育10 000名直播达人。对在杭州落地且排入全国（全网销售）前100位的头部主播，年销售额（含一定比例杭产品）在5亿元以上的，按贡献给予200万元以上的奖励；年销售额（含一定比例杭产品）在1亿（含）—5亿元的，按贡献给予100万元以上的奖励。经认定的直播电商高层次人才在落户、优先购房、购（租）房补贴、子女入学、车牌竞价补贴、医疗等方面享受相应待遇。杭州是数字经济之都，是阿里巴巴淘宝直播的大本营，是电商之城。知名网红薇娅、雪梨、张大奕都驻扎在杭州，还有众多的MCN机构与主播，直播电商人才济济。

15.3.2 直播电商赋能地方数字经济

截至目前，北京、上海、广州、杭州、重庆、济南、石家庄、青岛、厦门、义乌、营口、菏泽、许昌、沈阳及黑龙江省等地都已经发布了直播电商相关政策、发展行动方案等（见表15-1）。直播电商已成为地方发展新经济、赋能传统经济的新引擎，是新一轮城市竞争的新赛道，是产业发展的新模式、新业态。

表15-1 全国各省市直播电商发展方案及政策

发布时间	省市	政策文件	主要目标
2020年3月19日	浙江省	《浙江省人民政府办公厅关于提振消费促进经济稳定增长的实施意见》	鼓励实体商业通过直播电商、社交营销开启“云逛街”等新模式，繁荣居家“宅消费”
2020年3月23日	广州市	广州市商务局《广州市直播电商发展行动方案（2020—2022年）》	到2022年，推进实施直播电商催化实体经济“爆款”工程——“个十百千万”工程。即：构建1批直播电商产业集聚区、扶持10家具有示范带动作用的头部直播机构、培育100家有影响力的MCN机构、孵化1000个网红品牌（企业名牌、产地品牌、产品品牌、新品等）、培训1万名带货达人（带货网红、“网红老板娘”等），将广州打造成为全国著名的直播电商之都
2020年3月30日	四川省	四川省商务厅《品质川货直播电商网络流量新高地行动计划（2020—2022年）》	到2022年年底，四川省将推进实施10个特色产业直播电商网络流量基地、100个骨干企业、1000个网红品牌、1万名网红带货达人的“四个一”工程，将四川打造为全国知名区域直播电商网络流量中心，实现年直播带货销售额100亿元，集聚生态企业1000家，带动产值1000亿元
2020年4月8日	上海市	上海市人民政府办公厅《上海市促进在线新经济发展行动方案（2020—2022年）》	鼓励开展直播电商、社交电商、社群电商、“小程序”电商等智能营销新业态。到2022年年底，将上海打造成具有国际影响力、国内领先的在线新经济发展高地
2020年4月21日	营口市	营口市人民政府办公室《营口市直播电商发展行动计划（2020—2022年）》	聚焦一年，着眼三年，通过直播电商集聚优势资源，将营口特色产业和资源穿成串、划成片、形成链，达到聚集效应。围绕重点领域扶持“10+”头部直播电商主体，打造“100+”产品品牌，集聚“1000+”直播带货达人。到2020年年底，

续表

发布时间	省市	政策文件	主要目标
2020 年 4 月 21 日	营口市	营口市人民政府办公室《营口市直播电商发展行动计划（2020—2022 年）》	要初步唱响东北，突出打造“网红经济”，形成营口地区特色产业的聚集。到2022年年底，形成链接更紧密、更快捷，互动性更强的直播电商与产业企业融合生态，把营口打造成为全国直播电商网络流量新高地
2020 年 5 月 11 日	重庆市	重庆市商务委员会《重庆市加快发展直播带货行动计划》	围绕国际消费中心城市与数字经济创新发展试验区建设，积极发展直播电商，大力实施电商直播带货“2111”工程，到 2022 年底，全市打造 20 个以上产地直播基地，至少发展 100 家具有影响力的直播电商服务机构，孵化 1000 个网红品牌，培育 1 万名直播带货达人，力争实现直播电商年交易额突破百亿元，将重庆打造成为直播应用之都、创新之城
2020 年 5 月 12 日	青岛市	青岛市商务局《青岛市直播电商发展行动方案（2020—2022 年）》	到 2022 年，推进实施直播电商工程——“五个一”工程。即：构建一批直播电商产业集聚区、扶持一批具有示范带动作用的头部直播机构、培育 10 家有影响力的 MCN 机构、孵化 100 个网红品牌、培训 1000 名带货达人，将青岛打造成为中国北方直播电商领先城市
2020 年 5 月 22 日	菏泽市	菏泽市人民政府《菏泽市直播电商发展行动方案（2020—2022 年）》	2022 年年底，构建 10 个直播电商产业集聚区、扶持 50 家具有示范带动作用的 MCN 公司、孵化 100 个网红品牌（企业名牌、产地品牌、产品品牌、新品等）、培育一批网红带货达人，将菏泽市打造成为长江以北知名的直播电商发展高地
2020 年 5 月 24 日	济南市	济南市委、市政府《大力发展电商经济打造直播经济总部基地的实施方案》	着力打造一批直播经济基地、建设一批产业直播经济集群，培育引进 20 家以上全国知名的直播、短视频经济总部，100 家以上具有影响力的 MCN 机构，300 个以上网红品牌，5000 个以上直播间，1 万名以上直播电商带货网红达人。经过 2—3 年的努力，实现电商直播带动线上、线下成交额达 1800 亿元，占比全市社会消费品零售总额 30% 以上，推动直播、短视频制作产业成为济南重要新兴产业，将济南打造成为全国著名的直播经济总部基地

续表

发布时间	省市	政策文件	主要目标
2020 年 6 月 10 日	北京市	《中共北京市委 北京市人民政府关于加快培育壮大新业态新模式促进北京经济高质量发展的若干意见》	该意见提出：把握新基建机遇，进一步厚植数字经济发展根基；拓展新场景应用，全力支持科技型企业创新发展；挖掘新消费潜力，更好地满足居民消费升级需求等。 其中，《北京市促进新消费引领品质新生活行动方案》提出：培育壮大“互联网 +”消费新模式。搭建对接平台，推动实体商业与电商、新媒体等合作，推广社交营销、直播卖货、云逛街等新模式
2020 年 6 月 19 日	义乌市	义乌市人民政府办公室《义乌市加快直播电商发展行动方案》	推进实施“十百千万”工程，3 年内建成 10 个直播电商产业带、培育 100 家具有示范带动作用的直播机构、打造 1000 个网红品牌、培养 10 000 名带货达人，成为全国知名的网红产品营销中心、网红达人“双创”中心、网红直播供应链主体集聚中心，力争 2022 年直播电商交易额突破 1000 亿元
2020 年 6 月 27 日	许昌市	许昌市商务局《许昌市直播电商发展行动方案（2020—2022 年）》	到 2020 年年底，构建 2 个直播电商基地，扶持 5 家具有示范带动作用的直播机构，孵化 10 个网红品牌（企业名牌、产地品牌、产品品牌、新品等），培育 100 名带货达人。到 2021 年，构建 5 个直播电商产业集聚区，扶持 10 家具有示范带动作用的直播机构，孵化 30 个网红品牌，培育 500 名带货达人。到 2022 年，构建 10 个直播电商产业集聚区，扶持 20 家具有示范带动作用的直播机构，孵化 50 个网红品牌，培育 1000 名带货达人，将许昌打造成中部地区直播电商领先城市
2020 年 6 月 30 日	石家庄市	《石家庄市新媒体电商直播示范城市行动方案（2020—2022 年）》	重点构建五大支撑体系，到 2022 年年底，将石家庄市打造成全国领先的新媒体电商直播示范头部城市。建设市、县（区）、企业三级直播体系。每个县（市、区）建设（新建或改造提升）一个特色产业直播基地，带动当地优势产业发展。扶持“50+”头部直播机构、MCN 机构和关联骨干企业。推出“100+”网红打卡应用场景，树立网红城市形象。打造“1000+”网红品牌。网红品牌包括企业网红、网红产地、

续表

发布时间	省市	政策文件	主要目标
2020年6月30日	石家庄市	《石家庄市新媒体电商直播示范城市行动方案（2020—2022年）》	网红产品、网红景区、网红美食、网红文化场所、网红特色小镇等，打造美誉度高、创新性强的网红经济品牌产品和服务，加快创新产品市场化和产业化。培训“10 000+”网红带货达人。网红导购、网红导游、网红义工、网红工匠、网红带货公务员、网红培训师，为新媒体网络直播示范城市提供人力资源支撑。带动“10万+”数字经济+网红直播就业，延伸产业链条，促进本地人才大量就业，促进传统企业向新型企业发展
2020年7月9日	杭州市	杭州市商务局《关于加快杭州市直播电商经济发展的若干意见》	到2022年，全市实现直播电商成交额1万亿元，对消费增长年贡献率达到20%。培育和引进100个头部直播电商MCN机构，建设100个直播电商园区（基地），挖掘1000个直播电商品牌（打卡地），推动100名头部主播落户杭州，培育1万名直播达人
2020年7月27日	石家庄市	石家庄市人民政府办公室《石家庄市新媒体电商直播示范城市网红人才成长计划（2020—2021年）》	积极构建人才评价认证体系，形成企业、培训机构、政府三方联动的人才培训体系。 力争通过两年努力，开展电子商务直播应用普及培训5万人次（2022年再普及培训5万人次），直播专业人才培训1万人，高级直播人才培训200名。 ——2020年：完成电子商务直播知识普及培训2万人次，完成直播专业人才培训2000人，完成高级直播人才培训50人。 ——2021年：完成电子商务直播知识普及培训3万人次，完成直播专业人才培训8000人，完成高级直播人才培训150人
2020年8月3日	厦门市	厦门市商务局《厦门市直播电商发展行动方案（2020—2022年）》	推动实施厦门市直播电商带货“五个一”工程：到2022年，在厦门市打造1个以上直播电商产业集聚园区，构建10家以上直播电商产业基地，发展100家以上具有影响力的直播电商服务机构，孵化1000家以上网红品牌，培育1万名以上直播带货主播，力争实现直播电商年交易额突破百亿元，将厦门市打造成为全国直播电商中心城市

续表

发布时间	省市	政策文件	主要目标
2020 年 8 月 20 日	广州市	广州市花都区科技工业商务和信息化局《广州市花都区直播电商发展扶持办法（2020—2022 年）》	以打造“直播电商名都”为目标，按照“一年见成效，两年上台阶，三年树品牌”的要求，大力实施直播电商带动网络零售“十百千”倍增计划：到 2022 年底，建成 10 大在国内有影响力的直播电商基地，打造 100 家直播示范店，培育和引入 1000 名以上带货达人，实现全区电商网络零售额超 1000 亿元的目标
2020 年 10 月 31 日	沈阳市	沈阳市人民政府办公室《沈阳市电商直播发展（网红经济）行动方案（2020–2022 年）》	依托本地产业产品特色和网红资源优势，推进“五个一”行动，即“建成一批电商直播基地”“扶持一批夜经济网红街区”“培育一批头部电商直播机构”“孵化一批电商直播品牌”“培养一批直播带货网红达人”。实施九大“电商直播 +”工程，推动电商直播与沈阳特产、本地生活、夜经济、文化旅游、专业市场、主题会展、工业制造、跨境贸易、政务公开相融合，健全电商直播产业链，带动实体经济高质量发展。到 2022 年底，电商直播示范基地数量达到 10 个，网红经济街区数量达到 30 个，MCN 机构、电商直播服务机构及网红经纪公司数量达到 100 个，网红品牌数量达到 100 个，培养 1 万名国内知名、具有东北特色的网红达人，提升产业创新能力，形成具有沈阳特色的电商直播发展模式，将我市打造成东北亚电商直播领先城市
2020 年 11 月 2 日	黑龙江省	黑龙江省人民政府办公厅《黑龙江省直播电商发展三年行动计划（2020—2022 年）》	三年行动计划发展目标为，到 2022 年年底，力争建成一批直播电商共享基地，培育 100 个骨干企业、1000 个网红品牌，培训 10 万名直播销售和运营人员，将我省打造成为全国知名“直播电商之都”。实现直播带货销售 100 亿元，集聚生态企业 1000 家，带动产值 1000 亿元

资料来源：新媒联盟

第十六章

科技赋能：人工智能、5G、超高清与直播短视频

16.1 科技赋能的总体框架与趋势

新一代信息科技赋能直播与短视频的总体框架与趋势，体现在以下三个方面。

16.1.1 人工智能

人工智能（Artificial Intelligence，AI），是研究、开发用于模拟、延伸和扩展人的智能的理论、方法、技术及应用系统的一门新的技术科学。

AI 是计算机科学的一个分支，它企图了解智能的实质，并生产出一种新的能以人类智能相似的方式做出反应的智能机器。该领域的研究包括机器人、语言识别、图像识别、自然语言处理和专家系统等。AI 从诞生以来，理论和技术日益成熟，应用领域也不断扩大，可以设想，未来 AI 带来的科技产品，将会是人类智慧的“容器”。AI 可以对人的意识、思维的信息过程进行模拟。AI 不是人的智能，但能像人那样思考，也可能超过人的智能。

AI 是一门极富挑战性的科学，从事这项工作的人需要具备计算机知识、数学基础、自动化理论、语言学以及心理学和哲学。AI 由不同的领域组成，如机器学习、计算机视觉等。总体而言，AI 研究的一个主要目标是使机器能够胜任一些通常需要人类智能才能完成的复杂工作。但在不同的时代之下，不同的人群对这种“复杂工作”的理解是不同的。

从技术意义上讲，AI 是研究使计算机来模拟人的某些思维过程和智能行为（如学习、推理、思考、规划等）的学科，主要研究“计算机实现智能的原理、制造类似于人脑智能的计算机，使计算机能实现更高层次的应用”等。AI 涉及计算机科学、数学、心理学、哲学和语言学等学科，可以说几乎是自然科学和社会科学的所有学科，其范围已远远超出了计算机科学的范畴。从被称为“人工智能应用元年”的 2017 年起，AI 投资创业热潮兴起，而其应用层的投资则更加蓬勃发展；在作为 AI 产业链中的重要应用层和 AI 落地选择之一的智能媒体领域，政府扶持、用户期待、各方抢占技术红利之乐观态势明朗。AI 技术的变革，已在当前包括互联网直播与短视频在内的新媒体领域内发挥出以智能化驱动支持内容生产、以算法为核心进行信息匹配、以平台为基础完成效果反馈的智能化推动作用。同时，当前智能媒体的创新研发日益落地，如语言交互成为媒体走向万物互联的应用重点和发展风口；智能终端成为现阶段智能媒体发展的落点操作和走向原生内容创业的起点；技术则驱动媒体开始尝试发力于垂直内容领域。为顺应媒介生态，国内不少新媒体平台开始嵌入 AI 基因，从传感器信息采集、机器人内容生产到个性化内容分发，再到智能终端的匹配建设，AI 正在驱动着媒体业务流程实现深刻再造。

16.1.2　5G

5G，即第五代移动通信技术，是最新一代蜂窝移动通信技术，也是继 2G（GSM）、3G（UMTS、LTE）和 4G（LTE-A、WiMax）系统之后的延伸。

近年来，5G 已经成为通信业和学术界探讨的热点。5G 的发展主要有两个驱动力：一是以长期演进技术为代表的 4G 已全面商用，对下一代技术的讨论提上日程；二是移动数据的需求爆炸式增长，现有移动通信系统难以满足未来需求，急需研发新一代 5G 系统。

5G 的发展也来自对移动数据日益增长的需求。随着移动互联网的发展，越来越多的设备接入移动网络中，新的服务和应用层出不穷。移动数据流量的暴涨给网络带来了严峻的挑战。首先，如果按照当前移动通信网络发展，容量难以支持千倍流量的增长，网络能耗和比特成本难以承受；其次，流量增长必然带来对频谱的进一步需求，而移动通信频谱稀缺，可用频谱呈大跨度、碎片化分布，难以实现频谱的高效使用；再次，要提升网络容量，必须智能高效地利用网络资源，例如针对业务和用户的个性进行智能优化，但这方面的能力不足；最后，未来网络必然是一个多网并存的异构移动网络，要提升网络容量，必须解决高效管理各个网络，简化互操作，增强用户体验的问题。为了解决上述挑战，满足日益增长的移动流量需求，急需发展 5G。

5G 移动网络与早期的 2G、3G 和 4G 移动网络一样。5G 网络是数字蜂窝网络，在这种网络中，供应商覆盖的服务区域被划分为许多被称为蜂窝的小地理区域。表示声音和图像的模拟信号在手机中被数字化，由模数转换器转换并作为比特流传输。蜂窝中的所有 5G 无线设备通过无线电波与蜂窝中的本地天线阵和低功率自动收发器（发射机和接收机）进行通信。收发器从公共频率池分配频道，这些频道在地理上分离的蜂窝中可以重复使用。本地天线通过高带宽光纤或无线回程连接与电话网络和互联网连接。与现有的手机一样，当用户从一个蜂窝穿越到另一个蜂窝时，他们的移动设备将自动“切换”到新蜂窝中的天线。

5G 网络的主要优势在于，数据传输速率远远高于以前的蜂窝网络，最高可达 10Gbit/s，比当前的有线互联网要快，比先前的 4G LTE 蜂窝网络快 100 倍；较低的网络延迟（更快的响应时间），低于 1 毫秒，而 4G 为 30 毫秒—70 毫秒。由于数据传输更快，5G 网络不仅为手机提供服务，而且还将成为一般性的家庭和办公网络提供商，与有线网络提供商竞争（以前的蜂窝网络提供了适用于手机的低数据率互联网接入，但是一个手机发射塔不能经济地提供足够的带宽作为家用计算机的一般互联网供应商）。

16.1.3 超高清技术

超高清技术，是国际电信联盟（ITU）所批准的信息显示“4K 分辨率（3840×2160 像素）”的正式名称，被定为“超高清 Ultra HD（Ultra High-Definition）”。同时，在 4K 之上的“8K 分辨率（7680 像素 ×4320 像素）”“12K 分辨率（11 520 像素 ×6480 像素）”和“16K 分辨率（15 360 像素 ×8640 像素）”也被纳入“超高清技术”的体系之中。

近年来，超高清技术的落地研发与应用，主要从 4K 分辨率视频技术切入。4K，是具有新一代数字电影级的视频分辨率标准。它不同于 HD 标准家庭高清电视（1920 像素 ×1080 像素）分辨率，也不同于传统数字影院的 2K 分辨率的大屏幕（2048 像素 ×1080 像素）分辨率，而是具有 4096 像素 ×2160 分辨率的超精细画面。传统高清电视是 207 万像素的画面，而在传统数字影院里看到的是 221 万像素的画面，在 4096 像素 ×2160 像素分辨率的影院里，能看到 885 万像素的高清晰画面。

在数字技术领域，通常采用二进制运算，而且用构成图像的像素来描述数字图像的大小。由于构成数字图像的像素数量巨大，所以通常以 K 来表示。2 的 10 次方即 1024，因此：

$1K=2^{10}=1024$

$2K=2^{11}=2048$

$4K=2^{12}=4096$

定义一个视频有几 K 的方法为：横向像素数有几个 1024。在分辨率为 2048 像素 ×1080 像素的情况下，2048 表示水平方向的像素数，1080 表示垂直方向的像素数；同理，当分辨率处于 4096 像素 ×2160 像素时，4096 表示水平方向的像素数，2160 表示垂直方向的像素数。在实际的数字母版制作和数字放映中，还需根据不同的画幅宽高比来对图像水平方向或垂直方向的像素数进行调整。所以接近 4K 图像的 884.736 万个像素数量的分辨率也可以叫作 4K，比如市面上常见的 3840 像素 ×2160 像素也可以叫作 4K 分辨率。而标准 4K 分辨率正好是 2K 分辨率（2048 像素 ×1080 像素）像素点数量的 4 倍，也是 1K 分辨率（1024 像素 ×540 像素）像素点数量的 16 倍。

在 4K 分辨率下，4096 像素 ×2160 像素的分辨率可提供 885 万像素，实现电影级的画质，相当于当前顶级的 1080p 分辨率的四倍以上。当然超高清的代价也是不菲的，每一帧的数据量都达到了 50MB，因此无论解码播放还是编辑都需要顶级配置的机器。

16.2　国家级媒体的探索与实践

国家级媒体在新一代网络直播与短视频科技创新中不断探索，下面以中央广播电视总台为例。

16.2.1 融媒体短视频传播新模式：央视频

随着5G时代的到来，云计算、大数据、AI等新一代信息技术的融合、叠加和普及，推动着新一轮工业革命的迅速展开，也显著推进了广播电视媒体融合发展面向数字化、网络化、智能化等技术体系的深刻变革，促使信息技术和传媒技术融合向纵深发展。

2019年11月20日，我国首个国家级5G新媒体平台——中央广播电视总台“央视频”5G新媒体平台正式上线。“央视频”5G新媒体平台是中央广播电视总台落实习近平总书记“守正创新，把新媒体新平台建设好运用好”指示精神的重要战略举措，标志着总台媒体融合迈出了关键性步伐。“央视频”在多个方面实现了创新和突破。

在定位上，“央视频”定位为有品质的视频社交媒体，打破传统单一的发布模式，将总台既有的视频优势与用户喜爱的社交方式相结合，成为主流媒体中首个“视频社交媒体”。

在形态上，“央视频”以短视频为主，兼顾长视频和移动直播，具有独特的“以短带长”“直播点播关联”等功能，并可实现4K投屏观看，为用户带来全新震撼视听体验。

在内容上，“央视频”聚焦泛文体、泛资讯、泛知识三大品类，以账号体系为内容聚合逻辑，连接撬动总台长期积累沉淀的优质资源和各类社会头部创作力量，以开放共建的姿态实现优质社会资源整合，共同打造新媒体新平台。

在技术架构上，“央视频”采用先进的“大中台＋小前台”设计，中央广播电视总台也借此成为第一家正式建设5G智能化媒体中台的主流媒体。

5G新媒体平台通过中台的打造，能彻底从技术上、流程上实现全台从内容数据到用户数据的共享分享、互联互通，解决总台过去整个新媒体发展中长期存在的重复建设、资源分散的现状，实现资源的打通互联。

中台包括三个部分，分别为数据中台、视频中台和AI中台。视频中台用于支持新媒体内容的汇聚、管理、检索、制作、审核以及发布。数据中台可对用户进行大数据分析，为前台提供用户画像，为台内管理部门和节目部门提供传播分析数据。

1. 数据中台提供跨业务数据计算服务

5G 新媒体平台数据中台以建设全台新媒体数据枢纽为目标，建成了一个支撑“亿级用户”数据处理的计算平台，跨越公有云、专有云和私有云的网络部署，实现新媒体各端数据的互联互通与统筹管理。“数据中台”的产生，就是依靠全流程数据的能力和力量来支撑媒体生产传播环节的发展的。“数据中台”是一个跨业务数据能力服务的平台，其中视频中台及 AI 中台作为重点支撑新媒体客户端和新媒体内容共享制作的大中台。目前，技术层建设成熟的数据中台包含以数据仓库、TBDS、BI、ETL、蜂巢、归档媒资、用户画像等为主要组成部分的全流程控点建设层面。

按照融媒体的业务需求，从台内、台外接入了用户数据、内容数据、业务数据和互联网数据；根据用户服务和运营分析的不同需求，搭建全流程计算的公有云实时计算集群和专有云批量计算集群，支撑实时报表、个性化推荐、用户画像、搜索等业务的计算任务，构建了形成支撑视频中台在线运营与用户服务的数据体系。

2. 视频中台高效支撑新媒体内容生产发布

视频中台包括新媒体素材库、剪辑系统、内容审核系统、标准化系统、音视频信号 / 文件处理系统。

作为在 5G 新媒体平台中起到承上启下作用的重要环节，它向上对接总台海量的优质节目资源，向下对接“央视频”客户端和前台系统，构建了一套集汇聚、标准化、共享、制作、审核、发布于一体的全链条新媒体内容生产服务体系，支持多来源的内容汇聚，支持面向成品和素材的标准化，支持全台范围内的新媒体内容共享，支持灵活便捷的剪辑制作，支持内容多级审核，支持面向“央视频”客户端和第三方渠道的一体化发布，极大地提升了总台新媒体内容制作生产力，助力“央视频”客户端成为国家级、全民型、有品质的总台综合性旗舰客户端。视频中台如图 16-1 所示。

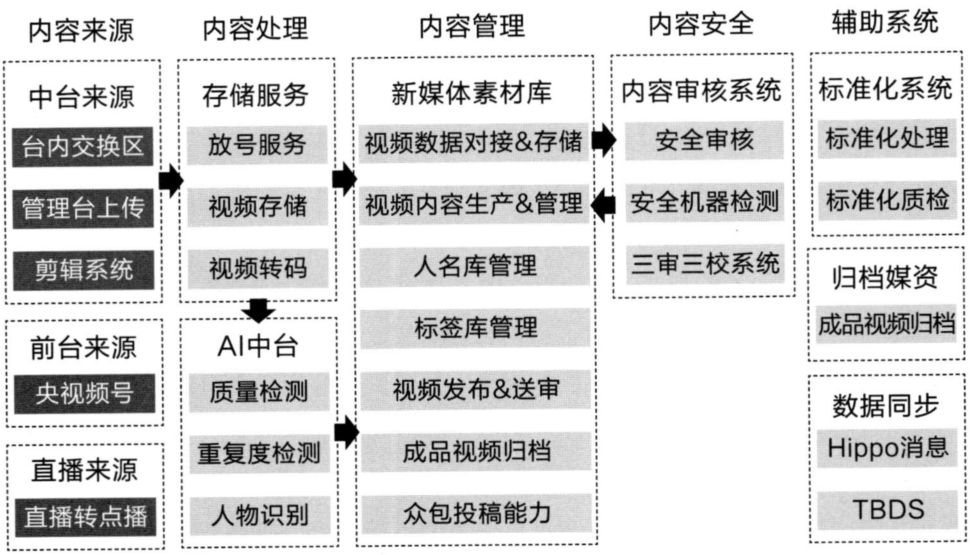

图 16-1　视频中台示意图

2020 年，在新冠肺炎疫情报道期间，通过各系统模块协作运行，完成接收台内素材 176 867 条、产出视频成品 78 519 条、接收央视频号成品稿件 184 657 条；审核完成送审成品共 86 895 条；通过云服务剪辑系统共生产点播稿件 50 493 条、直播快编 22 795 条。规范标签体系并作为“央视频”内容精准运营与智能推荐基础的标准化系统处理素材及成品共计 448 477 条，其中标准化处理成品 301 977 条，一次成品标准化拒绝率为 29.43%；质检数据操作量（包含历史数据）共计 247 417 条，一次质检拒绝率为 7.19%；标签库新增及修改总计操作数量为 8563 个。

3. AI 中台赋能新媒体全生产流程

AI 中台为前台、视频中台、数据中台提供各种 AI 生产能力和训练学习的能力。AI 中台具有智能标签、视频理解、智能剪辑、安全审核、质量检测、画质提升等全面的 AI 能力体系，贯穿了 5G 新媒体内容转码、制作、审核、标准化和客户端呈现的全生命周期，为新媒体内容规模化、精细化、智能化生产提供了技术支撑。同时，AI 中台也是一套集标注、训练和推理发布于一体的全流程 AI 生产平台，可以根据业务的需求，支持 AI 算法的研发和迭代训练，满足总台业务需求变化对 AI 能力更新的要求。AI 中台系统如图 16-2 所示。

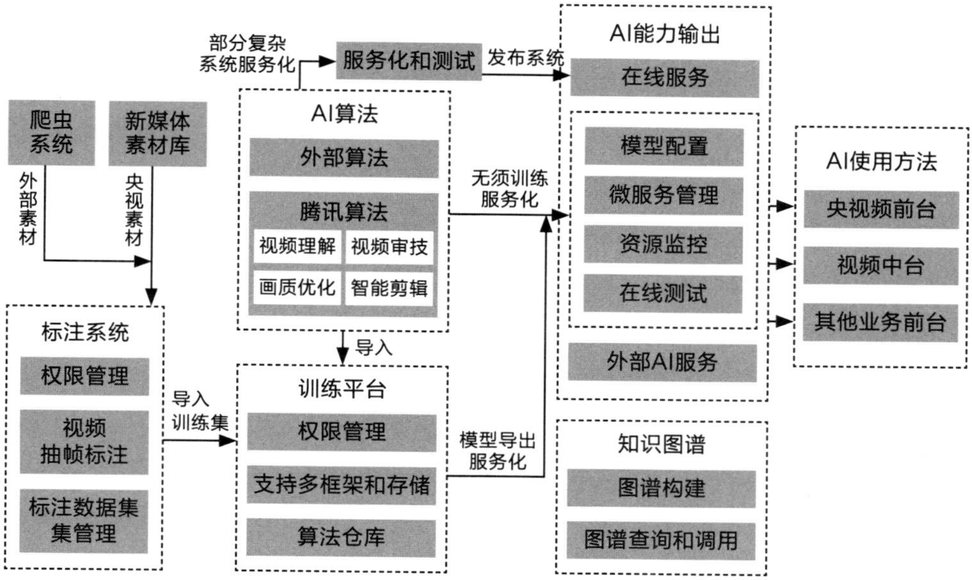

图 16-2 AI 中台系统示意图

2020 年，在新冠肺炎疫情报道期间，AI 中台通过视频理解、版权识别等功能进行视频重排、版权识别，分别调用 AI 能力 371 636 次、143 460 次。针对 AI 视频处理性能也持续优化，使单台机器处理能力由 900 个 / 天提升至 1200 个 / 天，加强了视频排重积压处理能力，也提高了设备内存资源使用效率。

4. AI 技术实现短视频智能剪辑

“央视频”实现精彩短视频的快速剪辑和发布，同时配合传统制作设备满足了节目在短视频、长视频多方面的需求，充分体现了 AI 可针对不同导演的剪辑习惯进行分析学习的优势。依托 AI 技术实现的智能剪辑系统可以通过“模拟学习”“感知数据”等技术优势，实现数据分析，快速自然地完成视频剪辑。智能剪辑系统在录制过程中，实时分析 6 路摄像机信号获取画面，通过人脸识别确定是谁、嘴形方差识别确定是否说话、画面清晰度识别确定是否可用、景别识别确定画面的优先级，然后以 2 倍速的效率生成粗编版文件，然后由编辑制作人员进行微调和字幕包装的最终工作，极大地提升了节目制作的效率。

“央视频”作为总台全新打造的视听新媒体旗舰平台，将成为国家级媒体与广大用户的连接者，牢牢把用户的注意力留在终端上，让互联网这个最大变量成为推动总台事业发展的最大增量。“央视频”作为总台发展新媒体的先锋队，将成为“5G+4K/8K+AI”等最新技术的引领者，创新联通大屏小屏，在占领5G媒体应用制高点的同时，更为每一位用户提供最新、最好的视听体验。“央视频”作为短视频的“国家队”，将成为主流价值的传播者，构建主流媒体健康多元的内容生态，承担起价值观、文化、知识传播的重任，提升人民群众的精神幸福感与获得感，更好地推动主流价值实现创造性转化和创新性发展。

16.2.2 5G时代融合传播新业态：CGTN

CGTN融媒中心是中国国际电视台按照融合传播理念打造的核心业务平台，统筹CGTN旗下北京总部和北美、非洲两个分台，英语、西班牙语、法语、阿拉伯语、俄语五个语种新闻的生产运营，全天候提供适应电视、移动网、客户端、社交媒体、视频通讯社等多渠道、多形态传播的新闻内容和产品。CGTN融媒中心秉承“多形式采集、同平台共享、多渠道多终端分发”的运行思路，可实时共享中国中央电视台所有电视和新媒体新闻资源，并汇聚了全球2.5万多家网络媒体和70家权威媒体机构的资讯，实现了资源共享最大化。全新搭建的空间平台、技术平台、管理平台有效保障了电视端与新媒体端的无缝衔接、同频共振。

2020年内，CGTN新媒体全新升级的官网3.0全面拥抱5G时代新媒体融合传播新业态，在创新国际传播新方式、布局移动互联网、接轨国际新媒体传播等方面采取了一系列重要举措。首先，把握融合传播新趋势，打造三大内容IP集群。针对国外受众不同需求，打造时政IP集群、中国新闻IP集群、七大软性内容IP集群，细分对外传播领域，创新对外传播形式，精准对外传播中国内容。其次，根据5G时代新媒体传播趋势，推出竖屏社交互动产品“问中国”、海外拍客社交精品短视频产品“环球客”、汇聚AR/VR/数据新闻的“创新频道C-lab”、新媒体评论创新产品“T-House”，迎合5G时代沉浸式、交互式对外传播需求。同时为适配全球运营，打造CGTN主品牌下多样化产品集群。在新增欧洲子频道基础上，逐步上线非洲、北美、亚太子频道，以G7、G20等西方大国和“一带一路”沿线国家用户为主要目标，构建以“网络+”为母体，以网站、客户端、电视端、社交端等多终端为载体的融媒体品牌产品集群。另外，CGTN 还组建了北京、北美和非洲三地的国际化多媒体团队，形成本土化、全球化的运营模式，共同为全球用户提供 24 小时、更有针对性的互动服务。

16.2.3　5G+4K+VR：直播与短视频的下一代技术载体

1. 4K 移动外场 IP 化视频系统助力多终端全媒体建设

为满足大型体育赛事、综艺等外场的转播制作需求，同时为 2022 年北京冬奥会做好技术储备，IP 化是 4K 移动外场视频制作系统的发展方向。目前，4K 移动外场 IP 化视频系统采用无压缩 4K/HDR/BT2020 的制作标准、全 2110 IP 架构、2022-7 的主备冗余链路保护机制、AES67 IP 双向通话，系统间使用 AES3 接口进行音频交接、兼容 AES67 音频的接入。配备 6 讯道 4K 摄像机（可扩充到 8 讯道）、8 路外来信号（4K TICO 信号）、1 套 4 通道精彩编辑服务器、2 套在线包装，具有 2 通道播出及 2 通道收录的接入能力，切换台最大支持 30 路 4K 信号接入制作，对外系统预留 4K 及 3G 信号输出。其中，制作域的信号均为 2110-20 无压缩视频流，切换台通过核心交换机调取信号源。使用带净切换功能的网关卡完成应急通道的切换。系统的画面监看采用全 IP 架构，画面分发使用 100G 光模块，最大 48 路输入、12 路输出并支持单台设备输出 4K 和 3G 信号，可以同时输出 IP 与基带信号。

4K 移动外场通话系统通常使用的是 AES67 音频协议传输通话信号，通话面板、摄像机基站、现场导演使用的有线通话腰包、主持人无线耳返均使用 IP 信号进行通话传输。另外，系统采用终端设备箱扇出光纤的光纤分配方式，箱体之间的光纤连接多为 MPO 直连线，在移动外场的应用场景下，可大幅度地减少箱体之间的光纤连接线，便于技术人员快速、准确地搭建系统。

2. “5G+4K”在重大视频直播项目中的运用

当前，5G 网络处于起步阶段，网络的传输时延、抖动等对直播信号安全可靠性传输等问题有待进一步优化。5G 网络空口接入时延已有大幅降低，但在 5G 接入侧，人流、环境等复杂干扰因素也会影响实际传输质量。因此，在直播应用中，特别是长时间的5G信号不间断传输，应重点面向网络和设备现状配置编码、传输带宽等关键技术参数，合理规划可用场景。以确保安全播出为根本点，对5G网络传输参数进行不断优化，针对不同网络环境和不同业务场景反复测试验证，在重点保障节目《世界园艺博览会》直播中，由于园区内人流量巨大，环境复杂，各种干扰因素多，严重影响5G信号传输质量，所以不断调整直播方案，更换基站、改变传输路由、调整传输带宽、逐点测试，确定了最佳传输方案，确保了信号传输质量，满足安全播出的要求，在4K频道和高清频道中完成了多场高质量直播，并成功实现了“5G+4K”“5G+高清”的双向业务传输以及多路并发的复杂业务应用。

目前，三大运营商均未完成5G核心网的全网整合，面向电视实时信号跨城域直播应用时，依然选择使用传统的长途干线光纤网络进行传输。这种配置要解决多个不同网络的互联互通，对安全播出也是一大挑战。同时，由于使用了传统的长途干线光纤网络，传输成本也随之提升。但随着运营商5G核心组网的完成，这一问题将得到有效解决。

3.“5G+VR”直播技术的首次运用：成都跑酷世界杯

2019年4月，国际体操联合会跑酷世界杯在成都举行。我国“5G+VR”技术首次应用于国际赛事直播。VR赛事信号的直播由前方采集回传系统和后方切换制作系统两个部分组成，前、后方团队协同完成，确保了3路直播信号通过5G网络实时回传，同时制作了9条点播分发的VR短视频。在赛事现场部署多点VR实时采集和拼接缝合单元，利用高性能的编码设备通过现场多个5G传输接入终端将4K超高清分辨率的VR画面实时回传。同时利用“5G+VR”制作系统，将前方超高清、高码率、低延迟回传的VR视频流接入IP化直播制作系统，并在台内完成VR信号的切换、字幕包装、特效制作等全部环节，制作完成的信号通过新媒体内容集成发布平台分发至CCTV5 App客户端进行直播。另外，与赛事相关VR内容的点播制作涵盖了主办城市风光、赛场周边花絮、VR航拍以及独特的参赛选手第一视角等。此次直播充分运用VR定点、移动拍摄和航拍技术，在比赛进行的两天内完成全部VR短视频的精编制作，并在CCTV5 App客户端同步上线，将城市风貌和比赛相关内容全方位、多角度地展现，使受众能够近距离感受比赛氛围。

第十七章

网红经济：备受关注的"网红+"

近年来，以互联网直播、短视频为标志的网络新媒体快速崛起，今日头条、抖音、快手等代表 App 更是成为极高渗透率的国民应用软件，并走出国门在海外得到迅速扩张。

网络新媒体的持续发展，就是这样偶然而又必然地引爆了“网红经济”的兴盛，不仅对传统线下商业，甚至对传统电商模式都产生了巨大影响，再造人、货、场的相互依存关系，重塑了网络经济和业务形态。2020 年，在新冠肺炎疫情影响之下，网红电商作为无接触销售渠道得以逆势上扬，预计 2020 年市场规模将达 3000 亿元，未来三年将破万亿元，“网红经济”开启了电商零售的全新阶段。网红经济现在正处于发展旺盛的阶段，无论是其影响范围、产值规模、资本布局还是商业变现等都呈明显的扩张趋势，并已形成了完善的生态产业链。

17.1 “网红经济”生态产业链分析

随着互联网业务平台的不断完善，围绕平台的生态也日渐丰泽。截至 2020 年 3 月，我国网络视频（含短视频）用户规模已达 8.5 亿，占网民整体的 94.1%；其中短视频用户 7.73 亿，占网民整体的 85.6%。网络视频业务平台的开放赋能，成就“网红”个体崛起，允许大量个人、小团队将所有热情投入自己喜爱和擅长的事情之中，创造力、生产力得到极大释放。

过去以“供应商—电商平台—消费者”为主线的产业链，“货”是消费者追求的对象，电商平台是访问流量的汇聚中心。“网红经济”产业链以“人—场—货”为主线，消费者成为网红争相吸引的对象，“网红”和网络直播与短视频社交平台成为访问流量的汇聚中心，“货”从前台走向幕后，电商平台成为为网红经济生态赋能的基础服务平台。“网红经济”生态产业链分析如图 17-1 所示。

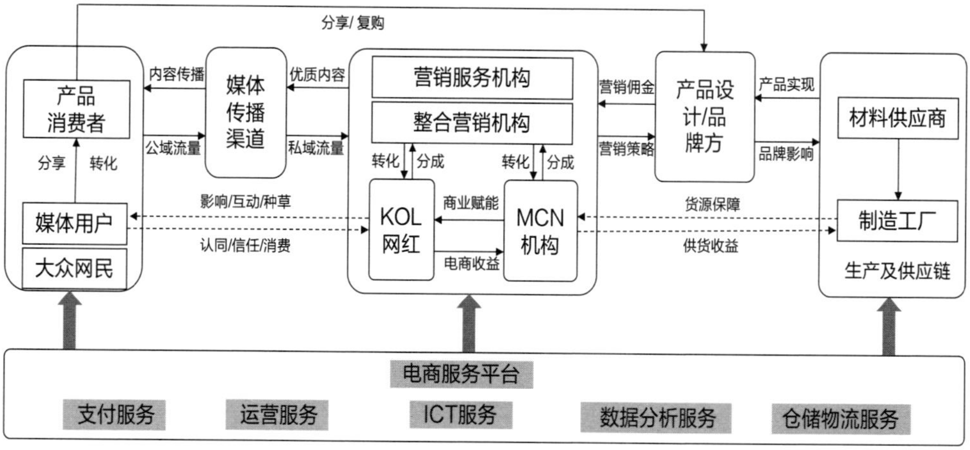

图17-1 “网红经济”生态产业链分析

“人”的环节，主要是指网络媒体用户，从因内容而聚集，进而向产品消费者转化的过程。

“货”的环节，主要指产品设计 / 品牌方委托制造工厂为其生产自主品牌的产品，也有可能通过介入甚至控制材料供应商来实现对成本的有效管控。

“场”的环节，主要指实现海量内容聚合进而吸引海量用户访问的媒体传播渠道，以及为产品设计 / 品牌方提供整合营销或广告代理服务的机构，“网红”由于其天然连接“人”和“货”的优势，已成为“场”的重要因素，MCN 机构则是为“网红”提供商业赋能的专业机构。

当然，产业链也会随着各分工环节的上下融合而产生新的变化。目前，作为内容和应用层的网红、MCN 体系，正向“广告公司 +MCN+ 红人经纪”的方向发展；同时还向自主选材、自主工厂、自造品牌，以及主导生产补货、仓配销的全供应链方向延伸；如再补齐网红电商和线下经销商布点，有可能会出现兼具“直播机构 +MCN+ 商家 + 供应链”要素的超级直播电商机构。

产业链各环节角色会互相融合并有所变化，但主要分工会保持相对稳定。下面逐一对其进行具体分析。

17.1.1 媒体用户/消费者

网络媒体访问者，通过社交平台或媒体平台的互动功能，已从过去被动的“受众”转变成了新媒体“用户”。媒体内容形式主要体现为网红直播与短视频，这导致媒体用户使用时间高度碎片化，手机进化成为每个网民的“外部器官”，使用频次及时长都持续增加。2020 年 2 月，用户每日启动短视频 App 超过 32 亿次，网民每日使用 App 时长为 4.9 小时。艾媒数据显示，2019 年中国直播电商交易规模达 4338 亿元，预计 2020 年国内在线直播的用户规模将达 5.24 亿人，市场规模将突破 9000 亿元。

网络直播与短视频催生出大量“网红”，也就是 KOL。网红有宣扬田园生活的李子柒，有“口红一哥”李佳琦，有“骨灰级网红”罗永浩，有“商界大咖”董明珠，当然也存在散打哥、上官带刀、小伊伊等流量“网红”。大量媒体用户成为“网红”的“粉丝”，粉丝自主选择与感兴趣的“网红”建立关系链，二者之间可以经常性地互动，因此网红更容易了解粉丝的真实需求，并有针对性地进行种草、带货，使媒体用户快速转化为产品消费者。

在网红的粉丝中，男性与女性对消费偏好的差异主要体现在品类差异上。直播带货中主要的消费品类有服装、珠宝、美妆、个护、食品生鲜、母婴童装和家居百货等。女性除了个人消费外，往往还扮演着家庭消费决策者的角色，因此消费的潜力更强。男性消费则以游戏娱乐、3C 数码、运动、服装健身等居多。从年龄结构来看，抖音和快手用户中 25—35 岁人群占比约 50%，这类人群购买意愿充足且购买力较高，对于直播带货的贡献相对较大。网红直播带货作为新兴购物模式，很受刚刚成长起来的“95 后”“00 后”的欢迎，他们已经初步展现出一定的消费潜能以及对未来购物渠道的偏好。

17.1.2 媒体传播渠道

传统媒体传播渠道的盈利模式是做好内容通过广告变现；而在抖音、快手、淘宝直播、斗鱼等网络直播与短视频媒体传播渠道，网友打赏、电商带货的新模式已成为其主要收入来源。

为了吸引媒体用户，并提升其向消费者的转化率，媒体传播的内容更加注重临场感、实时性、趣味性、接地气，更利于种草、带货，尽可能精准传递信息，缩短转化路径。据 2019 年尼尔森社交电商深度调研消费者数据分析，82% 的线上购物用户有非计划性消费行为，其中 61% 的用户的非计划性消费源于周围好友的推荐，其次是朋友圈产品链接。由此可以发现，通过社交网络媒体传播的带货视频内容会带来裂变效应，并影响大量消费者产生非计划性消费。

随着新媒体的不断创新发展，会同时涌现出众多媒体传播平台。众多媒体传播平台，将分流用户注意力，这也导致只扎根于单一平台的“网红”无法达到粉丝覆盖最大化，因此，通过多个媒体平台传播作品必然成为网红的生存发展之道。这里简要介绍几个头部的直播与短视频媒体传播渠道。

抖音平台，采取中心化的流量扶持机制，基于推荐算法给予优秀内容以最大的流量分配，这使得它成为对创作者而言很好的宣发平台，给优秀创作者成为“头部网红”的可能性。抖音这种给予推荐算法的流量机制与广告变现更为契合。当然直播带货也越来越成为创作者获得收益的重要方式，他们多数会选择转战淘宝直播等电商服务平台。抖音看到因交易闭环需要通过外部平台协作才能完成，因此也加强了自身商品供应，从而使网红可在平台内进行带货变现，平台自身便可获得更多收益。

快手平台，采用社交分发与推荐算法相结合的机制，允许快手主播经营私域流量，这给广大中长尾主播提供了商业化变现机会。正是由于这种机制，快手聚集了散打哥、小伊伊等头部流量主播，以及大量中长尾带货达人，成为国内内容类社区带货能力最强的平台。据尼尔森数据分析，84% 的商户在快手上获得商业交易，其中 42% 的商户年收益超过 10 万元，平均每个视频带来收益超过 1068 元。在品类、品牌、价格等方面，快手带货以白牌 / 自有品牌、低单价产品为主。从长期来看，快手将更多地融入电商平台的服务能力，成为电商领域新的角逐者。

淘宝直播，是阿里巴巴借助淘宝电商平台庞大的商家群体搭建的新媒体内容生态，意在弱化买卖关系，增加用户间互动与情感连接，加强用户黏性。商家自播、网红带货两种形式共存，共同成就了淘宝直播的亮眼成绩。2019 年“双十一”全天，淘宝直播带来的成交额接近200亿元，超过10个直播间引导成交过1亿元。通过为用户提供边看边买的购物环境，淘宝直播达到促成商品交易的最终目的。

17.1.3 营销服务机构

传统的营销服务机构，通过购买媒体广告投放资源，代理产品广告并帮其提升营销效率。之前以渠道代理商、广告代理商等为主，近年来网红带货、MCN成为新兴的营销服务机构。

网红及KOL，具有极强的个性化特征。对媒体用户而言，其提供的带货服务体验更直观，与搜索和浏览页面相比，不仅带给用户更充足的信息，还带来购物娱乐属性。而对网红自身而言，首要目标是吸引并维持粉丝的持续关注。除了依靠自身独特的吸引力，让用户有趣地消磨时间，电商带货是个持续增强自身魅力的有效手段；同时，如果货品组合得当，也将带来可观的经济收入。对商家而言，网红电商带货可以帮助去库存、推新品、立爆品，是商家自播的有益补充。

MCN机构，是网红经济发展到一定规模后自然产生的分工角色。MCN的核心产品就是“网红”，经过孵化、引入、培养众多“播主”，在内容制作、推广、资本支持下，能使众多“播主”确立并维护良好人设，并持续输出优质内容，最终实现稳定的商业变现目标。MCN机构，类似于明星经纪公司，要么自己发掘和培养“网红”，要么和已经具有一定影响力的网红签约。要做好MCN运营，除了具备“网红”队伍建设管理能力外，还必须具备产品拓展及供应链管理能力，以及布局众多媒体传播渠道并实现与商业嫁接变现的能力。

新出道“播主”需要机构赋能和培养，已有一定名气的“网红”则需要机构帮助其提升层次和商业变现能力，这都需要专业化的MCN机构提供服务。MCN机构与职业“网红”相互促进，并互相成就。2019年头部网红与MCN机构签约占比达到93%，这是中国“网红经济”已经走向成熟的显著表征。

17.1.4 产品设计/品牌方

工业制造现代化、智能化、社会化分工，大大提升了生产效率，也分化出了更多的产业链角色。工厂的大规模生产及供应链管理的成熟，专业化的ODM、OEM服务，使得个人或小型公司专注于产品设计和品牌经营成为可能。网红电商销售的产品，多数是带货第三方品牌，也有具备一定野心的网红或MCN会主推自主品牌。

消费者从对产品的接触到形成购买行为，主要源自认同其实用价值和品牌价值。随着日常消费产品品质的不断提升，其使用价值及质量差异越来越小，用户对同一品类众多可选产品的消费决策，会越来越多地出于对品牌的认同。对同样功能的产品，用户会为喜欢的品牌支付额外的金钱，这就是品牌的“符号价值”。

“网红”要从数以万计的“播主”大军中脱颖而出，必须具备自己独特的人设属性。随着粉丝数量的增长，形成了高度认同的“铁粉”圈，“网红”本人的品牌就已基本确立。网红带货的品类选择，必须考虑产品调性与自身品牌的一致性、吻合度。只有产品调性与网红相得益彰，才能取得涨粉、变现的双赢结果。根据网红自身的特质和理念，进行自主产品设计，可以比自主品牌更进一步深入产业链上游。由于网红电商的激烈竞争，物美价廉、薄利多销成为绝大多数品牌和产品不得不选择的基本策略。社会分工智能生产的良好基础、大量新创品牌的快速涌现，经过大浪淘沙的竞争洗礼，使得塑造新国货品牌成为可能。一个新国货品牌闪耀璀璨的时代，值得国人期待。

17.1.5　生产及供应链

传统的生产方式，是以供定销或计划生产。电商及网红经济，由于其产生的消费大数据，则可反向赋能工厂生产，提高效率、减少浪费。生产商可根据消费者偏好指导产品研发策略、改造工艺、调整设计；及时响应需求变化，并高效调整生产及库存规模；根据历史销售数据预测销量，指导备货，减少库存压力。通过消费者大数据，厂商可以建立起消费者大数据库，根据模型分析改善生产线，未来在标准化程度较高的品类有望实现小规模化的私人定制，即所谓的C2M模式。

制造工厂，通过主动对接产品设计/品牌方，或MCN等营销服务机构，通过消费大数据服务驱动工厂从“制造”向“智造”的升级。也可与MCN深度合作，摆脱身处产业链底端的宿命，推出自主品牌的产品，进一步延伸自身的产业版图。

供应链管理，是产品品质管理及成本控制的关键所在。在供应链管理中，风险与计划都是通过供应链成员共同分担、共同沟通来实现的，通常由产品品牌方负责总体管控。如 MCN 或制造工厂要推出自主品牌的产品，就需要具备全供应链管理的相应能力。

17.1.6 电商服务平台

电商服务平台，是“网红经济”的孵化土壤，也是为各类“网红”、MCN 机构、C2M 智造工厂提供支撑服务的重要平台。

电商搭台，网红唱戏。网红经济的主要商业变现还是通过电商模式。大型电商服务平台，可提供支付、运营、ICT、数据分析、仓储物流等全部服务。当然，围绕电商大生态，每类服务细分市场都存在专业能力很强的服务提供商，比如提供 ICT 服务的有赞、微盟，提供数据分析服务的秒针、TalkingData，提供仓储物流服务的“四通一达”，淘宝、京东、亚马逊等平台都有如蘑菇街、美丽说类似的大量二次运营或代运营机构。

“KOL 网红”、MCN 机构更擅长的是内容生成与传播，对底层的电商平台服务并不熟悉，因此对各类电商平台服务有强烈需求。电商代运营服务，通常包括建站、平台开店、推广、客服等工作，也包括数据分析、系统集成、仓储物流的协调统筹。电商代运营已成为传统品牌试水线上渠道的捷径，也成为大型电商平台生态中不可或缺的角色。

数据分析服务，在电商竞争中成为越来越重要的工具，就如运营者的驾驶仪表盘，既可以帮助了解外部竞争环境，又可以全面掌握内部运行状态数据。通过全面的数据采集与分析，可掌握访问流量指标、用户画像及价值指标、商品品类营销指标、市场竞争及风控指标。

17.2 网红经济引发的产业变革

随着互联网的迅速发展，各行各业的人都可化身“主播”，借助媒体传播平台，更好地开展擅长的业务。

网红经济，已不仅仅局限于生活消费品通过网络实现的电商范畴，还将对更为广泛的产业领域带来变革性影响。本节将对网红经济已经产生的影响或初露端倪的变革方向进行分析总结。

17.2.1　网红+媒体

以广播电视为主导的传统媒体，引人关注的是电视台的节目主持人、著名记者、知名学者或艺人等。网络媒体，脱颖而出的则是各类“网红”、KOL。“网红”本来是指草根出身而博得众多粉丝的主播，之初还略带不屑的意味，但目前“网红”已成为一个中性甚至略带褒义的称谓。

“网红”、KOL 由于成功的人设形象塑造、持续更新的优质内容输出，所以拥有可观的粉丝群体和访问流量，形成了自身的品牌影响力。可以说，“网红”已自带媒体属性。一个头部网红，粉丝量动辄数千万，堪比一个省级电视台的影响力。许多草根出身的“网红”、KOL，也纷纷受邀，登上了各大电视台的主流媒体平台。

以电视台为代表的传统媒体，高度重视“网红”影响力。电视台的播音员、支持人、记者、评论员，纷纷开通抖音号、快手号、头条号、公众号，通过 SNS 与网友互动聚集粉丝群。传统媒体转型的融媒体机构，通过将自家培育的众多“网红”的新媒体公众号、小程序通过统一平台进行管理，进而形成了“媒体矩阵”，影响力得以不断提升。可以看到，传统媒体及融媒体机构，逐渐演变成为代表主流价值观和官方形象的 MCN 机构，融入了网络媒体大时代之中。

近年来，随着电竞游戏的飞速发展，英雄联盟、绝地求生、王者荣耀等电竞游戏成为年轻人生活不可或缺的一部分。游戏玩家人数越来越多，观看游戏直播成为提高游戏技术的重要途径。许多游戏大神转型做起了游戏主播，带动了越来越多的玩家加入游戏主播行业。冯提莫、蔡萝莉、Susan、Miss 等几名著名女主播，英雄联盟主播骚男、绝地求生主播韦神、王者荣耀主播孤影以及单机游戏主播楚河，在 YY、虎牙、斗鱼等平台上粉丝数都达千万量级。

以抖音、快手为代表的新媒体平台，近年来主动拓展海外市场，强力做本地化运营，均取得了不俗的成果。仅看抖音海外版 TikTok，在全球的 App Store 和 Google Play 上已下载超过 20 亿次，长期占据美国等区域下载排行榜前列。[①] TikTok 用户中有 41% 的年龄介于 16—24 岁。在美国，该应用每月活跃用户中，16—24 岁的用户占比达 60%。[②]

从国际传播角度来看，TikTok、Kwai、WeChat 等，以东亚文化为主要传播内容，已成长为颇具影响力的中华文化、中国故事的国际传播工具。以知名博主李子柒为例，她的短视频以中国传统文化为主线，围绕中国农家的衣食住行展开，已成为海外用户了解中国文化的一个窗口。截至 2020 年 4 月，李子柒在 YouTube 上粉丝数突破 1400 万，100 多个视频播放量大都在 500 万次以上。

17.2.2 网红+旅游

一方面，受新冠肺炎疫情影响，全球线下旅游产业遭受巨大打击，线下景区及体验经济全面停摆。从 2020 年 3 月 14 日起，迪士尼加州冒险乐园、奥兰多华特迪士尼世界与巴黎迪士尼乐园开始关闭。3 月 13 日起，纽约百老汇剧院、大都会歌剧院、爱乐乐团、卡内基音乐厅等均关闭。春节以来，中国大多数景区关闭，4 月以来才逐步恢复运营。

另一方面，线上“云旅游”“VR 文旅”则逆势而起。阿里巴巴旗下旅游平台飞猪 2020 年 2—4 月，已连续推出约 7500 场直播，观看人次超过 3000 万。马蜂窝平台自 2 月 22 日起上线了直播频道，每日进行三场“云旅游”直播，3 月 6 日与快手短视频联合推出“云游全球博物馆”系列，邀请全球各地的优质商家、金牌讲解员以直播的形式带领人们线上游览全球众多著名博物馆和美术馆。预告片《丹麦安徒生博物馆：寻找童真》上线不到一天就获得了上百万的点击频次。客观上，疫情给发展“云旅游”“VR 文旅”提供了历史性发展机遇，将文旅带入了 OnLine 时代。

图文景区攻略、游记已不过瘾；视频旅游直播，互动性好，但自主性较差。VR 文旅云体验，则可以给用户带来全沉浸、强交互的新体验。众多旅游达人，

---

① 数据来源：2020 年 4 月 29 日 SensorTower 报告。

② 数据来自：Tiktok Statistics。

转身成为“云旅游网红”，借助网络直播、短视频、VR 直播等方式带用户穿越时空约束，便捷体验著名景区、虚拟博物馆等，如身临其境。另外一种形式，则是通过 3D 交互技术，实现对现实场景的复刻；同时，也可以根据目标文旅项目的自身特质，对其文化内涵进行深度发掘，并借助艺术表现手法进行升华表达。网红则可化身“虚拟导游”，在场景中为用户提供讲解或进行有趣的互动。

17.2.3　网红+文创

随着文化消费的不断升级，以“故宫博物院”为代表的一大批博物馆、老品牌借助网络新媒体的力量，开启“网红”模式，造就了一大批网红文创产品。

在政策支持和资本推动下，国内博物馆的文创迎来前所未有的发展。阿里巴巴数据显示，近年来，已经有 11 家博物馆入驻天猫，近 5 成国家级非遗手艺、超 7 成（近 800 个）中华老字号登上淘宝。文创产业兴起的背后，是国家文化的崛起，文化赋能商业的“新文创”年已经到来。

“所有珍贵的艺术品只有一个真品原件，但在互联网平台上可以衍生出很多文创产品，这样文化艺术的传播范围就被大大扩展了。”全国政协委员、中国文化产业协会会长张斌表示。

截至 2017 年年底，故宫博物院的文创产品共有万余种，2017 年为故宫带来 15 亿元收入。2018 年 10—12 月，故宫博物院销售同比增长达到 146%。从 2019 年开始，故宫文化围绕多个主题，在天猫首发故宫文化的 IP 款商品，8 个月时间在天猫的粉丝数突破 300 万。

文创产品这种“带得走的文化”，已然成为一种广受年轻人喜爱的新时尚。他们不仅关注商品本身，更关注商品所蕴含的文化内核。“网红文创产品”这种传播新媒介与古老文化元素的结合，一方面为博物馆老品牌注入新的生命力，另一方面使得传统文化在年轻人中得到鲜活的传承。

17.2.4　网红+生活

大多数人的日常生活过得平淡无奇，但总有那些不甘平庸的人，会把生活过得与众不同、活色生香。人们总是会喜欢展现自己生活中独特、精彩、有趣的内容。而在无聊的时候，人们通过网络直播、短视频来消磨时间，已成为一种普遍的生活习惯。网络直播、短视频平台上有趣、多样化的内容，丰富了人们的生活，提升了人们生活的幸福感。

日常生活的吃喝玩乐、田里的农活儿、手工制作、专业技能、健身运动、搞笑段子、绝活儿、才艺表演、非遗传承、事件曝光等都可以成为网络直播、短视频分享的内容，呈现出百花齐放、千姿百态的繁荣生态。“高手在民间”，许多草根大众制作的出人意料、超出想象的精彩内容，非常吸引眼球。网民给喜爱的播主点赞，成为播主的“粉丝”“铁粉”，播主与粉丝频频互动，粉丝打赏播主、在朋友圈里分享传播，乐此不疲。网络直播、短视频新媒体，不仅给播主提供了展示自己精彩生活的平台，也让大批“网红”迅速崛起。

网红和粉丝之间自然的强互动、信赖关系，是直播带货高转化率、留存率的原因所在，也是网红经济商业模式可持续的基础。许多商家主动寻求与网红合作，把最优惠的折扣直接放到直播间来吸引买家。网红由此给广大粉丝带来优质、实惠的产品，同时自己也可获得客观的收入。根据淘榜单发布的《2019 年淘宝直播生态发展趋势报告》，淘宝直播进店转化率超过 65%，核心用户（每周访问淘宝直播 3 天以上）日均停留接近 1 小时。

“花无百日红”，与影视明星一样，大多数网红注定有一天会过气，但长江后浪推前浪，新的网红会迅速产生，争夺网民的注意力。

17.2.5 网红+商业

商业交易大量流通，需要借助于具备传播力、影响力的媒体。直播与短视频网红，成为商家争相选择的渠道。网红直播带货成为非常有效且成功的电商模式，甚至超过拼多多、什么值得买等模式，成为京东、天猫、淘宝高度重视的新流量来源。可以说，网红经济重塑了电商模式。

快消品、美妆产品、食品、日用品等各类小额消费，在网红带货中占有较高比例。网红达人们通过给粉丝推荐物美价廉的商品，不仅没有消耗信任，反而可以提升自身流量能力；网红直播带货，通过选品、试用确保品质，通过可视化互动展示更能激起用户的购买欲望，同时通过向商家压价也给粉丝带来实实在在的优惠；商家则通过与网红合作，不仅可以提升销量、清库存，还可以提升自己品牌的影响力。活跃的交易、繁荣的业态，基于网红直播带货的新商业，形成了多方共赢的格局。

格力电器、小米等大型企业也高度重视网络直播与短视频的传播影响力，企业创始人和高管纷纷开公众号，做起了自家企业产品推广的当家“网红”。2020年新冠肺炎疫情期间，一些商业公司面临线下模式的业绩压力，要求全员做网络直播带货，反倒实现了线上转型，业绩出乎意料地逆势上扬。线下商业也借助“网红”模式，竭力将自身环境打造得个性鲜明、时尚潮流，成功吸引大批粉丝，成为著名的“网红打卡地”。许多大型商场、商城，也大力打造主题街区、引入体验特色的项目，期望达到线上与线下联动的营销效果。

以网络直播与短视频为新的流量媒介，自主打造“网红”，或者与“网红达人”、流量明星合作，通过直播带货来进行营销，受欢迎程度及实际效果，甚至都已盖过传统 CPM、CPC、CPA 广告模式，已成为线上、线下商业机构的主流营销模式。

17.2.6　网红+农业

解决好“三农”问题，打赢脱贫攻坚战，全面建成小康社会，是国家的战略任务和基础工作。习近平总书记讲：“小康不小康，关键看老乡。”脱贫质量怎么样、小康成色如何，很大程度上要看 2020 年“三农”工作成效。2018 年，中央农村工作领导小组办公室提出实施《国家乡村振兴战略规划（2018—2022 年）》。2020 年 4 月，中央两办发布了《关于建立健全城乡融合发展体制机制和政策体系的意见》，国家发展改革委发布了《2020 年新型城镇化建设和城乡融合发展重点任务》。两个重要文件均聚焦新型城镇化建设，尤其重点突出强调“城乡融合发展”。其中，明确提出了城乡融合发展的目标和时间表。到 2022 年，城乡融合发展体制机制初步建立，城乡要素自由流动制度性通道基本打通。到 2035 年，城乡融合发展体制机制更加完善，城镇化进入成熟期，乡村治理体系更加完善，农业农村现代化基本实现。到 21 世纪中叶，城乡融合发展体制机制成熟定型。城乡全面融合，乡村全面振兴，全体人民共同富裕基本实现。

中国互联网络信息中心（CNNIC）发布的第45次《中国互联网络发展状况统计报告》数据显示，2019年，我国行政村通光纤和4G比例均超过98%，固定互联网宽带用户接入超过4.5亿户。电信运营商意识到“城乡融合发展”带来的历史机遇，在推进5G商用网规模建设的同时，已将面向建制“城镇”乃至社区智能化应用作为其关键场景。农村信息化不断得到长足发展。

县级城镇下沉市场近几年已首先受到了互联网企业的重视，电商类的拼多多、小红书、考拉海购，短视频娱乐类的抖音、快手，游戏类的王者荣耀、绝地求生、欢乐斗地主，OTA的去哪儿、携程旅行、驴妈妈旅游，在小城镇青年用户中的渗透率都很高，几乎与都市青年用户相当。

随着农村互联网基础设施的完善、智能终端的普及，短视频通过带动乡村旅游、推动农产品销售等方式，帮助推动贫困地区经济发展。互联网和信息化在农民脱贫致富、农村振兴发展方面起到不可忽视的作用。简单易用的短视频成为农民的娱乐、生产工具。通过拍摄家乡自然风光、风土人情的短视频，贫困地区的许多质朴的农民、农村青年转变为视频博主，通过网络视频有效解决了农产品、地方特产的销售问题。

商务部数据显示，在电商扶贫方面，仅2019年上半年国家级贫困县网络零售额便实现了1109.9亿元，同比增长29.5%。截至2019年9月，超过1900万人已在快手平台上获得收入，其中超过500万人来自国家级贫困县，有115万人通过快手平台卖货，年销量总额达到193亿元。广西柳州仅“螺蛳粉”一项特产，就打造了多个产业特色小镇，年产值超过200亿元。四川凉山彝族自治州“悬崖村”短视频实现脱贫，陕西杨凌、山东泰安等地的短视频乡村创业、扶贫等活动，均取得了较好的成果。

17.2.7 网红+工业

就一般意义上的大众认知而言，工业制造似乎与“网红经济”离得很遥远，但没有人不知道中国高铁、“天宫一号”、中国大飞机C919、“中国天眼”500米口径球面射电望远镜（FAST）、中国航母、蛟龙号，这些都是国之重器，有关中国“基建狂魔”的许多有趣视频在全球广泛传播，中国兵器拥有许多铁杆“军迷”

粉丝。著名军事专家张召忠，被网友亲切地称为“局座”，拥有2000多万铁杆粉丝。据统计，我国有泛军迷2亿人，核心军迷2000万人，专业军迷500万人。

经过40余年的改革发展，中国制造业已经覆盖了国际标准行业中制造业大类所涉及的24个行业组、71个行业和137个子行业，成为全球制造业体系最为完整的国家，已经成长为名副其实的“世界工厂”。“Made in China”已经不是低质低价的代名词，而成为物美价廉、先进智造的标签。

海尔冰箱，可以说是中国工业制造发展早期的著名“网红”。海尔兄弟的广告形象家喻户晓。海尔冰箱厂长张瑞敏怒砸问题冰箱的事件，在消费者心中树立了海尔冰箱品质过硬的深刻印象，一直持续至今。张瑞敏突击检查仓库发现有76台缺陷冰箱，马上召开现场会，并且让生产这些问题冰箱的员工，当众亲手把冰箱砸成废铁。在我国大多数人还只停留在注重经济实用，可以忍受产品瑕疵的年代，海尔冰箱给中国制造工业上了一堂精彩的“质量观念”启蒙课。

华为，已成为近几年最具人气的中国工业制造“网红”。一贯低调行事的任正非，已不得不经常出现在大众面前，被迫成为“网红”企业家。华为生产制造的通信设备本来属于专业领域，尽管在4G LTE市场全球份额超过40%，稳居第一，但并不具备太强的大众传播特性。从2004年开始，华为进入消费电子市场，产品设计走上科技时尚路线，使其品牌具备了明显的“网红”气质。华为消费电子业务多年来持续增长，2019年华为手机全球市场份额稳居第二位；笔记本电脑、智能穿戴产品增长超过170%，收入同比增长34%。在新的一波5G浪潮中，华为本来可以在4G时代的基础上再续辉煌，但其技术的迅猛发展，已让美国感到了严重的威胁。美国不惜用卑劣手段来打压华为，并以此为切入点不打扩大打压范围，进而发动针对中国、影响全球的贸易战。美国的如此行径，用任正非的话说，是给华为做了个大大的免费广告。不仅激起了全国网民对华为的力挺和追捧，也让全球业界和更多消费者认识了来自中国、领先世界的科技品牌。

17.2.8　网红+企业

谈到网红企业家，最具代表性的当数阿里巴巴的马云、小米的雷军、格力电器的董明珠。企业家最了解自己的企业，最能代表自己企业的气质，企业家的个人魅力也最容易迁移到大众消费者对企业和产品的形象认知。企业家和企业完全合体，彼此成就。企业家为自己的企业形象代言，不仅省去请明星代言、投放广告的巨额费用，而且让“网红企业家”“网红企业”都实至名归。许多实际案例都证明，企业家自己代言企业，是网红经济时代最经济、最有成效的“营销模式”。

马云，可能是全球出镜率最高的企业家。马云所有的公开演讲，很少讲阿里巴巴的具体产品，甚至很少讲阿里巴巴、淘宝、支付宝、阿里云等具体业务。其演讲内容多数是对草根创业、企业经营的亲身感悟，是对社会和行业发展趋势的分析和价值判断，是自己的梦想使命和武侠情怀，也会自嘲长相，借自己或别人的槽点来耍幽默。当然，核心要旨是通过自己的思考和演讲给听众带来启发或是参照。阿里巴巴公司是马云的坚实支撑，而反过来看，马云的演讲魅力，也给阿里巴巴带来了更多的合作资源和愿景驱动。

雷军，则与马云完全相反，从来不讲大道理。雷军每次演讲，都是操着湖北口音的普通话在详细介绍自己的产品。小米没完没了的产品发布会，都在分享其创新产品的用心，都在用“网红产品”大声说话。小米靠着物美价廉、粉丝参与、线上预售的模式，仅用三年时间就杀到了全中国第一、全球第三。雷军提出了“粉丝经济”“互联网思维”“站在风口上，猪都能飞起来”等许多新的思考，受到许多创业者的追捧。为了开拓海外市场，雷军亲自上阵飙英语引发风行一时的“Are you OK?”搞笑段子，不仅没造成负面影响，反倒由于勇气可嘉又很接地气，更提升了其正面影响力。

董明珠，从 2012 年起成为格力电器的女掌门，一贯以雷厉风行、果敢担当而著称。董明珠摆脱传统电子产品生产企业的低调习惯，勇敢走向前台，亲自为格力电器代言。2013 年，董明珠与雷军订下“10 亿赌约”，2014 年炮轰美的空调“一晚一度电”虚假广告欺骗消费者。董明珠具备鲜明的“网红企业家”特质，通过媒体关注持续为自己的企业发声，通过扎实的产品科研不断提升企业竞争力，也使格力电器成为敢于出圈的“网红企业”代表。

还有一类“网红企业”，是被资本追捧的科技创新、创业企业。大疆创新科技有限公司便是其中杰出的代表。作为“80 后”创业者，汪滔在 2006 年香港科技大学上学期间创立了这家公司。2011 年推出了较为成熟的无人机飞行控制系统，2013 年发布“大疆精灵”，到 2016 年，大疆无人机产品已在全球消费级无人机市场占据 70% 的份额，成为“中国制造”在高科技领域的新锐代表。

字节跳动，成立于 2012 年 3 月，是最早将 AI 应用于移动互联网场景的科技创业企业之一。字节跳动，先后推出了今日头条、抖音、西瓜视频、火山小视频、飞书等一系列优质 App，被称为“优秀 App 工厂”。字节跳动创始人张一鸣是典型的技术研发型人才，似乎不具备“网红企业家”的特质，但他对 AI 技术在互联网 App 中的应用及对网络直播、短视频新业务形态的敏锐把握，使得字节跳动取得了令人惊讶的成长速度，仅 5 年左右的时间，就直逼老牌互联网巨头 BAT，问鼎全球互联网公司的第一梯队，成为不折不扣的“网红企业”。

17.2.9　网红+政务

国家政权通常会掌握媒体管控权，在我国，主流媒体是党和国家的“喉舌”，是政令畅通、民意表达的重要渠道，是政务实施的有力工具。从中央到省市、地县各级政府领导，都是当地媒体新闻的主角。随着网络新媒体的兴起，传统主流媒体受众群体被严重分流，越来越多的网民习惯了通过互联网、智能手机来获取信息和服务，传统媒体渠道不再是他们的必选项。但政府领导还无法适应新媒体的环境。习近平总书记多次强调“加快推动媒体融合发展，构建全媒体传播格局”，要求各级领导干部要增强同媒体打交道的能力，不断提高治国理政能力和水平，并做出加快建设“县级融媒体中心”的战略部署，要把融媒体平台打造成为县域基层社会治理的重要平台和工具。

在不经意间，全国各地涌现出一批“网红县长”“网红市长”。这些过去或平日里都严肃工作的领导，也在网络平台开起了直播，当起了“带货主播”。市长、县长们大多并不幽默，更不擅长吆喝，但为了扶贫助农，为了帮助当地农民解决农产品滞销问题，他们肯拉下脸面，为农民站台带货，形成了一道异常亮丽的风景线。

在 2020 年新冠肺炎疫情蔓延之时，美国又挑起国际贸易战，我国的外交工作面临巨大挑战。现任外交部发言人华春莹、赵立坚、汪文斌，67 岁“外交女神”傅莹，面对风云变幻，沉着应对，有理有节，展现了我国的大国风范，成为备受关注的“外交网红”，圈粉无数。

美国总统特朗普，可以说是最具知名度的“网红政治人物”。Twitter、Facebook、YouTube 等 SNS 及新媒体平台，几乎都成了他竞选、施政、引导舆论的最重要工具。但由于其一贯的信口开河，Twitter、Facebook 都曾对其进行过删帖、“未经证实”标注的抵制处理。特朗普单日最高发推 200 条，其中 37 条为原创帖文，平均 7 分 12 秒发一条。他的单周发推新纪录是 468 条，一小时内发推新纪录是 79 条。如此频繁的操作，却未能凝聚本国国民的人心，赢得选民的信任和拥护。由此可见，网络媒体本质还是工具，不能替代政府的思考和立场。最具关注度的“网红政治人物”，未必最具影响力，从根本上还是要看其能否给人民带来安全、利益和福祉。如无法有效解决问题，而只是哗众取宠，巨大的媒体关注度，只能给“网红政治人物”带来更大的负面影响。

17.2.10　网红+城市

若提到有吸引力的城市，大家多数想到的是北上广、深圳、杭州、成都、重庆、西安这样的一、二线现代都市，或是如丽江古城、稻城亚丁、平遥古城等旅游名城。但随着网红经济的兴起，不仅是旅游打卡地，任何有独特魅力的城市，都有可能成为“网红城市”。如果说现代都市是“影视明星”，旅游名城是“知名演员”，那么“网红城市”就是出身草根的“网红达人”。

一座城市能够被称为“网红城市”，可充分说明其具备鲜明的特色、活力和影响力。成都，“天府之国”的美誉沿袭千年，而今则以“生活之城”吸引着海内外的脚步和目光。《成都印象》宣传片的主题词就是“成都，一个来了就不想走的城市”，道出游人骚客对成都的留恋不舍。留恋山川美景，回味麻辣美食，驻足茶馆酒肆，悠游春熙路和宽窄巷子，“巴适”的慢生活，可以满足每个人对美好人生的想象和向往。“网红歌手”赵雷的一首《成都》一时红遍大江南北，成了这座“网红城市”的另一种精神写照。

平遥古城，一座汇通古今的历史名城。帝尧初封于斯，帝舜曾在此制陶，秦始皇命名“平陶”，北魏更名为“平遥”。明清时期，更是孕育了日昇昌等晋商票号，开中国商业“汇通天下”之先河，纵横欧亚九千里，称雄商界五百年。得益于厚重的历史遗存和鲜明的城市个性，平遥古城已成为享誉全球的文化重镇。2019 年，平遥县接待游客达 1765.04 万人次，同比增长 13.97%，全县旅游总收入达 209.72 亿元。平遥中国年、平遥国际摄影大展、平遥国际电影展、平遥国际雕塑节等文化活动，《又见平遥》实景剧，展示着古城重新焕发的青春之气息。平遥，以小小一座县城，汇通中外古今文与商，尽显“网红城市”的时尚风范。

乌镇，京杭大运河上的一个江南小镇，因其无缝嫁接了互联网基因，而从周庄、同里、西塘等一众江南水乡中脱颖而出，成为最具代表性的“网红古镇”。乌镇的保护与开发完美结合，既保留了原汁原味的水乡气质，又灵活运用“管线地埋”“改厕清淤”“泛光智能”等现代手段，大大提升了景区的接待能力和服务水平。2014 年“世界互联网大会”选择乌镇为永久会址，使这座小镇具备了十足的科技感、国际范儿。小桥流水、白墙黛瓦、青石板路、木格窗棂，清晨的安详，夜色的旖旎，船桨的涟漪，戏社里传来的鼓韵，让人忘却百般烦扰，收心自然宁静。乌镇，融传统文化、度假水乡、现代会展、艺术创作等元素于一体，丰盈而又和谐。“乌镇模式”如此有魅力，以至于被复制到北京司马台长城脚下的“古北水镇”，同样取得颇为亮眼的佳绩。

“网红城市”，不在其规模有多大，也不在其多么现代化，重要的还是看其是否有独特的“网红气质”。千篇一律的跟风和重复，注定会过气。因地制宜，独辟蹊径选择定位，因循历史，融入现代生活，独特的名片，展现与众不同的风采，才能成功吸引游客从万里之外慕名而来。这或许就是“网红城市”发展“网红经济”的正确模式。

第十八章

典型案例：直播网红、企业家网红及行业红人

18.1 淘宝红人

18.1.1 “口红一哥”李佳琦

李佳琦，1992 年出生于湖南省岳阳市，美妆主播，外号“口红一哥”。

2020 年“6・18”大促，李佳琦直播间销售战绩为 1.8 亿元人民币，成交 117 万单，平均客单价 154 元。李佳琦 6 月 18 日直播间当天的销售额是 2019 年 5 月整月的销售额。

1. 从“化妆品专柜美容顾问”到知名网红“口红一哥”

2011 年，李佳琦考入南昌大学艺术与设计专业。2015 年大学毕业后，李佳琦顺利当上了江西省南昌市的一名欧莱雅化妆品专柜美容顾问（BA）。因为大多数顾客并不愿意直接试色柜台的样品口红，所以他开始尝试用自己的嘴巴为顾客试色，多次获得销售冠军称号。

2016 年年底，欧莱雅集团与网红机构举办了“BA 网红化”的淘宝直播项目比赛。作为 BA 中销销售冠军，李佳琦获得了参赛资格，并凭借出色的能力在比赛中脱颖而出，最终签约成为一名美妆达人。

2017 年，他的淘宝粉丝达到数十万人，一举拿到了当年淘宝直播盛典中的 TOP 主播头衔。

2018 年 9 月，李佳琦成功挑战“30 秒涂口红最多人数”的吉尼斯世界纪录，成为涂口红的世界纪录保持者，自此被誉为“口红一哥”。同年的“双十一”，李佳琦与马云 PK 卖口红，最终战胜马云。12 月，李佳琦相继开通抖音、小红书、快手等社交账号。

2019 年 6 月，李佳琦全网粉丝已近 5000 万人。10 月 17 日，李佳琦入选 2019 福布斯中国 30 位 30 岁以下精英榜。

2020 年 6 月 23 日，李佳琦作为 2020 年第一批特殊人才引进落户上海。

从 4 年前进入直播带货行业，到封号“口红一哥”，再到 2019 年“双十一”后爆红出圈，李佳琦如今在各平台粉丝总数过亿，成为凭借不懈努力、踩准风口，从“草根”一跃成为“顶流”的创业代表人物、知名网红。但在李佳琦看来，自己依然是个导购，和 4 年前站在南昌商场柜台前推荐口红的小哥没有本质不同。

第三方数据显示，李佳琦从 5 月 24 日晚，开始了 2020 年“6・18”大促的第一次直播，至 6 月 18 日，李佳琦一共直播了 22 场，每场的直播时间约为 4 小时。在 22 场直播中销售的 700 多件商品中，美妆个护产品排播占比 2/3，其余的 1/3 是生活零食类、电子产品等，销售额达 2019 年“双十一”的 125%。“真的太可怕了。”这是李佳琦对“6・18”期间高强度工作的感叹。

据穆胜企业管理咨询事务所 2020 年 6 月《直播电商的生态江湖》报告数据显示，李佳琦直播商品类别数据如图 18-1 所示。

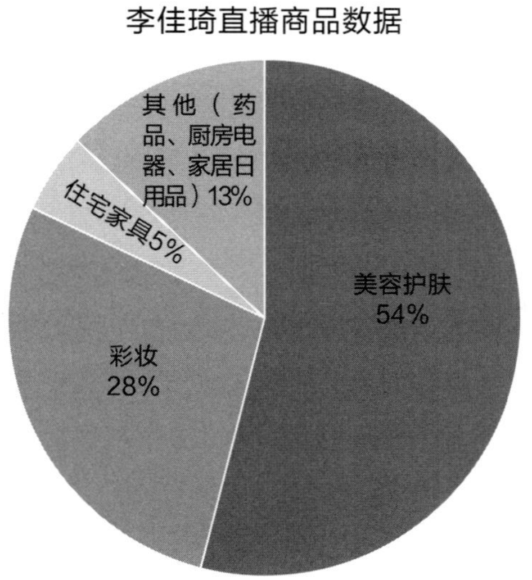

图18-1　李佳琦直播商品类别数据
资料来源：穆胜企业管理咨询事务所

2020 年“6 · 18”后，李佳琦休播了史上最长的时间，去完成拖延已久的鼻炎手术，直播间也升级了。按照李佳琦的设想，直播间未来会去综艺化、去娱乐化、回归产品，时间更短，效率更高，尽管他的直播时长相比最初已压缩 1/3，每次只播 25 个产品。

2020 年 6 月 29 日晚间 8:15，做完鼻部手术的李佳琦时隔 10 天再次现身直播间。几小时前，他作为特殊人才落户上海的新闻冲上热搜。这半年来，他的生活又发生了巨大的变化。疫情之下，李佳琦的线上带货业务更火了，但也面临更多、更复杂的挑战——健康隐患、助理更换、“被掉队”的压力……

在近期一次采访中，陈鲁豫问李佳琦：“直播不是一个能做一辈子的行业，你还给自己多少时间？”李佳琦的答案是 3 年左右。这意味着他已迈入直播事业的下半场。对被各种八卦谣言纠缠已久的李佳琦来说，转型已迫在眉睫。他说：“让直播回归到产品本身，是未来的方向。”有客户认为，李佳琦的厉害之处不仅是卖得动货、招得来新客，还表现出对市场的精准洞察力，他非常清楚消费者的需要在哪儿。

用过无数种化妆品的李佳琦，大脑中有一个庞大的数据库，随口就能报出各种同类产品的价格、外观和核心成分含量，进行分析对比。

例如，某品牌推出一款精华液。开始品牌商都没有意识到它有那么大的潜力，但李佳琦说这款产品不一般，卖点非常强，品牌商得到反馈，立刻调整战略。后来这款精华液成为这个品牌历史上销量最高的产品。

成功先例不止一个。从 2017 年开始，李佳琦陆续捧红多个国产小众品牌。越来越多的化妆品企业希望和他进行更深度的共创合作，从产品设计前期就请他参与，并将新品发布活动放在他的直播间。如今，他几乎每天都要和各大品牌方开会，与其说是一名主播，他更像个产品经理。

在 2020 年 6 月 7 日的直播中，粉丝发的弹幕极其热闹：“生日快乐”“注意身体”“佳琦辛苦了”，一条接着一条。这一天是李佳琦的 28 岁生日。很多人关切李佳琦的身体状况。做主播前，他鼻炎只是偶尔发作，后来因过度用嗓，发展成过敏性哮喘，以至于身边的同事必须为他随身携带救命药。

李佳琦直播间的镜头之外还有许多工作人员：音响、灯光、化妆、商务等，几乎清一色是“90 后”。编导是一个新设岗位，负责在现场记录李佳琦的“金句”

和失误，以及写台本，提炼产品的核心卖点和推销话术。但李佳琦绝不会照台本念。他还是喜欢现场发挥，信手拈来各种词语，形容唇色像“小精灵在嘴巴上跳舞”，味道是“森林中奔跑的少年”，配合极具穿透力的声音和夸张的口头禅，让女性消费者难以招架。

2. “我就想要挑精品”

直播电商重构了零售概念，但没有脱离本质，人、货、场三者中，货依然是最重要的，哪怕主播话讲得再漂亮，直播间像春晚一样炫。

李佳琦的背后，是他签约的上海的美 ONE 公司，100 多名幕后人员同样忙碌。公司副总所带领的选品团队是货品能否进入直播间的把关者。他表示团队只挑用心做产品的品牌。每款入选产品都经过四轮筛选——商务、选品、质检和李佳琦本人，幸存概率只有 5%。除了审核相关备案证书、对照核心卖点检验功能外，他们还不定期派人去工厂巡视，通过各种途径购买商品抽查。

选品评审由 5 人组成，分别是 3 位专业评审和 2 位试吃员。据报近 60 个产品几乎每个都被认为存在不足，比如包装袋图片和实物差距太大、原产地写的是“台湾”而非“中国台湾”、曾投放大量水军广告……这样的会议必须每天进行，才能赶上李佳琦的直播进度。

李佳琦还有一些特殊要求，比如不卖保健品、医疗器械、减肥药等。也不卖生鲜、水果和鲜花，因为非标，品质也难以保证。他不会开车，所以也不卖车。

实际上，李佳琦最关注的一直是产品本身，而不是直播这个传播媒介。李佳琦希望观众能不操任何心，就能在自己的直播间买到好东西。“我就想要挑精品。有人做事的方法是撒大网，那我就要钓最好的那条鱼”。

李佳琦表示，“李佳琦”现在是一个 IP，而不再是一个人。它代表的是一个团队，代表的是李佳琦直播间出去的所有产品。他的长远目标是做一家中国的美妆集团，就像香奈儿、雅诗兰黛那样。

18.1.2 “淘宝第一女主播”——薇娅

薇娅，本名黄薇，1985 年出生于安徽省庐江县，被称为“淘宝第一女主播”。

在做主播之前她做过歌手、主持人，出过唱片；继承家族生意，开过线下服装店，也曾转型线上开过天猫店，亏得卖掉了一套房子。人生的拐点出现在 2016 年，身为“淘女郎”的薇娅收到淘宝官方邀请，让她试水淘宝直播。

2016 年 5 月 19 日，薇娅人生中第一场直播，当天的观看人数超过 5000 人，纯聊天。据薇娅回忆：“那场直播我还挺做作的，还装一装，说话慢慢的。”她与网友聊粉底，聊发型，聊品牌，没想到这场直播成为她“淘宝第一女主播”巅峰之旅的开始。在同年的一场主播 PK 赛中，薇娅卖了 2 万单，成为 10 人组第一名。

2017 年 10 月 10 日的冬装节，她帮助一位海宁商家引导成交 7000 万元。

2018 年 10 月 10 日，引导成交额破 1.5 亿元，同年“双十一”，联合利华、宝洁、欧莱雅这些国际大牌主动上门；薇娅直播间全天销售额突破 3 亿元。

薇娅直播间的商品，也从服饰、美妆往食品、日化做延展。有关报告显示，薇娅直播商品类别数据如图 18-2 所示。

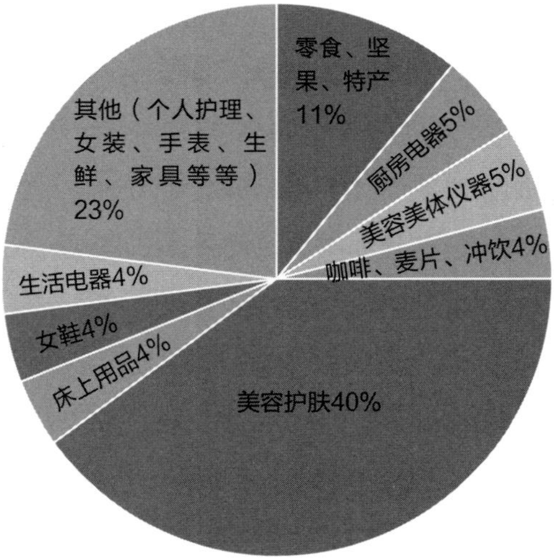

图18-2　薇娅直播商品类别数据

资料来源：2020年6月 穆胜企业管理咨询事务所报告

2019 年 1 月，薇娅与阿里鱼尝试直播带货新模式，牛仔裤上线 5000 套 1 秒被抢断，首批直播 1.35 万件售罄，累计销售额达 200 万元。3 月 25 日，获得“国家的宝藏妙物官”称号。4 月 11 日，获得“全球好物推荐官”称号。4 月 18 日，获得“年度健康星榜样”称号。9 月 17 日晚，参加“阿里巴巴 2019 丰收节公益直播盛典”，获封“助农大使”称号。10月15日，袁隆平院士授权薇娅为“中华拓荒人”海水稻推广大使。10月16日，安徽省商务厅授予薇娅“安徽好物推荐官”称号。

2020年1月17日，薇娅参加中央电视台网络春晚互动环节《独龙江乡变了》。4月1日，薇娅与航天科工火箭技术有限公司合作，在直播间首次开启火箭运载服务在线发售。此次直播打破薇娅做直播四年以来卖货金额纪录。4月2日，薇娅首次跨界卖房，并将直播间搬到了样板房中，首次采用走播的形式带领粉丝边逛边看，随后影响众多房企开始跟进，纷纷开始做线上营销，加入直播行列。4月15日，薇娅参加综艺节目《向往的生活》录制，在“蘑菇屋”与其他嘉宾一起做了一场公益助农直播，惠及西双版纳195个村庄的1750位村民。5月3日，共青团中央联合中国青年报社、淘宝直播举办共青团援鄂专场活动，薇娅担任活动特邀主播。5月14日，薇娅被授予“杭州旅游推广大使”荣誉称号。6月16日，薇娅荣获第十七届（2020）中国慈善榜“创新慈善特别贡献奖”。

2020年“6·18”大促，薇娅当日直播销售额达1.4亿元，订单数达80.1万，商品平均客单价142.2元，总观看量达3225.5万人次。8月，薇娅当选第十三届全国青联委员。

短短四年，薇娅从一个直播新人，成为“淘宝第一女主播”。

18.2 抖音红人

18.2.1 罗永浩

2020年4月1日晚8点，罗永浩在抖音上进行第一次“带货直播”。根据罗永浩团队提供的数据，这场3个多小时的直播总共卖出了超过91万件货品，销售额达1.1亿元，累计观看的人数超过了4800万，抖音音浪收入超过360万元，创下了当时抖音平台最高带货纪录。

据说，罗永浩这次直播一个“坑位费”价格是60万元，22款产品是1300万元。还可能根据最终销售额换成按提成佣金的方式，而市面上一般直播提成佣金是 5%—20%，如果按 10% 计算，这次的 1.1 亿元也可以提到超过 1000 万元。罗永浩曾坦言，自己做直播带货就是为了赚钱还债。

从 4 月宣布入驻抖音直播平台做带货主播，罗永浩就站到了聚光灯下，媒体及 KOL 针对其能否破圈转型、能否取代李佳琦和薇娅的讨论就甚嚣尘上，愈演愈烈。

而到了罗永浩真正开启直播带货之时，话题热度更是持续上升。有关其直播数据、直播表现的报道也铺天盖地地出现，有的说他准备不充分，没那么“好笑”；也有的称赞罗永浩作为“相声演员”水平依然在线。

最近，有媒体统计罗永浩直播 100 多天以来，开播 15 场，较为严重的翻车就超过 8 次。罗永浩直播翻车，罗永浩直播又翻车，仿佛成了一种常态。

4 月首场直播，罗永浩直播间上架的立白洗洁精本是半价——23.9 元两瓶，但是团队工作人员却不小心在幻灯片中错误地写成了 9.9 元两瓶。之后，罗永浩在直播间里表示，已经购买的人可以在确认收货后退还 14 元的差价，照样卖 9.9 元，这部分的损失由罗永浩自己承担。

5 月，罗永浩直播卖鲜花，不料在 5 月 20 日当天，大量用户投诉玫瑰打蔫、腐烂。随后，罗永浩致歉并进行了双倍赔偿。

6 月，罗永浩被中国消费者协会点名批评，说他直播间的价格高过其他平台。对此，罗永浩在微博上回应称“情况属实，感谢中消协监督”。

7 月，他在为康师傅产品直播带货时，又一次出现了失误，错将“发货两袋”说成了“发货四袋”。罗永浩团队第二日通过微博推出了补偿方案：凡在 7 月 17 日罗永浩直播间下单康师傅 3+2 夹心饼干的用户，都将会额外收到两袋随机口味的康师傅 3+2 夹心饼干，合计四袋。

还有，在推荐小米手机过程中，罗永浩说自己最喜欢小米的逆向充电功能，结果掏出来的却是 iPhone XR。在卖“极米投影仪”时，他直接念成了竞争对手的产品“坚果投影仪”，为表歉意，罗永浩只能起身 90 度鞠躬，露出了已经脱发的头顶。

又是熟悉的翻车，又是熟悉的道歉和补偿，这样的事情，在罗永浩的直播间里几乎成了常态。

很多网友的评论都是“又翻车了啊”，也有网友表示，已申请退款，以减轻罗永浩的补贴负担。罗永浩直播翻车几成常态。

和其他主播不同的是，几乎每一次可能断送其主播生涯的翻车事故，都没有打垮罗永浩。

因为每次翻车过后，罗永浩对消费者的大气补偿也成为他直播间的个人特色。道歉够诚心，补救够及时，赔偿够大方，反而让不少人觉得在罗永浩的直播间买东西放心，因为有问题肯定赔偿。因此，有人说罗永浩是“车翻得越狠，人设站得越稳”。

事实上，那些持续关注着罗永浩直播的用户，多多少少能够感受到他及团队的进步和成长，从新手慢慢变成熟手。团队日渐成熟的同时，罗永浩的“朋友圈”也在慢慢扩大。除了纷至沓来的品牌合作商，还有资本的身影。

8月初，罗永浩为苏宁打造的首场抖音直播成交额突破2亿元，合作洋码头成交金额再次破亿元。经过4个月的“主播”历练以及直播间技术的快速升级，罗永浩的直播专业能力进步飞快。

8月27日，罗永浩在微信公众号宣布，从这一周周末起，每周将有两次直播，时间为周五和周六。

第一次“一周双播”，罗永浩请来脱口秀演员李诞作为嘉宾。8月28日，李诞空降罗永浩直播间，与罗永浩一起直播带货。新抖数据显示，罗永浩本场直播销售额超过2400万元。

“#李诞罗永浩脱口秀式带货”的直播话题也迅速登上抖音热点榜，收获433.5万热度。

直播一开始，直播间就齐刷刷的一片“蛋总呢”“上李诞”。新手主播李诞刚进直播间，面对罗永浩精心打造的超强黑科技高清幕布，开始“戏精附体”，不仅发出巨大赞叹，还反问：“罗老师，这么好的直播间，我配吗？”而罗永浩和李诞两人的喜感小眯眼，更是让网友一起发弹幕：“诞总你把眼睛睁开啊！”

当晚两位主播十分卖力，整场直播共计带来60款好物，既有上架瞬间秒空的大牌半价好物，也有大众喜闻乐见的各色零食。然而最有笑点的环节是两位发量稀少的主播卖洗发水以及向女士推荐美容仪。

8月的直播罗永浩基本没有再翻车，能否成为2020年抖音带货“一哥”，我们拭目以待。

18.2.2 五位年入百万的网红非遗传承人

2019 年 4 月，抖音推出“非遗合伙人”计划，旨在通过直播与短视频帮助非遗更好地传播与传承。该计划提出在一年内帮助 10 位传承人实现百万元收入或者收获百万名粉丝。

2020 年 6 月 12 日，在文化和自然遗产日前夕，抖音发布数据报告，截至 2020 年 5 月 31 日，抖音相关视频涵盖了 96% 的国家级非遗项目，共涉及 1318 项。抖音开始让更多人了解非遗，爱上非遗。共计超过 4800 万个非遗视频被播放了 2000 亿次，获得点赞数近 65 亿。

通过抖音，越来越多的年轻人正在爱上非遗、爱上中国的传统文化。抖音高清、大屏的视频特色，能在短短几十秒内，更加真实地呈现出非遗的魅力。抖音总裁张楠表示，非遗的传承和保护，应该以让它“活起来”为目标，让更多普通人、年轻人看见非遗，喜爱上非遗。

根据抖音发布数据报告，“非遗合伙人”计划超额达成目标。一年来，已有五位传承人年收入超过百万元，40 多位非遗创作者赢得百万名粉丝。下面就来介绍一下这几位年入百万元的网红非遗传承人。

1. @闻叔的伞——闻士善

2019 年 9 月 15 日，抖音上的网红非遗传承人闻士善登上中央电视台《新闻联播》，当传统文化遇上短视频，非遗传承人成了“新网红”。

2018 年年底，一群年轻人把闻士善制作油纸伞的过程发布在抖音上，第一条视频发布后，点赞量就超过了 1 万。越来越多的年轻人开始了解并爱上了油纸伞。

2019 年 4 月，闻士善在抖音上开设账号，并加入抖音“非遗合伙人”计划。第一个月，闻士善就在抖音上卖掉了 10 万元的油纸伞。2019 年中秋节，他又卖出了 3000 多把油纸伞。而在这之前，他的油纸伞在国内一把都卖不出去。

如今，他的抖音账号“闻叔的伞”，已经有 84.8 万名粉丝，获赞 1119 万多，每个月在抖音上卖伞的收入稳定保持在 10 万元以上。

闻士善，57 岁，是浙江省非物质文化遗产富阳纸伞制作技艺的传承人。

1989 年，他就开始跟随父亲学习制作油纸伞。一支竹子，经过水浸六个月、机器和手工的打磨、走针穿线等 106 道工序，才能成为一把散发着桐油味儿的油纸伞。做了 30 多年油纸伞，他的伞热销海外，被日本客户点赞，也吸引了韩国纸伞协会前来询问。但在国内，他的油纸伞却无人问津。他试过把伞放在杭州西湖景区的旅游商店代卖，10 天只卖出一把；投放义乌小商品市场，也没有泛起水花。

有了抖音之后，情况不一样了。“很多人看了我的抖音后，想要了解油纸伞这门技艺，甚至还有一些人来我家找我，想要拜师学艺。社会各界也开始对油纸伞技艺重视起来，几所大学想让我长期开课。”闻士善说，原本，他只想让年轻人知道老祖宗留下了这门手艺，不能“墙内开花墙外香”，却没想到一下子吸引了这么多人喜欢。现在，连快递小哥都知道这个做油纸伞的“闻叔”。

“手艺人有市场才有活路，有活路手艺才能传下去。”闻士善在接受中央电视台采访时表示，抖音让他看到了网络的力量。这之前，他只需处理外贸订单，现在他和老伴都要加班加点制作油纸伞，售往全国各地。

闻士善每天睡前必须看一下抖音留言，有时候看着看着就会笑出来。30 多年来，从来没有这么多人关心油纸伞。他说，现在，他最欣慰的不仅仅是赚到了钱，更重要的是，“年轻人也知道老祖宗留下了这门手艺”。

2. @ 皮雕大师乔师傅——乔雪

2020 年 6 月 11 日凌晨 1 点，银川市贺兰县洪广镇广荣村，乔雪完成了自己在抖音上的第 56 场直播。这天晚上，她卖出 16 万元的皮艺制品。

2019 年 7 月，乔雪开通了抖音账号“皮雕大师乔师傅”，通过直播与短视频展示手艺。不到一年，乔雪已经累计通过抖音直播卖出超过 200 万元的皮艺制品，其中单场最高成交额达 45 万元。

乔雪是一名“80 后”，银川市非物质文化遗产“乔家手工皮艺”传承人。乔雪原本没打算回家乡做皮艺。大学毕业后，乔雪在北京从事手工皮毛制品的进出口工作。在工作中，她了解到很多国内手工皮毛制品都以极低的价格出口。没有市场认可，传统手工艺不能发展。功能得不到拓展，审美品位得不到提升，传统手工艺渐渐沦为低端旅游纪念品。

她越来越困惑："有人从国外买皮包当炫耀的资本，我们那么好的技艺却没人知道，为什么不能让更多的人以'中国制造'为傲呢？"她觉得，中国也应该有自己的爱马仕。

为了让传统手工技艺焕发出新的生机、找到新的出路。乔雪决心创新传承手工皮艺、打造具有世界影响力的手工皮艺品牌。2013 年，她返乡创业，成立手工皮艺工作室。乔雪十分重视品牌和知识产权，公司设立初期就开始进行品牌的注册和产品设计专利的保护。目前，公司旗下已拥有四个国内手工皮具品牌"凝墨""乔师傅""唐古特""帮主妈妈"和一个国际品牌。

乔师傅手工皮艺不仅传承了传统的非遗皮艺制作，同时，将极具地方特色的文化用于皮艺展现，如黄河文化、西夏文化、丝路文化等，把宁夏极具影响力的贺兰山岩画、西夏文化等地方民族特色与"一带一路"完美融合，充分表现了中华民族优秀的多元文化特色和匠人精神。

2019 年 7 月，开通抖音后，乔家手工皮艺被更多人知道，也给乔雪带来了更多的订单。乔师傅手工皮艺对传统手工皮艺进行了现代设计和技术转换，以非遗手工文创产品为载体，运用互联网进行大数据市场分析，根据市场需求进行定制式研发、设计、生产；还拥有自己的官方网站、跨境电商网店、淘宝店、微店、微信公众号。

现在，乔雪把她的工作室搬进了贺兰县洪广镇广荣村扶贫车间，给留守妇女做皮艺手艺培训。很多人已经达到了中级手工皮艺匠人的水平，平均每人每月都有了几百元到几千元的收入。乔雪说，她从没想过，非遗不但能自己焕发出新的活力，还能帮助别人。

3. @铜雕大师朱炳仁

朱炳仁是铜雕技艺国家级非物质文化遗产唯一传承人。雷峰塔、峨眉山金顶、桂林铜塔等铜建筑，都出自他之手。

2019 年 1 月，他入驻抖音，发布的第一条视频，向 100 多年前的梵高致敬，用铜雕的方式，还原了画作背后向日葵立体的样子，精致又包含生命力，引发网友追捧。

在抖音上的走红，为他的铜雕作品带来了更多商机。通过抖音，他曾卖出一幅价值 8.8 万元的铜雕画，刷新了他铜雕作品网络销售的单价纪录。越来越多网友的问询，也让线上售卖高单价铜雕孤品，有了更多可能。

已经 76 岁的朱炳仁对粉丝说，他会一直做下去，直到再也做不动的那一天。而抖音网友也隔空告白："我们会一直关注您，没有期限。"

4. @ 贵州麻料春富银匠——潘仕学

潘仕学是一名"80 后"，在贵州雷山一个叫麻料村的传统苗族村落中长大。这里 80% 以上的人都是银匠，所以这个村子也被称为"银匠村"。

潘仕学的祖祖辈辈都是银匠，但他是一个反叛者，和很多年轻人一样，选择离开农村，去更大的世界闯荡。十几年后，因为家中变故，他重新回到了麻料村，继承了祖辈的手艺和事业。此时，"空心村"里已经没有几个年轻人。

如何让偏远山村的银饰卖出去，是一直困扰潘仕学的问题。2019 年，他学着拍抖音、开直播，展示苗族银饰的制作过程和背后的文化之美，很快就收获了大量订单。开抖音三个月后，销售流水过百万元。外出打工的年轻人也开始返回家乡向他拜师学艺。

潘仕学的野心，从冲出去看世界，变成了让世界通过手机屏幕看到他，看到千千万万个和他一样默默无闻的中国手艺人。现在，他很确定，祖祖辈辈流传下来的苗族银饰锻制技艺，不会在他这一代人手上失传了。

5. @ 铁画大师——储铁艺

储铁艺是芜湖铁画锻制技艺的第六代传承人。他的名字是外祖父起的，希望他能将铁画工艺发扬光大。

储家是铁画世家，储铁艺的外祖父储炎庆是新中国铁画艺术事业创始人、姨妈储金霞是国家级非遗传承人。储铁艺一直担心，现在愿意学习铁画的年轻人越来越少，这项艺术很快就会被人们遗忘。

2019 年 7 月，储铁艺陆续在抖音上传了自己日常工作相关的短视频，没想到，设计、锻造、装裱铁画的过程，被网友追捧，甚至有外国网友感慨，"第一次见到铁也能作画"。他接到了来自全国各地的问询电话，"这一个多月的问询量，相当于参加了两个国家级博览会"。

年近五旬的储铁艺终于让年轻人都知道了铁画。现在，通过抖音带货，他已经卖出了近 1000 幅铁画，单幅作品成交价从几百元到几千元。价格最高的一幅作品，成交价达 17 万元。

18.2.3 艳儿及西瓜直播带货一姐

1. 艳儿工作室

艳儿就是一位“宝妈”，视频以家庭生活为素材，编成顺口溜，配上音乐，风格生动幽默，有艳儿与月子哥的互怼，教育花花的日常，一家人其乐融融。

抖音视频里，艳儿拿着拖把跳舞，唱着自己改编的歌曲，令人忍俊不禁、捧腹大笑，同时又非常能引起宝妈粉丝的共鸣。

2018 年年初，艳儿开始发布抖音短视频，原本只是想以一种诙谐幽默的方式记录自己的生活，没想到被这么多粉丝喜爱，第一条视频发布后，点赞量就超过了 20 万，紧接着迅速涨粉到了百万。可是做抖音达人并不像看起来那么轻松，艳儿经常为了一个文案想到半夜；为了找到一个合适的配乐，要听上百首歌曲；为了达到更好的效果，通常一个视频要反复拍摄几十遍。就是由于这种精益求精的精神，艳儿才能用两年的时间涨粉 500 万，目前粉丝达到了 553.6 万，获赞达到了 6607.8 万，单条视频更是达到了 244.5 万的点赞和 5 万条评论。

2020 年 6 月初，艳儿开始了直播带货，首场直播销售额就突破了 100 万元，销量突破 1.3 万单。在直播带货的路上，艳儿遇到了许多质疑。有人评论：“你一个‘宝妈’，形象那么差，又不是明星，凭什么带货？”艳儿用自己的行动证明：“宝妈”怎么了？“宝妈”也可以成为一个很厉害的主播！

在两年的时间里，艳儿从一个普通宝妈，一步步成为抖音达人，又成了一名带货主播。艳儿说：“我们都是从零开始，相信自己，别人可以，我们也可以！”

2. 西瓜直播带货一姐——沈小小 Ruby

2020 年 5 月 21 日凌晨 1 点，沈小小 Ruby 完成了自己在西瓜视频上的带货直播。这天晚上，她卖出去了 112 万元的服装，又一次成为西瓜达人带货周榜的 NO.1。

从 2020 年 3 月开始，她开设了自己的西瓜视频账号，短短几个月的时间，头条粉丝数就达到了 52 万 +，她也成为字节跳动独家签约带货主播。

每天早上 10 点，沈小小 Ruby 就要起床洗漱、化妆，紧接着马上就要去拍摄预热视频、图片，构思文案、发布动态，为粉丝们安利穿搭，种草服饰，然后奔赴各大品牌及供应链进行选品。沈小小 Ruby 选品非常严格，她选品有四点原则：第一，不接微商产品；第二，不接三无产品；第三，不接性价比低的产品；第四，不接没有售后团队的产品。沈小小 Ruby 说，既然选择了直播带货，就要对自己的粉丝负责，让粉丝能买到质量好、性价比高、时尚优质的服装。

沈小小 Ruby 气质优雅，精致时尚，直播时活泼开朗，把每一位粉丝都当成自己的朋友。为了给粉丝讲解清楚产品，每天都要讲到嗓子沙哑；为了更好地展现产品，大夏天也要穿着羽绒服进行讲解；经常更换几十件衣服，只为了挑出最合适的搭配。也就是因为沈小小 Ruby 的敬业与认真，所以能得到这么多粉丝的喜爱，开播前三月销售额突破 750 万元，月均流水超过 250 万元，而如今沈小小 Ruby 单场直播就能轻松突破 100 万元。

沈小小 Ruby 不仅直播带货，更是做到了图文、短视频、直播全覆盖，头条图文累计阅读量突破 2420 万次，短视频播放量达到 200 万元，合作品牌遍布全品类，如耐克、罗莱家纺、施华洛世奇、曼德诗等。

因为够用心、够认真、够坚持，短短半年时间，沈小小 Ruby 从一个西瓜视频直播带货新人，成为西瓜视频 TOP 级主播。

18.3 企业家网红

2020 年直播的火爆，令企业家也纷纷加入直播带货大军，从携程董事长梁建章直播开始，格力电器掌舵人董明珠、网易 CEO 丁磊、小米 CEO 雷军等纷纷进入了直播间。董明珠首场直播翻车，但随后的几场直播销售额节节高升，雷军首场直播带货销售额破 2 亿元。

18.3.1 董明珠：从首场直播翻车到五场直播销售收入178亿元

从 2020 年 4 月 24 日董明珠直播首秀至今，五场直播销售额不断创新高，总销售额达 178.23 亿元。其中，首场直播销售额为 22.53 万元，第二场至第五场分别是 3.1 亿元、7.03 亿元、65.4 亿元、102.7 亿元。直播带货无疑提升了销售额。

2020 年 8 月 30 日，格力电器发布 2020 年上半年财报，公司实现营业总收入 706.02 亿元。一方面，格力电器受新冠肺炎疫情影响，销售总收入下滑；另一方面，董明珠直播带货贡献了 178 亿元销售收入，占公司总收入的 25.2%。

1. 董明珠直播首秀翻车

2020 年 4 月 24 日晚，格力电器董事长董明珠在抖音开启直播首秀。

数据显示，董明珠直播首秀当晚累计观看 431.78 万次，在线人数峰值为 21.63 万人，销售额为 22.53 万元，一共带货 38 件商品。其中最便宜的是售价 139 元的充电宝，最贵的是 18 999 元的空气能热水器。销量商品数量为 249 件，销售额最高的商品是新冠病毒空气净化器，单价 1.21 万元，卖出了 3 台。

董明珠将首场直播的地点定在格力总部，边宣传介绍产品边提醒网友购买。这一小时的直播，董明珠亲自带逛格力科技展厅，亲自介绍展厅中各种特色格力电器。从空调、冰箱、中央空调到新冠病毒空气净化器、口罩等，一路介绍而来。

董明珠的直播首秀人气非常高，开播后的 10 分钟内，董明珠直播成为抖音小时榜关注第一名。一小时时间里，有 2.14 万人打赏。

直播期间，由于技术问题，直播信号不断出现“翻车”事故，频繁出现长达几分钟的卡顿、重声、没声音、音画不同步、画面中断等技术问题。网友刷字幕“卡卡卡，太卡了……”

观看人数也因为多次卡顿而出现大幅度下降，直到直播结束，问题也没有得到改善。

第二天，董明珠在全球木兰论坛暨 2020 中国商界木兰年会直播间，回应首次直播出现的问题：“昨天的直播首秀是我的一个尝试，的确很失败，我本来是想和大家互动交流的，设备却老是卡顿，让人不愉快。”

2. 直播打了个翻身仗

2020 年 5 月 10 日晚，董明珠第二场直播终于打了个翻身仗，3 个小时成交额达 3.1 亿元。

董明珠这次直播带货，拿出了榨汁机、电饭锅、电风扇、加湿器、净化器等各种电子消费产品。直播销售的第一款榨汁机，原价为 219 元，直播售价仅 49 元，1 万多件商品上架后直接“秒光”。30 分钟内，有 3 个产品的销售额达到 1 亿元；60 分钟内，单品销售额破 1 亿元；整场直播总销量达到 3.1 亿元，第二场直播成效显著。

对直播，董明珠表达了自己的初衷：“格力线下有 3 万多家经销商，我希望让他们线上线下结合起来。我算是开了一个头，替他们探路，逐步体验线上的感觉。”

直播突围家电“低谷”。过去一年，空调行业在总体销售、出口、内销上都出现了同比下降，全行业都感受到了重重压力。2020 年第一季度形势更为严峻。董明珠曾表示，格力电器 2020 年第一季度损失了 300 亿元，2 月份几乎没有销售额。直播是面对下沉市场最直接的途径，直播效果很好，会有更多企业加入直播阵营。

董明珠表示：“直播带货给人感觉是人人都参与进去了，通过一个新的销售模式，能让更多人更直观、更快捷地了解到中国制造的产品。我希望今天的直播不是一个结束，而是开始！”

18.3.2　雷军的直播首秀

2020 年 8 月 16 日晚 8 点，小米 CEO 雷军在抖音直播间首次直播带货。据小米官微数据显示，雷军首次直播销售额达 2.1 亿元，累计观看人数达 5053 万人，订单数量超过 57 万。销售额、观看人数创下抖音直播带货双纪录，排行抖音热点榜 TOP1，抖音相关话题视频播放量超过 5 亿次。

雷军谦虚地开场：“今天我来这里是被销售部门逼着来的，他们希望我直播带货。说实话，我不擅长直播带货，8 月 16 日是个特殊的日子，我特别想和一直支持我们的米粉们谈谈心，聊聊天。”

这一聊天，就没能避开大佬们的通病。讲解太慢，上链接不及时，为直播预留的产品库存也不够，5000 台小米 10 上架 1 分钟内售罄，半小时后才补货。但这丝毫没影响米粉挥洒热情，开播半小时销售额突破 2000 万元。根据小米官微数据，直播两小时后已经破亿元，整场销售额为 2.1 亿元，打破抖音直播带货纪录。许多商品一推出便被“秒光”，网友纷纷感叹：网红的实力不可估量啊！

雷军的直播更像是一场发布会中穿插的综艺。雷总正儿八经的产品介绍，伴随着背景笑声和音效，交织出一种莫名的喜感。

直播期间，雷军金句频出，在被网友调侃“头发浓密得不像程序员”时，他风趣地回应:“大家都要小心保护好头发,植发很贵,每个人头顶上都是一栋别墅。”头发和别墅的比喻一度冲上热搜榜。

直播带货的 50 余件单品皆是小米自家的产品。上新的小米新品至尊版就是主打的货品。雷军从工艺讲到情怀，从相机讲到屏幕，再从配置讲到工厂，整个过程用了半小时，直播间只上线了 4 款产品，惹得网友评论：快上链接吧！

雷军卖起小米 19 999 元的电视，还不忘隔空提示丁磊：“这个电视，是去年丁磊在乌镇互联网大会上跟我讲，他们公司都用小米电视。丁磊问我，能不能出个超大电视，开视频会议方便，价格在 5 万元以下，他们想来 100 台。没问题，安排上。”

49 999 元视觉冲击力极强的小米 OLED 透明屏电视；19 999 元 98 寸 4K 巨幕智能电视，以 1187 万元的销售额冲进 TOP3；5299 元起小米十周年纪念版“旗舰机”，占据榜首，并且全都一售而空。

直播中不仅有高端主角，还有米粉们的福利：9.9 元巨能写中性笔、9.9 元的彩虹电池通通只卖 1 元钱，还包邮。除了圆珠笔和电池，还有小夜灯、体重计、手环、螺丝刀、充电宝、驱蚊器、洗手机、筋膜枪等也都全部被秒光。

作为小米十周年的另一献礼之作，雷军也不忘新鲜出炉的小米传记《一往无前》，直播卖出 1.5 万本。

首场直播能吸引几千万人观看，除了公司名气、折扣力度的加持，最主要还是依靠他们自己的“网红”影响力。

雷军在微博、抖音、B 站三大平台拥有数千万名粉丝。雷军微博粉丝有 2303 万，比小米公司官微粉丝（1384 万）还要高出 1000 万。雷军擅长根据不同的社交平台来发布内容。在微博上，他晒行走记录、自己背演讲稿的照片，用接地气的总裁日常拉近与粉丝的距离。在抖音上，雷军带粉丝参观公司，隔一段时间发布一条“答网友问”的视频。雷军可称得上是一位敬业“网红”。

另外，雷军还懂得如何挑动热点话题。B 站镇站之宝、鬼畜单曲《Are You OK》就剪辑自雷军发布会。为配合入驻 B 站，他又邀请当年操刀《Are You OK》的 UP 主再次剪了一支鬼畜单曲。截至 2020 年 8 月 17 日，此条视频在 B 站的播放量已达到 199.5 万次，仅次于雷军官宣入驻视频播放量。

雷军本人亲自为小米产品背书，带有对抖音 4 亿用户的示好意义。直播中，他也不断强调，直播是为了给米粉送福利，而非卖货。“网红”雷军的直播带货初体验，充分发挥他个人的影响力，为品牌进行宣传。

18.4　行业网红

18.4.1　@仙鹤大叔张文——医生变网红大V

仙鹤大叔张文鹤是北京某著名医院儿童皮肤科专家，他从 2019 年开始利用业余时间在抖音上科普医学知识，仅用 5 个月时间，粉丝从 0 涨到 300 万。如今，他在抖音上的粉丝量超过 2000 多万，590 多条视频获赞 8400 多万，平均每条视频有 13 万人点赞。

白天看病问诊，晚上百万网红，越来越多的医生正在走红网络，他们往往拥有大批粉丝。受疫情影响，健康类内容 2020 年更是成为高频热搜。数据显示，目前已有超过 50 万名在线上平台注册的医生，其中有超过一半的医生对网络直播很有兴趣，愿意尝试。

一项基于 1 万多名医生的调研数据显示，2020 年以来，医生 62% 的上网时间与医学相关，每周累计进行线上医学行为的时间达到 15.2 小时，越来越多的医生以线上的方式进行医患互动。

不过，触网医生对待商业化变现依然十分谨慎。大多数医生对商业带货是抗拒的，直播打赏、付费咨询、知识变现是其主要变现手段。2019年一项调查显示，在9000名网络用户中，有92.1%的人看过健康科普视频，有付费意愿的用户占比超过一半。

18.4.2 “科普网红”袁岚峰

《科技袁人》是一档网络视频科普节目，自2018年诞生至今全网播放量已超过1.5亿，成为中国互联网科普类内容领域前1%的头部IP。从科学家到“科普大V”，袁岚峰这位“网红”是如何炼成的?

从2018年元旦开始，《科技袁人》向各个视频平台推送节目，意想不到的是，试播的3期节目竟然在B站这个主打动漫二次元的视频网站反响很热烈。袁岚峰对此倒十分淡定，他表示：“科普在哪里走红，我都不会意外，因为好奇心本来就是人类的天性之一。”他经常看弹幕和评论，能够立刻看到观众的反馈，他认为这是B站最有趣的地方，他认为，《科技袁人》的粉丝“热情、爱学习、积极向上”。

不到一年半的时间，《科技袁人》已经出品超过100集，全网播放量超过1.5亿。在破亿播放量的背后，很少有人知道，《科技袁人》的团队其实只有6个人，其中有2人还是兼职的大学生。

对“科普网红”的称呼，袁岚峰并不反对。在他看来，名字只是身外之物，无论外界如何称呼，只要能让更多的人热爱科学，投身科学，支持科学都是好的，“这是一个堂堂正正的目标”。

从社交网络和网红自拍，到各种计算公式，再到人类登月，一张张图片迅速切换，最后终结于袁岚峰的一个哈欠——这是《科技袁人》节目的片头动画，像极了美剧《生活大爆炸》。

效果出人意料的好，互联网上的观众非常买账，甚至觉得这个哈欠很“提神”。互联网时代不需要权威来灌输知识，这个哈欠也是拉近与观众距离的尝试。

从标题制作到话语方式，深谙互联网传播规律的制作人在科普的生动性上动了不少脑筋，有时候甚至因为“追热点”和袁岚峰产生分歧。多年从事科学研究的严谨让袁岚峰坚信，“准确”和“生动”发生冲突的时候，应该优先选择准确，这总比犯错要好。

每一期的文案台本都是由袁岚峰亲自完成的，他自己还有教学和科研任务，工作量和压力其实蛮大的，但他总是充满好奇和热情。

团队大学生在给袁岚峰看节目样片的时候往往很紧张，因为袁岚峰极其严谨，对字幕上的小错误，甚至是半角符号，他都会纠正过来。在极致严谨和理性的另一面，袁岚峰又非常感性。团队大学生清楚地记得，在做霍金去世和纪念钟扬的节目时，袁岚峰说着说着就哽咽落泪了。

对知识输出型的节目来说，总有话题被“消耗”完的一天，但袁岚峰并不担心。一方面在于科技创新成果日新月异，总会有不断涌现的热点和话题，另一方面，在他身边还有一群志同道合、热衷科普的青年科学家。

《科技袁人》在独立之后，计划推出由袁岚峰和各领域科学家对谈的《科技袁人 Plus》以及速览一周科技热点的《科技袁周虑》，拓展话题的广度和深度。中国科学技术大学化学与材料科学学院的江俊教授近期就材料科学做了一期对谈。他认为由于袁岚峰具备深厚的科学理论基础，所以提问引导非常专业，而当自己讲得过于艰深时，袁岚峰又能及时为观众作通俗解读，这是一般访谈主持人不具备的优势。

18.5 影响世界的网红李子柒

李子柒，本名李佳佳，1990年出生于四川省绵阳市，是一位美食短视频创作者，知名网红。

李子柒有抖音粉丝3900多万，微博粉丝2000多万，YouTube粉丝800多万。

她的视频主要以中国传统美食和文化为主，为观众呈现一个“从无到有”的过程。比如做毛笔、制墨、造纸、制砚台、做酱油、自制面包窖等。

李子柒不仅在国内有着超高的人气，在海外更是圈粉无数。她在 YouTube 坐拥 800 多万粉丝，粉丝量一度超过 BBC、CNN 等知名媒体。

1. 从默默无闻到知名网红

李子柒的童年极为坎坷，父母在很早的时候就离开了她。她一直由养母抚养，但命运多舛的她并未受到养母的善待，爷爷奶奶心疼，不忍心看她受苦，就把她带回四川绵阳的农村家中生活。但是没过多久，她最爱的爷爷也去世了，这对她来说无疑是一个沉重的打击。

14 岁时，李子柒只身前往城市打拼，开始了长达八年的漂泊生活，其间她端过盘子，睡过公园椅子，连续啃过两个月馒头，当过 DJ。她想改变自己的生活，这些都扛过来了，终于在城市中学会了一技之长，开始在城市中慢慢站稳了脚跟，开始朝好的方向发展。但是一场变故，让她的心开始动摇。那年李子柒的奶奶生了一场重病。知道感恩，懂得回报，知道什么才是对自己最重要的李子柒，在 2012 年选择回家乡陪在奶奶身边，而这个选择也成为她人生的一个转折点。

回到家乡后，李子柒过起了一个平平常常的农家女孩的农家生活，她照顾起奶奶的饮食起居，下地种菜、洗衣做饭等。

她的衣服都很素，就像是隐居的仙子，每天在自家的院子里来来回回地走了无数趟，每天要喂养鸡、鸭、牛、羊和小狗。她还要经常到田地里为种植的瓜果、蔬菜、粮食浇水，施肥，除虫。

李子柒开了网店。为提升销量，2016 年，李子柒开始拍摄短视频。从第一个美食视频上线，到陆续上线的更多视频，李子柒的视频给人一种柔和复古之美，画风清奇，不刻意、不做作，每一道菜肴都以匠心呈现。终于，《兰州牛肉面》视频大火。为了拍摄这支视频，她向一位来自甘肃的拉面师傅求教，之后反复拍了三天，整整 200 多个镜头。另一个视频《秋千沙发床》近五分钟的成片，前后累计拍摄素材 2000 余条，劈木材、钉桩等粗重劳动内容屡次造成伤口，甚至她的左手无名指曾被几十斤重的木桩砸伤，但为了减少相机损耗，她不顾伤口忍痛操作。就是这种朴实与匠心，使她获得了粉丝的喜爱。

无数个日夜，她辛勤劳作。春天，她要忙着做青团，还要当“桃花仙子”酿桃花蜜；夏天，她要忙着去钓虾，还要在荷花丛中酿荷花酒；秋天，她要忙着做各种各样的月饼，还要去摘满树的柿子；冬天，她要忙着备年货，还要做一坛佛跳墙。院子里除了瓜果蔬菜、晾晒的玉米，还挂满了腊肉和香肠。

2017 年 6 月 16 日，李子柒获得新浪微博超级红人节十大美食红人奖。2018

年，她的原创短视频在海外运营3个月后获得YouTube银牌奖。2019年8月，李子柒成为成都非遗推广大使，获得超级红人节最具人气博主奖、年度最具商业价值红人奖；12月14日，获得《中国新闻周刊》“年度文化传播人物奖”。2020年1月1日，李子柒入选《中国妇女报》“2019十大女性人物”；5月19日，据农业农村部官网发布消息，李子柒受聘担任首批中国农民丰收节推广大使；8月，李子柒当选第十三届全国青联委员。

2020年8月18日，广西柳州市与李子柒品牌见面会及合作发布会在柳州举行。李子柒宣布将在柳州投资建设螺蛳粉工厂，双方就柳州螺蛳粉产业现状及未来合作规划进行深入探讨，达成战略合作关系。据以前网友测算，李子柒一年单螺蛳粉销售就达5亿元。

当天，柳州市委、市政府与李子柒品牌举行见面会。柳州市委副书记梁旭辉、柳州市委副秘书长贺莹、柳州市商务局局长刘伯臣等人会见“网红”李子柒及其品牌相关负责人。

柳州市商务局作为螺蛳粉产业发展牵头部门，与李子柒品牌达成战略产业合作关系。双方将携手深耕螺蛳粉产业，助力柳州螺蛳粉产业结构的优化升级，辐射至本地螺蛳粉供应链上下游。同时，充分发挥柳州螺蛳粉产业的引领带动作用，实现建立标准、创建品牌、产业集聚，促进柳州乃至广西食品加工产业的全面发展。

李子柒品牌创始人李子柒在发布会上表示，柳州螺蛳粉不仅是地方非遗美食，也是无数农民的希望与盼头，更是扶贫助农事业的重要载体。李子柒品牌将继续坚守初心，传承与发扬传统美食，深耕螺蛳粉产业，让更多人感受到柳州螺蛳粉的魅力。

2. 从中国网红到世界网红

2019年，李子柒红得超过了一般网红的边际，成了国际网红。

2019年12月6日早晨，李子柒登上了微博热搜。“李子柒是不是文化输出”直接掀起了一场阅读量超5亿的热议，几乎全民都在热议，她到底是不是“文化输出”。《人民日报》微博评论了李子柒文化现象（见图18-3）。

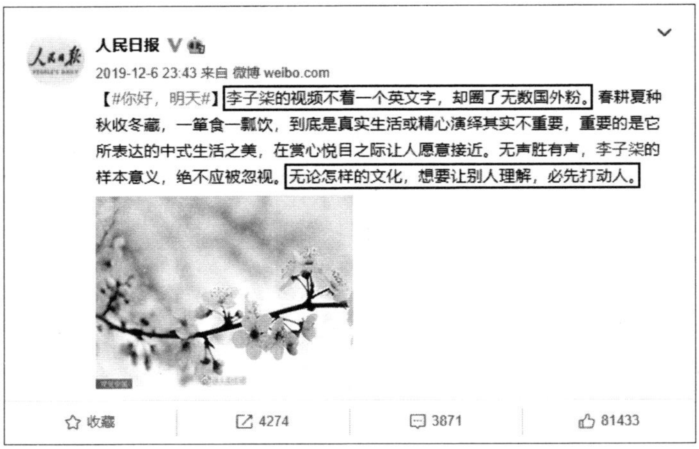

图18-3　《人民日报》微博评论李子柒文化现象

一切要从她在全球视频网站 YouTube 上的爆红说起。

截至 2019 年年底，YouTube 上李子柒频道共有 799 万名粉丝。同一时间，全球影响力最大的媒体之一 CNN 的粉丝数为 806 万，仅比她多 7 万。

她一共发布了 103 个视频，总播放量超过 10 亿次。每个视频的播放量都在 500 万次以上，不少视频更是达到了千万次级别。CNN 共发布 14.7299 万个视频，是李子柒的 1000 倍；视频总播放量为 57 亿次，仅为李子柒的 5.7 倍。

很多美国人、俄罗斯人、意大利人、日本人、韩国人等都因为看她的视频而爱上中国。在她发布的新年视频的底下，有来自各个国家网友发自内心的祝福。

在一条名为《年货小零食》的 10 分钟的视频里，她展示了六七样美食的做法，麻利灵巧尽在其间。YouTube 上，这条视频的播放量达到了 4185 万次。这些视频给了国外互联网用户一个了解中国传统文化与田园生活的窗口。不少外国网友在观看后，纷纷表达自己的喜爱之情。

借助 YouTube 的全球影响力，李子柒从中国网红一跃成为世界网红。

附录

附录A　互联网直播服务管理规定

第一条　为加强对互联网直播服务的管理，保护公民、法人和其他组织的合法权益，维护国家安全和公共利益，根据《全国人民代表大会常务委员会关于加强网络信息保护的决定》《国务院关于授权国家互联网信息办公室负责互联网信息内容管理工作的通知》《互联网信息服务管理办法》和《互联网新闻信息服务管理规定》，制定本规定。

第二条　在中华人民共和国境内提供、使用互联网直播服务，应当遵守本规定。

本规定所称互联网直播，是指基于互联网，以视频、音频、图文等形式向公众持续发布实时信息的活动；本规定所称互联网直播服务提供者，是指提供互联网直播平台服务的主体；本规定所称互联网直播服务使用者，包括互联网直播发布者和用户。

第三条　提供互联网直播服务，应当遵守法律法规，坚持正确导向，大力弘扬社会主义核心价值观，培育积极健康、向上向善的网络文化，维护良好网络生态，维护国家利益和公共利益，为广大网民特别是青少年成长营造风清气正的网络空间。

第四条　国家互联网信息办公室负责全国互联网直播服务信息内容的监督管理执法工作。地方互联网信息办公室依据职责负责本行政区域内的互联网直播服务信息内容的监督管理执法工作。国务院相关管理部门依据职责对互联网直播服务实施相应监督管理。

各级互联网信息办公室应当建立日常监督检查和定期检查相结合的监督管理制度，指导督促互联网直播服务提供者依据法律法规和服务协议规范互联网直播服务行为。

第五条　互联网直播服务提供者提供互联网新闻信息服务的，应当依法取得互联网新闻信息服务资质，并在许可范围内开展互联网新闻信息服务。

开展互联网新闻信息服务的互联网直播发布者，应当依法取得互联网新闻信息服务资质并在许可范围内提供服务。

第六条　通过网络表演、网络视听节目等提供互联网直播服务的，还应当依法取得法律法规规定的相关资质。

第七条　互联网直播服务提供者应当落实主体责任，配备与服务规模相适应的专业人员，健全信息审核、信息安全管理、值班巡查、应急处置、技术保障等制度。提供互联网新闻信息直播服务的，应当设立总编辑。

互联网直播服务提供者应当建立直播内容审核平台，根据互联网直播的内容类别、用户规模等实施分级分类管理，对图文、视频、音频等直播内容加注或播报平台标识信息，对互联网新闻信息直播及其互动内容实施先审后发管理。

第八条　互联网直播服务提供者应当具备与其服务相适应的技术条件，应当具备即时阻断互联网直播的技术能力，技术方案应符合国家相关标准。

第九条　互联网直播服务提供者以及互联网直播服务使用者不得利用互联网直播服务从事危害国家安全、破坏社会稳定、扰乱社会秩序、侵犯他人合法权益、传播淫秽色情等法律法规禁止的活动，不得利用互联网直播服务制作、复制、发布、传播法律法规禁止的信息内容。

第十条　互联网直播发布者发布新闻信息，应当真实准确、客观公正。转载新闻信息应当完整准确，不得歪曲新闻信息内容，并在显著位置注明来源，保证新闻信息来源可追溯。

第十一条　互联网直播服务提供者应当加强对评论、弹幕等直播互动环节的实时管理，配备相应管理人员。

互联网直播发布者在进行直播时，应当提供符合法律法规要求的直播内容，自觉维护直播活动秩序。

用户在参与直播互动时，应当遵守法律法规，文明互动，理性表达。

第十二条　互联网直播服务提供者应当按照“后台实名、前台自愿”的原则，对互联网直播用户进行基于移动电话号码等方式的真实身份信息认证，对互联网直播发布者进行基于身份证件、营业执照、组织机构代码证等的认证登记。互联网直播服务提供者应当对互联网直播发布者的真实身份信息进行审核，向所在地省、自治区、直辖市互联网信息办公室分类备案，并在相关执法部门依法查询时予以提供。

互联网直播服务提供者应当保护互联网直播服务使用者身份信息和隐私，不得泄露、篡改、毁损，不得出售或者非法向他人提供。

第十三条　互联网直播服务提供者应当与互联网直播服务使用者签订服务协议，明确双方权利义务，要求其承诺遵守法律法规和平台公约。

互联网直播服务协议和平台公约的必备条款由互联网直播服务提供者所在地省、自治区、直辖市互联网信息办公室指导制定。

第十四条　互联网直播服务提供者应当对违反法律法规和服务协议的互联网直播服务使用者，视情节采取警示、暂停发布、关闭账号等处置措施，及时消除违法违规直播信息内容，保存记录并向有关主管部门报告。

第十五条　互联网直播服务提供者应当建立互联网直播发布者信用等级管理体系，提供与信用等级挂钩的管理和服务。

互联网直播服务提供者应当建立黑名单管理制度，对纳入黑名单的互联网直播服务使用者禁止重新注册账号，并及时向所在地省、自治区、直辖市互联网信息办公室报告。

省、自治区、直辖市互联网信息办公室应当建立黑名单通报制度，并向国家互联网信息办公室报告。

第十六条　互联网直播服务提供者应当记录互联网直播服务使用者发布内容和日志信息，保存六十日。

互联网直播服务提供者应当配合有关部门依法进行监督检查，并提供必要的文件、资料和数据。

第十七条　互联网直播服务提供者和互联网直播发布者未经许可或者超出许

可范围提供互联网新闻信息服务的，由国家和省、自治区、直辖市互联网信息办公室依据《互联网新闻信息服务管理规定》予以处罚。

对于违反本规定的其他违法行为，由国家和地方互联网信息办公室依据职责，依法予以处罚；构成犯罪的，依法追究刑事责任。通过网络表演、网络视听节目等提供网络直播服务，违反有关法律法规的，由相关部门依法予以处罚。

第十八条　鼓励支持相关行业组织制定行业公约，加强行业自律，建立健全行业信用评价体系和服务评议制度，促进行业规范发展。

第十九条　互联网直播服务提供者应当自觉接受社会监督，健全社会投诉举报渠道，设置便捷的投诉举报入口，及时处理公众投诉举报。

第二十条　本规定自 2016 年 12 月 1 日起施行。

（资料来源：互联网直播服务管理规定[EB/OL].(2016−11−04).http://www.cac.gov.cn/2016−11/4/c_1119847629.htm）。

附录B　短视频剪辑制作软件概览

以下列出了25款短视频剪辑制作软件。

1. 快剪辑

快剪辑主页面简洁明了，有“快速模式”和“专业模式”两个不同的模式以供选择，初学者建议选择快速模式。按照页面指示添加视频素材，系统会引导用户完成视频的拼接、删减、字幕、特效、音乐等操作。快剪辑虽然操作简单，但是功能十分丰富，视频剪辑时长、调节声音、添加入场动画、特效字幕可以完全满足短视频剪辑的需求。

2. 巧影

基本的视频剪辑功能在巧影上都能操作。为了剪辑的时候更准确、更方便，巧影可以单独新建一个编辑窗口，还可以像Adobe Premiere Pro一样分离音频。巧影中还有强大的转场功能，以避免出现镜头转换太过生硬的情况。

3. 猫饼ö

猫饼ö自带各种教程，对变速、倒转、拆分视频都可以轻松搞定。在添加背景音乐时，可以利用节奏踩点功能为音乐波形添加关键点，再根据关键点进行视频剪辑。

4. 编辑星

编辑星是北京友维科软件科技有限公司开发的适合大众使用的视频编辑软件，可以轻松剪辑视频、音频文件。编辑星可以导入超大容量视频；软件自带各种效果素材，包含转场、影像、文字、背景音乐及录音等，可以自由插入和重叠使用。

5. 爱剪辑 /SolbeigMM Video Splitter

这是两个不同的软件。对爱剪辑，大家应该耳熟能详，它的操作界面很直观，新手一眼就能看懂，功能也比较全面，但令人头痛的莫过于导出视频后片头自带logo；而 SolbeigMM Video Splitter 的出现则完全可以帮用户“剪”掉这个烦恼。

6. 夺目

夺目是一款简单好用的企业视频在线制作工具，无须专业知识，制作媲美专业效果的企业视频。用户仅需视频模板，上传照片和视频，即可一键制作各类风格的公司宣传片、广告视频、产品宣传视频、淘宝主图视频，操作非常简单。夺目对不会制作专业视频的用户，简直是雪中送炭。

7. 万兴喵影

原万兴神剪手现在升级为了万兴喵影，一款视频剪辑神器，无须任何基础即可轻松编辑视频，令用户感觉最爽的应该是软件自带的海量模板和特效，很酷炫。

8. 来画

来画是一款有创意的 AI 动画短视频制作平台，还可以把用户随手绘画的过程变成视频。仅需几张图片、几段文字和声音简单组合，即可在短时间内生成一个有趣的动画短视频，而且还有丰富的视频模板素材可供用户免费使用，很适合做朋友圈创意短视频！

9. 快影

快影是快手旗下一款简单易用的视频拍摄、剪辑和制作工具。快影有强大的视频剪辑功能，丰富的音乐库、音效库和新式封面，新手很快就能制作出令人惊艳的趣味视频。因为快影本身是基于快手而来的，所以内置很多适合社交短视频的效果，比如之前很流行的大字报视频玩法，用快影很快就能做出来。

10. 趣推

趣推是一款适合制作朋友圈短视频的趣味营销神器，内含大量有趣的视频模板和素材库，简单操作即可做出好玩的小视频。

11. 逗拍

与趣推类似，用户只需要将素材上传至逗拍，自定义字幕，就可以快速简单地创作出够酷炫、够吸睛的短视频。

12. 黑咔相机

黑咔相机最吸引人的应该是其滤镜特效，比如“梵高星空”“魔幻风云”“水底都市”等，用户只需导入素材，一键就可以生成动态影像。

黑咔相机还可以让用户的作品秒变名画，更有水彩、水墨、漫画、数码插画等滤镜可供选择。

13.FiLMiC Pro

FiLMiC Pro 是一款专业视频录制软件，可算得上是目前最强大的摄像应用之一。它提供众多先进功能，直接将手机变成了一款专业的摄像机，且几乎所有的拍摄参数都可手动调节。用户唯一可能需要考虑的就是要耐心地去使用这款软件。

14.HitFilm 3 Express

HitFilm 3 Express 的界面看起来和 Adobe Premiere Pro 的界面类似，但是 HitFilm 3 Express 可以说是目前市面上最好的免费视频剪辑软件之一。如果它基础的视频剪辑功能已经满足不了用户的需求，用户还可以用它来制作动画、2D 或者 3D 建模，或者添加特效 HitFilm 3 Express。是初学者极易上手的一款工具，且支持 Windows/Mac OS 系统。

15.InShot

InShot 的视频裁剪、拼接、过渡、变速、滤镜、贴纸、字幕、倒放、旋转等视频制作功能齐全，可以任意调节视频比例，支持多曲配音，有多种字体可供选择。

16. Adobe Premiere Pro

Adobe Premiere Pro 是比较受欢迎的视频编辑软件，以其简单的操作步骤、简明的操作界面和多样化的特效受到广大视频创作爱好者的青睐；可以支持当前所有标清和高清格式的实时编辑，并可以和其他 Adobe 软件高效集成使用。

17.Quik

Quik 相对而言更容易上手，是每一个普通用户都能玩得转的视频编辑软件，用户在几分钟时间内就能做一个短视频。用户只需要选择好照片或视频片段，然后按照操作流程轻按几下按钮便可制作出超炫的视频；也可以加入过渡和特效效果，还可以为个性化故事加入文字、音乐等。

18.Videoleap

Videoleap支持iOS、Android双系统，并提供一系列免费视频、图片、动图素材。除了基本的剪辑配置之外，Videoleap还可以添加关键帧、蒙版，研究透彻后就会发现，连片尾的字幕滚动都可以轻松实现。

19.VUE

VUE是一款主打“短视频”的编辑软件。考虑到短视频在生活中的各种使用场景，VUE除了添加了配乐、文字等基本功能，还添加了调速功能和多款滤镜。

20.VSCO

VSCO一直以来都是一款很流行的照片和视频处理软件，可以将普通的手机照片和视频变为精美的作品。若是用内置强大手动控制功能的相机进行拍摄，则可以利用VSCO内数量众多的胶片滤镜、基础调整工具对视频进行处理。

21.Artisto

Artisto可以说是Prisma的视频版，可以把用户拍摄的视频马上变成各种艺术大师的风格，滤镜和水印都和Prisma如出一辙。

22.OLDV

OLDV是一款拥有多种复古滤镜的拍照应用软件，操作简洁，而特色就是可以将用户拍摄的照片和视频转换成复古风格，非常有趣。

23. 皮影客

皮影客是一款好用的动画视频制作工具。它的工作原理非常简单，选一个场景，添加人物，并为其设定动作，如果有需要，还可以添加字幕和配音，就像做PPT一样。

24. 动话机

动话机是一款将语音秒变动感小视频的手机软件，它可以识别用户话中的文字，可以添加各种段子及表情，还可以一键变音，秒变papi酱、大叔音、娃娃音、帝王音。不用制作视频，只要说一句话就行了。

25. 字说

字说是一款可以制作朋友圈文字动画视频的软件，在手机上即可实现语音变视频，一键生成文字动画视频。

后记

十年磨一剑，赋能新媒体与数字经济

经过十多年的发展，新媒体已进入智能数字新媒体时代。新媒体与区块链、人工智能、大数据、AR/VR、物联网等新兴信息技术，共同构成新型数字基础设施的核心，是数字经济的重要组成部分。新媒体将与各行各业相连接、相融合，直播与短视频，将成为智能新媒体时代的入口。这将从人人都是新媒体的移动新媒体阶段，发展到以“新媒体 +”连接的万物皆媒体的智能新媒体时代。

互联网新技术的快速发展，不断为新媒体带来新的形态。2007 年，门户网站带来网络新媒体的蓬勃发展；2010 年左右，微博、微信、App 等移动新媒体乘势而起；2016 年，网红经济起步；2019 年，直播与短视频迅速火爆；2020 年，直播电商改变商业模式。每一次新媒体变革的浪潮，都推动着商业模式的变革，带来新的红利与风口。

2007 年 11 月，在有关部门和领导的支持下，中国第一个新媒体交流合作平台——新媒联盟（新传媒产业联盟）创立。2008 年 11 月，首届新媒体节在全国政协礼堂成功举办，2011 年 11 月，新媒联盟与互联网、数字媒体等领军代表发起成立了中关村数字媒体产业联盟。2014—2016 年创立了 CIFC 智库及“新金融、新媒体、新经济”创新创业体系与平台。2016 年 12 月，新媒网红学院在第九届新媒体节上成立。2019 年 4 月 13 日，中关村数字媒体产业联盟短视频专委会成立，一批新媒体、影视艺术界、文化企业界和短视频领域的领军代表成为短视频专委会首批成员。会上，中关村短视频学院揭牌，同时，还为首批短视频创作基地举行了授牌仪式。

10 多年来，我们积极跟踪研究新媒体前沿技术，探索新媒体发展趋势与商业模式，汇聚新媒体领域人才、技术、企业、资源，建立新媒体产业高端交流合作平台，打造新媒体创新创业体系，构建数字媒体虚拟产业园区，设立新媒体直播与短视频基地，开展新媒体品牌活动，组织新媒体直播与短视频人才培训，为行业及社会各界提供专业服务，以新媒体赋能数字经济。

为推动新媒体直播与短视频的健康快速发展，中关村数字媒体产业联盟、新媒联盟等共同建立了“直播与短视频人才培育体系”、“直播与短视频基地体系”等。并于 2019 年 1 月，重磅推出了“新媒体 +”创新体系，以新媒体与人工智能、区块链、大数据、金融科技等核心技术为基础，直播与短视频为入口，构建新媒体 + 产业、+ 人、+ 物、+ 企业、+ 政府、+ 智库、+ 技术等 7 大维度，促进新媒体服务实体企业与实体经济，赋能数字经济。

本书涵盖了直播与短视频深度运营与服务体系等重要内容，是网络与新媒体系列教材的第一本，希望能为政府、企业、媒体、院校及企事业单位开展直播与短视频工作提供学习参考，为直播与短视频从业人员提升职业技能与素养提供帮助。

最后，特别感谢原人民网总裁、中关村数字媒体产业联盟主席何加正，原全国人大财经委办公室副主任王连洲，原科技日报社社长助理、中关村数字媒体产业联盟副主席李钢，中关村数字媒体产业联盟副主席、亚洲微电影艺术节组委会执行主席、中央新影集团影视部主任郑子，中关村数字媒体产业联盟副主席刘兴亮，以及著名传媒学者喻国明教授，原中央电视台副台长高峰，原中国电影家协会分党组副书记许柏林，中国经济传媒协会会长赵健，中国电子商会会长王宁，北京微电影产业协会会长赵智，中版昆仑传媒有限公司总经理曹剑，《华夏时报》总编辑水皮，《中国企业报》总原编辑张来民，《中华工商时报》原总编辑黄文夫等领导及同志一直以来的指导、帮助与支持！感谢编委会各位专家成员及撰稿人员的辛勤工作与努力，感谢出版社领导与编辑，以及周中华先生、李华君先生的大力支持！

新媒联盟

2020 年 9 月 7 日

参考文献

[1] 第45次《中国互联网络发展状况统计报告》发布[J].中国广播,2020（5）:27.

[2] 王斌.新基建：党政干部学习读本[M].北京：中共中央党校出版社,2020.

[3] 王斌,颜兵,曹三省,等.VR+：融合与创新[M].北京机械工业出版社,2016.

[4] 刘胜枝.商业资本推动下直播、短视频中的青年秀文化及其背后的社会心态[J].中国青年研究,2018（12）:5-12,43.

[5] 赵华.从直播和短视频看传统媒体的融合突破点[J].视听界,2017（5）:54-56.

[6] 黄楚新.中国媒体融合的新特点与新趋势[J].传媒,2020（8）:13-15.

[7] 刘鹏飞.我国短视频平台的发展历程与走向[J].中国报业,2019（3）:74-75.

[8] 曹琪.探析我国网络直播的传播现状及发展趋势[J].传媒论坛,2019,2（3）:49,51.

[9] 姚寒夕,闫利超.短视频与直播乱象研究及社会责任反思[J].新闻研究导刊,2020,11（9）:74-75.

[10] 王正友,张海迪.大数据时代基于用户画像的视频精准推荐[J].电子商务,2019（10）:62-65.

[11] 刘东明.新媒体短视频全攻略[M].北京:人民邮电出版社,2018.

[12] 尹宏伟.直播营销：流量变现就这么简单[M].机械工业出版社,2020.1.

[13] 麓山文化.抖音短视频全攻略[M].北京人民邮电出版社,2019.

[14] 郑清元.直播就该这么做：主播高效沟通实战指南[M].北京机械工业出版社,2020.

[15] 向登付.短视频：内容设计+营销推广+流量变现[M].北京电子工业出版社,2018.

[16] 江中原.抖音这么玩更引流[M].北京金城出版社,2018.

[17] 颜阳,王斌,邹均,等.区块链+赋能数字经济[M].北京机械工业出版社,2018.

[18] 庄帅.四大直播电商平台的流量逻辑[EB/OL].2020-04-7 https://mp.weixin.qq.com/s/0aMtvjGFqsfhR6u_xc0x6A.

[19] 大师聊产品.互联网人要了解的数据可视化——基础篇［EB/OL］.（2019-09-25）.http://www.woshipm.com/pd/2906131.html.

[20] 菜根老谭.基于大数据的用户标签体系建设思路和应用［EB/OL］.（2018-08-18）.http://www.woshipm.com/data-analysis/1267502.html.

[21] 曾建勋.精准服务需要用户画像[J].数字图书馆论坛,2017（12）:1.

[22] 大线索挖掘数据平台.大线索报道：短视频运营如何做好拉新及留存？［EB/OL］.（2020-08-03）.https://zhuanlan.zhihu.com/p/166202696.

[23] 活动盒子.从拉新、留存、促活、营收四要素谈谈APP用户运营[J].信息与电脑（理论版）,2017（07）:11-14.

[24] 李文佳.中国短视频MCN发展模式研究 [D].西安西北大学,2018.

[25] 郑钦方.美食短视频的用户运营策略[D].保定河北大学,2020.

[26] 陈婉仪.零售业的再革命——“新零售”[J].现代商贸工业,2020（21）:34-35.

[27] 赵树梅,徐晓红.“新零售”的含义、模式及发展路径[J].中国流通经济,2017,31（5）:12-20.

[28] 邓刚.基于价值驱动的“新零售”商业模式研究[J].现代商贸工业,2020（21）:39-41.

[29] 宋玉霞,辛磊,白玉祥.新零售供应链数字化的过程与机理[J].商业经济研究,2020（14）:10-13.

[30] 陈熹,肖正中,杨春.创新与发展视角下新零售研究文献综述[J].北方经贸,2020（07）:41-43.

[31] 劳显茜,朱新琰.新零售背景下传统零售企业转型策略研究[J].商场现代化,2019（23）:14-15.

[32] 亿欧智库.“带货”的逻辑：直播电商产业链研究报告［EB/OL］.（2020-08-26）https://www.iyiou.com/p/131924.html.